U0739490

本书系吉林省社会科学基金项目"中小学数字化教材建设的策略研究"（2020B139）的研究成果，以及中国基础教育质量监测协同创新中心课题"中小学数字化教材监测指标体系及工具研究"（2021-03-003-BZPK01）的成果之一。

中小学数字化教材研究

陈淑清◎著

吉林大学出版社

·长春·

图书在版编目（CIP）数据

中小学数字化教材研究 / 陈淑清著.— 长春：吉林
大学出版社，2022.8
ISBN 978-7-5768-0363-1

Ⅰ.①中… Ⅱ.①陈… Ⅲ.①中小学—教材—数字化
—研究 Ⅳ.①G632.3

中国版本图书馆CIP数据核字(2022)第163618号

书　　名：中小学数字化教材研究
ZHONG-XIAOXUE SHUZIHUA JIAOCAI YANJIU

作　　者：陈淑清　著
策划编辑：邵宇彤
责任编辑：张鸿鹤
责任校对：陈　曦
装帧设计：林　雪
出版发行：吉林大学出版社
社　　址：长春市人民大街4059号
邮政编码：130021
发行电话：0431-89580028/29/21
网　　址：http://www.jlup.com.cn
电子邮箱：jldxcbs@sina.com
印　　刷：吉广控股有限公司
开　　本：787mm×1092mm　　1/16
印　　张：19
字　　数：305千字
版　　次：2022年8月　第1版
印　　次：2022年8月　第1次
书　　号：ISBN 978-7-5768-0363-1
定　　价：98.00元

版权所有　翻印必究

序

　　数字技术的飞速发展推动了包括数字新媒体替代的浪潮，数字媒体与教育领域深度融合，催生了数字化教科书的迅速发展。数字教科书置身于互联网环境，智能数字技术多方位嵌入，打破了纸质教科书看起来永恒不变的封闭样态。数字化教材拥有着传统纸版教材所无法比拟的优势。因此，数字化教材得以快速发展，推进数字化教材建设成为各国教育创新的热点和关键点。

　　数字化教材本质上是一种指向未来的新型教科书，在我国还是一个全新的研究领域。2020年初，国家教材委员会印发了《全国大中小学教材建设规划》，这是新中国成立以来国家发布的第一个大中小学教材建设的整体规划，使教材建设不能再局限于纸质教材，数字化教材作为教材的新样态成为教材建设的重要趋势。数字教科书作为融合了学科知识与信息技术的新型教科书，与传统纸版教科书有很大的差异。数字化教材的共享、动态、渠道多元、反馈机制及时、经济实用等优势改变了教科书的定位及学生学习习惯。有研究者预言，数字化教材将成为未来教育的主角之一。在我国，数字化教材的应用相对起步较晚，数字化教材建设呈现出了"实践先行、理论研究滞后"的特征，尤其是系统化论述数字化教材的专著更是寥寥无几。本书为数字化教材建设的系统研究在丰富理论、助力实践方面均有十分重要的价值。

　　首先，全面地综述了国内外数字化教材的本体理论。具体包括：阐述与数字化教材相关的种种基本理论、厘清数字化教材及其相近概念、阐释数字化教材的分类及其主要构成要素、明晰数字化教材的基本特征与优缺点，阐释数字化教材的基本价值。丰富的文献梳理与综述为后续的研究奠定了坚实的理论根基。

其次，该书凸显了数字化教材开发的系统性。数字化教材作为教材的一种新的形态，其开发过程也应遵循由设计到编写，由构思、计划到计划的运行与实践这一基本程序。该著作系统地阐述了教材开发的各个环节，主要涉及数字化教材设计、编写、出版、发行等核心问题。每个环节都从概念、取向、原则、模式、步骤及程序等较为全面、系统的展开深入的研究。

最后，该书重构了数字化教材质量标准的指标体系。数字化教材的质量问题是中外学者关注的热点问题，是数字化教材能否充分运用的最核心因素，直接关乎数字化教材的进一步调整与未来发展，因此，数字化教材质量标准指标体系的构建尤其重要。该书在全面梳理美国、韩国、日本等国家数字化教材质量标准的基础上，依据数字化教材的操作性定义，建立了层次分明、维度全面完整、要求更高的质量评价指标体系，指标的实用性和适用度进一步得到加强。因此，殷切期望本研究为数字化教材质量监测等工作提供一定的依据。

王秀红

2022年5月于东北师范大学

目 录

前 言

为了在保证名列世界先进水平的基础上发展中国特色的优质教育，推动各级教育高水平与高质量普及，实现基本公共教育服务均等化，2019年，中共中央、国务院印发《中国教育现代化2035》，明确将"到2035年，我国要总体实现教育现代化，迈入教育强国行列"作为总的目标与规划，并围绕总目标与各阶段任务提出要加快信息化时代教育变革。建设智能化校园，统筹建设一体化智能化教学、管理与服务平台等要求，这标志着近年来伴随信息通信技术、人工智能技术等多项科学技术的进步，教育领域中传统教学手段与教学方式正在悄然发生变革，教与学不再困囿于教室这一方天地，也不再受课表规定时间的束缚，而是逐步走向跨时空的信息化教学。

数字化教材作为教育信息化建设的必由之路与重要组成部分，其建设与质量的提升对推动教育信息化而具有不可替代的意义和价值。相比于传统的纸质版教材而言，数字化教材在使用形式上更为灵活，在内容挑战、培养自主学习与探究能力、激发学生兴趣等诸多方面都具有明显的优势，在促进教育教学质量高速稳步提升的同时也能解决因地域发展差异而导致的教育资源分配不均衡的问题，促进优质资源向各类学校乃至各年级学习者分配，以保障广泛意义上的教育公平，并为终身学习社会的形成奠定良好的基础。

虽然数字化教材在教育教学方面具有传统的纸质版教材所无法比拟的优势，也在过去数年的发展之中进入各级各类学校的课堂教学，但研究发现，我国的数字化教材建设呈现出了"实践先行、理论研究稍有滞后"的特征，尤其是系统论述数字化教材的专著更是寥寥无几。理论上的滞后造成了实践者在参与到使用乃至建设实践中时，一旦遇到有关问题则无据可循，尤其是在建设实践之中，并未具备丰富经验的建设者因缺乏相关理论知识的指导与先前经验的借鉴而很难建设出高质量的数字化教材，导致建设工作尤其是根据学生实际、由教师自己进行的"自下而上"的建设出现了一定的困难，对数字化教材内容的丰富程度有着极大的影响。因此，起自含义厘清、终于依托平台的数字化教材建设的系统研究在丰富理论、助力实践方面均有十分重要的价值。

作　者
2022年5月

第一章　数字化教材的本体理论

一、数字化教材的含义及相关概念

（一）何谓教材

作为课程内容及价值观念的物质载体，教材是教师与学生之间的重要媒介，是学校教育教学活动的基本依据，担负着为教师的教和学生的学提供系统化的人类文明成果等重要职责。在国内外诸多学者的探讨中，对"教材"概念的讨论可谓众说纷纭，从不同的角度对教材的含义进行了探讨。

从最浅显的字面意义上进行解构，"教材"可以被拆分为"教学材料"，内含教科书与教学辅助图书资料等具有文本意义的教学材料，其中教科书是最具代表性的，也是最主要的文本教学材料。[①]但这种解释只是将日常教学之中所使用的具体材料做了一个概括性的描述，并没有涉及教材的内在本质。

教材是教师的教与学生的学之间的重要媒介，为课程的开展提供了可依据的内容，因此，有学者将教材剖析为一种课程内容，认为"教材受学校教育内容所制约，包括学生应掌握的物质对象与观念对象"[②]。可以说，这是一种从内容层面以静态的观念对教材做出的界定，而若从功能层面对教材进行动态界定，则可将教材看作是"在有目的情境的发展过程中所观察的、回忆的、阅读的和谈论的种种事实以及所提出的种种观念"[③]。

综上所述，本书所说的教材是承载经过精心遴选且按照一定的规律进

---

① 刘继和. "教材"概念的解析及其重建 [J]. 全球教育展望, 2005（2）：47.

② ［日］欢喜隆司, 钟启泉. 关于教材的若干问题与课题 [J]. 全球教育展望, 1988（3）.

③ 钟启泉. 教材概念与教学创新 [J]. 教育探究, 2010, 000（001）：5-9.

行排列的课程内容的物质载体，是教育思想、教育目标、教育内容的主要载体，是教师教授和学生学习过程中所利用的主要材料和基本手段，有广义与狭义之分。广义的教材是指可以用于教与学的所有材料，包括教科书和各种配合教科书使用的、以各种形式（如音频、视频等）呈现的辅助材料；狭义的教材则单指教科书。

（二）何谓数字化教材

伴随着信息技术的迅速发展与网络时代的到来，各国对信息化教育的重视程度逐渐提升，诸多国家与建设信息化教育系统有关的部门和研究机构纷纷着手开展"如何将信息技术融合于课堂中"的工作和研究，将诸多形式的技术融合于课堂创新中，新的教材形式——数字化教材的开发与应用当属典型代表。目前，有关数字化教材的概念与内涵尚未形成统一的国际性标准，常有人将数字化教材与电子版本的教科书、电子课本等概念混淆，这也导致在数字化教材开发的过程中，有的开发者单纯将数字化教材理解为配有音频或视频的电子教科书，所开发的教材与学生的交互性较差。因此，明确数字化教材的概念与内涵对于数字化教材的研究者与开发者而言都是应率先关注的问题。

从简单的字面的角度来理解数字化教材，可将"数字化"看作是一种过程，即将数字化教材解析为传统教材经过数字化过程后的产物，但这种数字化过程并非是简单的利用信息通信技术将传统的纸质版教材搬到信息接收终端上的过程，而是以多种手段为传统教材注入多样化教学功能，最终使其适配于信息接收终端、对学生学习大有裨益的、效用大幅提升的过程，韩国的研究者将教材数字化的过程进行了详解（详见图1.1），认为经历互动、设计、开发等过程最终形成的数字化教材，应该包含三个层次：

第一层次包含教科书内容（印刷版教科书的电子版、参考书等辅助学习材料）、多媒体内容（动画、虚拟现实等）以及其他学习资源（字典等）三类，该层次的内容能够为学生提供更多相关和最新的学习材料，有望帮助学生成为积极的学习者。

第二层次是学习管理系统，内含评估工具、学习管理工具与创作工具，该系统能够积累学生多方面的成就信息，使学生的个性化学习与对自己的评估成为可能，从而促成自我反思与调整；教师也可向学生提供个性化的补充学习材料，以帮助他们根据自己的能力和兴趣进行个性化学习。

第三层次是通过与校外学习资源进行连接来支持学习，连接的内容包括国家知识数据库以及其他政治、经济和文化机构所拥有的内容。该层次充分适应信息化时代对自我调节学习能力的新要求，为学习者利用、整合信息的能力养成提供了丰富的资源。①

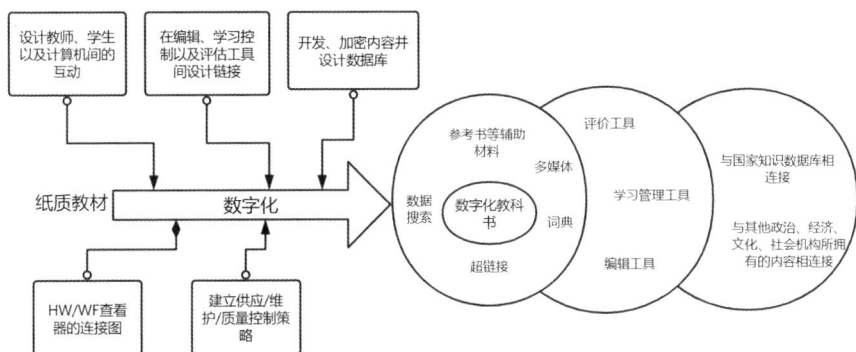

图1.1　纸质教材的数字化过程②

另有学者、研究机构对数字化教材（电子教材）的概念做出侧重点各异的定义：

（1）从电子书的角度而言，电子教材是指将数字内容作为流通介质、以互联网为流通渠道、包含多种形式；以大容量存储空间的数字化电子设备为载体，以网上支付为主要交换方式，是一种具有原创性、独立性、完整性的新型书籍形态。这种定义方法突出其"电子"特质，却对内容等方面无所约束，这样的新型书籍未必能成为教师教与学生学的媒介和手段，因而只能被看作电子书而非数字化教材。③

（2）数字化教材作为教师的教与学生学的主要手段，对提升学生学习效果大有裨益。项国雄以改善学习为切入点，认为电子教材即"以信息通

---

① Yeonseon Jeong, Amie Kim. The Digital Textbook in South Korea: Opportunities and Challenges [J]. New Media and Learning in the 21st Century, 2015（07）.

② Sung-Moo JUN. Leading Future Education: Development of Digital Textbooks in Korea [C]. 12th UNESCO-APEID International Conference Quality Innovations for Teaching and Learning, 2009.

③ 王俊宏. 电子教材: 信息时代教科书设计的新形态 [J]. 中国教育信息化, 2011（02）.

信技术为工具开发的、超越时空的多媒体教材，具有字、音、形、色等合成性、动态性及可再生性等特点，其目的在于构建一种网络化学习环境，最大限度地利用计算机和网络的优势实施教与学的活动。"[1]该角度不仅凸显了数字化教材改善学习这一功能，还将数字化教材应具备的一些特点纳入其中，但这种对数字化教材的特征、要素的概括不免含有些许抽象性，在理解时容易产生歧义。而同样以改善学习为角度，孙众通过将数字化教材结构分为具体的三个层次与五个关键要素（详见图1.2），并对数字化教材的内涵进行阐述："智能电子教材（数字教材）即以传统教材的内容体系作为学习内容的主要脉络，以图书编排形式为基本页面的主要布局形式，将数字化资源、学习工具以及学习社群集于一体，成为学习者实现群体学习和个性学习的数字学习空间入口。"[2]

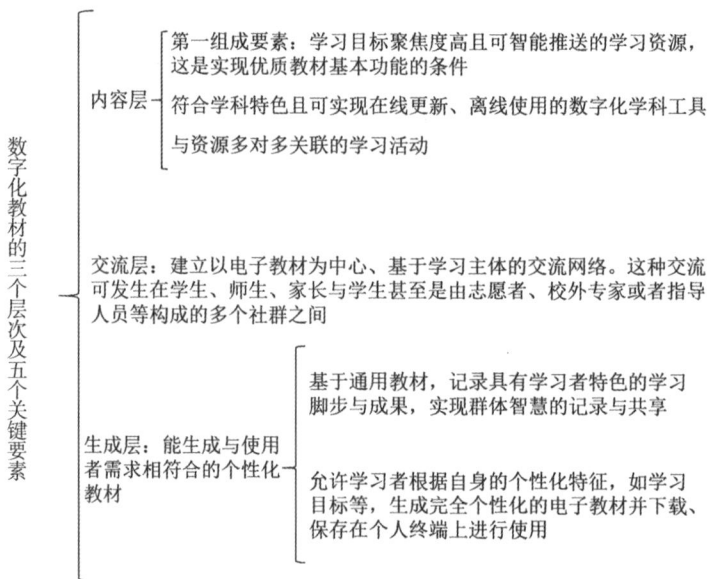

数字化教材的三个层次及五个关键要素

内容层
第一组成要素：学习目标聚焦度高且可智能推送的学习资源，这是实现优质教材基本功能的条件
符合学科特色且可实现在线更新、离线使用的数字化学科工具
与资源多对多关联的学习活动

交流层：建立以电子教材为中心、基于学习主体的交流网络。这种交流可发生在学生、师生、家长与学生甚至是由志愿者、校外专家或者指导人员等构成的多个社群之间

生成层：能生成与使用者需求相符合的个性化教材
基于通用教材，记录具有学习者特色的学习脚步与成果，实现群体智慧的记录与共享
允许学习者根据自身的个性化特征，如学习目标等，生成完全个性化的电子教材并下载、保存在个人终端上进行使用

图1.2　数字化教材的三层次五个要素

（3）数字化教材的使用需要配备与之相适应的接收终端。北京教科院研究人员乐进军从终端的角度出发，将电子教材定义为：是安装有数字化

---

[1]　项国雄. 从传统教材道电子教材［J］. 信息技术教育, 2005（5）: 8-10.

[2]　孙众, 骆力明. 数字教材关键要素的定位与实现［J］. 开放教育研究, 2013（04）.

教材和教辅内容资源及互动教学管理平台软件，应用于课堂教学和学生课外自学的便携式移动设备终端。①这是一种关注终端层面的静态定义方式，而忽视了从动态的角度来阐释数字化教材。

（4）数字化教材内容通常包括由纸质版教科书脱胎而来的内容以及其他与该内容相关的资源。戚常林从资源的角度将电子教材界定为"将课程标准、学习指导、习题与实验操作、可视材料、参考资料等有机结合起来，构成一个所有教学材料的集合"②。

（5）美国国家教育技术总监会（SETDA）认为，数字化教材（digital instructional materials）包括从视频片段到数字格式的全学年教科书，以及视频、音频、文本、动画、模拟和评估等一切内容。也包括较小的"块"或者说是部分，如单个章节或课程。③如从教材的含义来看，该定义对数字化教科书及其他教学辅助材料进行了区分，表述为"digital instruction materials"（数字化教学材料）而非常见于文章中的"digital textbook"（数字化教科书），因此可看作是广义的数字化教材定义。

（6）数字化教材是韩国"智慧教育"项目的重要组成部分，为了深化数字化教材的开发者、使用者及其他利益相关者对数字化教材的理解，韩国教育部分别从三个方面来阐释数字化教材④：一是从数字化教材的适用场所来看，即无论何时何地，无论在学校还是家庭中，都可以随时查看；二是描述数字化教材所包含的内容，即已有的教科书、参考文献、工作簿、词典中的所有内容的集合，且为学习提供了多媒体环境，包括视频、动画和虚拟世界；三是从学生学习的角度而言，将之描述为"一本以学生为中心的教科书，旨在促进各种类型的互动，并允许学生根据他们的需求和水平米工作"。

（7）日本在修订版的《学校教育法》中强调两点区分，一是将教师用

① 乐进军. 从纸质教材到电子教材——教材数字化变革研究 [M]. 北京：北京师范大学出版社，2017.
② 戚常林等. 基于web的电子教材设计研究 [J]. 信息技术，2002（9）.
③ NAVIGATING THE DIGITAL SHIFT: Mapping the Acquisition of Digital Instructional Materials [EB/OL]. https：//files. eric. ed. gov/fulltext/ED569228. pdf.
④ Hyeonseon Jeong, Amie Kim. The Digital Textbook in South Korea: Opportunities and Challenges [J]. New Media and Learning in the 21st Century, 2015（07）.

与学生用的数字化教材明确的区分开来，二是将数字化教科书及其他补充材料进行区别，认为学生用数字化教科书即由教科书出版商制作的、其中包含与纸质教科书相同内容的数字教科书。而其他视频、音频和动画等内容属于教育材料（补充教育材料）的范畴，二者在学生用计算机上得以结合使用，成为学生用数字化教材。①

（8）中国数字教材与电子书包发展研究项目组在《中国基础教育数字教材与电子书包发展研究报告》中将数字教科书、电子教科书、电子教材等概念视作与数字教材同义的概念，认为数字教材是依据课程标准（或教学大纲）系统编制、开发的适用于信息技术环境下教师教与学生学习活动的电子图书，即数字教材是数字形态的教科书，是信息化教与学环境中师生教学活动的基本依据和核心材料。②

综上所述，我们认为数字化教材是指一种利用现代通信技术开发的、以纸质教材的内容为蓝本、以智能化信息接收与呈现终端为载体、依据课程标准编制而成的、供教师与学生在信息化教学环境中所使用的核心材料。

广义的数字化教材是指在信息化环境中能够被教师和学生应用于教与学活动的数字教科书以及与之相匹配的一切数字化补充材料，狭义的数字化教材则单指数字化教科书。

（三）数字化教材相关的概念

数字化教材是伴随着信息通信技术的发展与对建设教育信息化体系的推进而逐步应运而生的，虽然这一进程可追溯至二十世纪九十年代，但严格意义上而言，早期开发的数字化教材实际上只是将传统的纸质教科书的内容以多媒体（如音视频）等形式进行呈现，并不具备今天我们所说的数字化教材所具有的交互性、富媒体性等重要特征。

数字化教材的开发进程中，由于信息通信技术日新月异的发展、所使用的开发标准不一致或研究人员的理解不同等原因，诞生了一系列与数字

---

① 文部科学省. 学習者用デジタル教科書の効果的な活用の在り方等に関するガイドライン（改訂案）[EB/OL]. https://www.mext.go.jp/content/20210126-mxt_kyokasyo01-000012375_02.pdf.

② 王志刚，沙沙等. 中国基础教育数字教材与电子书包发展研究报告 [M]. 北京：人民教育出版社，2017.

化教材内涵相似或一致的词语，常见的有电子课本、电子教科书、电子教材、电子书包等。本文将数字化教材与电子教材作为同一事物的不同表述方式看待，并重点辨析电子课本、电子书包的内涵及其与数字化教材之间的区别与联系。

1. 电子课本

电子课本是与数字化教材关联较为紧密，表述与理解时容易混淆的概念之一。若对电子课本进行字面意义上的拆解，可将之理解为"电子化的课本"，其中，所谓电子化（Electronization）是指对数字化信息资源的一种全新使用和传播方式。具体而言，电子化以计算机和通信技术为基础，数字化信息为对象和内容，利用计算机和网络进行使用、传播，是一种高技术的信息传播过程和高效率的信息利用结果的体现，这一概念随着技术的革新而不断发生变化，当下，电子化包括信息资源的电子化使用、传播交流的电子化以及管理的电子化三个方面，是一个强调网络共享的、综合性的信息技术集合概念。[①]而《教育辞典》则对课本做出了如下解释："课本，即教科书。它是根据教学大纲所规定的内容、体系和教学法的要求，以及不同年龄阶段学生的特征，由教育部门指定编写的叙述各学科内容的统一教学用书。课本既是学生学习的主要材料，又是他们阅读课外读物，扩充知识的基础。教科书也是教师教学的基本依据，熟练掌握本学科教科书的全部内容，是教师顺利完成教学任务的基本条件。"[②]

将这两种含义进行结合，似乎电子课本可被视为电子化的教科书，但在实际的研究中，研究者们发现这二者并非同一概念。电子课本更像是由"电子书"技术与传统"教科书"交叉、融合之后所形成的产物，是电子书应用于教育领域的产物。[③]关于其内涵，许多学者给出了侧重点不同的概念界定：

（1）通过与传统教科书相比后对电子课本的优点进行总结并以此为依据对其进行界定，可将电子课本看作是一种集轻巧、廉价节能、检索灵

---

①　姚媛. 数字化、电子化、网络化和虚拟化名词的本质概念及应用［J］. 大学图书馆学报，2009，27（05）：13-17.

②　张焕廷等. 教育辞典［M］. 南京：江苏教育出版社，1989.

③　吴永和等. 电子课本的术语、特性和功能分析［J］. 2013（23）：5-11.

便、可随时更新内容，具有充分的人机交互性等各种优点于一身的电子教科书。①

（2）不同于普通的电子书，电子课本应当是教与学过程中的媒介与手段，对提升教学质量大有裨益。所以其不仅是一种按图书风格编排的电子书或者电子读物，也具备遵循学生的阅读规律这一特征，有利于学习活动的组织且符合课程目标的电子书或电子读物。②也可以看作是特殊的教育专用电子书，是教科书电子化或数字化后形成的具有教育教学属性的电子出版物。③

（3）电子课本与其所隐喻的课本一样，是电子书包中的核心模块，在使用电子书包进行教学过程中，实现电子化阅读并非是电子课本的唯一功能，作为知识内容和学习活动的载体，电子课本要想发挥不可替代的作用，就必须兼具教育属性和功能。从阅读的角度而言，电子课本能具备富媒体性、个性化等特点；从教育属性和功能而言，延续了部分电子"课件"的属性，如提供交互功能等。基于电子课本所兼具的电子读物与学习活动载体的诸多属性，它可突破时空限制，为学习者提供教材、参考书、作业、字典和多媒体内容。④这种界定与广义的数字化教材概念更为接近。

（4）电子书利用计算机技术将一定的文字、图片、声音、影像等信息，通过数码方式记录在以光、电、磁为介质的设备中，借助于特定的设备来读取、复制和传播。因此，部分脱胎于电子书的电子课本也将各种声音、文字、图片和影音文件集于一体，使得在基于传统纸质教材使用和传统教学手段选用的传统课程中难以实现的实验和动态演示过程得以轻松实现，有助于学生对重难点加以理解并留下深刻印象。⑤

---

① 马国仓. 从"人教电子教科书"看电子书包的现状与发展趋势［N］. 中国新闻出版报, 2002-5-23 (2).

② 陈桄, 龚朝花, 黄荣怀. 电子教材：概念、功能与关键技术问题［J］. 开放教育研究, 2012, (4)：28-32.

③ 吴永和, 祝智庭, 何超. 电子课本与电子书包技术标准体系框架的研究［J］. 华东师范大学学报（自然科学版）, 2012, (2)：70-80.

④ 顾小清, 傅伟, 齐贵超. 连接阅读与学习：电子课本的信息模型设计［J］. 华东师范大学学报（自然科学版）, 2012, (2)：81-83.

⑤ 徐行, 刘建平. 电子教材成果的评价［J］. 西安航空技术高等专科学校学报, 2003, (3)：24-25.

（5）基于电子课本与广义数字化教材在开发流程、特性、内容等方面的相似程度，有学者认为电子课本是数字教材或电子教科书的别称，是以信息技术、多媒体技术为基础开发的教学系统，支持广大教师、学生和家长反复使用，具有及时性、共享性、开放性、动态性、交互性等特点。[①]

作为电子书与传统教科书融合的产物，电子课本应当兼具二者所拥有的部分特性，但又因为特性的融合而产生了新的特性，吴永和及其团队认为电子课本具有下述六种属性[②]：

一是电子课本涵盖了教科书对教学法与学生认知特点的关注，即具有教学性，主要体现在内容的选择科学、恰当，具有一定的教学目标及教学重难点。

二是阅读性，该特征发展自传统教科书的可读性与易读性。所谓可读性，是指书页便于翻动的程度、图片/图像/动画/视频的清晰度以及播放速度的适宜程度；所谓易读性，则是指文字的编排方式、语句的长度、关键用语出现的频度、多媒体素材以及对学生已有经验的适应程度。从这一解释来看，电子课本的阅读性也体现了其编排能够遵循学生发展规律、具有改善学习等功能的特征，即教育性。

三是关联性。由于电子课本是基于现代计算机和通信技术进行建设的，所以可以对取自传统纸质教科书的内容、知识结构等进行重组。从内容层面上看，电子教科书的教学目标与内容之间、学习对象与内容、学习内容对象之间、目录与书签之间均有关联；从外部环境而言，内容与虚拟学具、内容与学习服务之间有所关联；基于微观视角，则体现在电子课本中的知识点之间具有关联，教师可根据教学目标，进行内容关联以及知识重组。

四是开放性，即电子课本内容的拓展、补充与学具和服务的沟通，比如在技术层面上满足跨平台、可共享等要求；从内容使用者的角度而言，则教师和学生的使用权是自主的。其内容来源广泛，在组织与编排上具有灵活、可调整的特性，且可以随时随地的使用、更新。

---

① 李林，王冬，覃文圣，等. 论电子教材取代纸质教材发展趋势的必然性［J］. 中国信息界，2011，（5）：42-44.

② 吴永和等. 电子课本的术语、特性和功能分析［J］. 2013（23）：5-11.

五是富媒体性。即表现为内容组织可以支持丰富的页面展示和互动页面控制，内容可以被下载、分享且同步、实时响应用户操作，并具备跨平台展示内容的功能。

六是交互性。这是一种在富媒体的基础上支持教与学相互作用的能力或特性，是指某种情境中的环境、个人、行为方式之间相互作用的特质。这种交互体现在方方面面，最基本的由生生、师生之间的交互，另外还有发生在学生内部的已有经验与新的知识之间的交互等。

若从传统教材（教科书）的转化过程而言，则数字化是计算机技术的集合，强调信息资源的加工方法与过程，即侧重于技术的使用，而"电子化"不是技术的集合，而是一个综合了许多技术所表现出来的应用方式，强调的不仅是信息内容载体的数字化、计算机化，更重要的是使用计算机和通信技术来进行有序管理和共享使用，即侧重于技术的应用方面。[①]但是若回归教材或教科书本身，基于上述对于电子课本的含义以及其特性的剖析，从教育的角度而言，可以发现电子课本所拥有的诸多特性以及由此所衍生出的功能如添加注释、与使用者交互等与广义的数字化教材相似程度较高，所以可以将电子课本与广义的数字化教材画等号。

2.电子书包

书包是学生日常学习生活中最常使用的、主要用以装载学生个人学习所需的书籍及其辅助工具，如词典、练习册、书写工具等，而电子书包，顾名思义，就是容纳数字化后的学习用书、用品的"容器"，这种"容器"可具体化为以不同形态呈现的便携式的学习终端，如PAD、Tablet PC等。

关于电子书包内涵讨论主要可分为"实"与"虚"两种。所谓"实"，即将电子书包看作是一个如平台、教学资源包等实体。高志丽以数字出版领域为视角，将电子书包看作是若干电子书按照科学的结构整合而成的数字化教学资源包，包含学生学习需要的教材、教辅、工具书等，该界定着重强调的是将学生用书电子化或数字化后进行整合，但忽视了学

---

① 姚媛.数字化、电子化、网络化和虚拟化名词的本质概念及应用[J].大学图书馆学报,2009,27（05）:13-17.

具如直尺等的数字化[①]；仇勇平主要从使用者的角度出发，认为电子书包是一个以学生为主体，以个人电子终端和网络学习资源为载体的、贯穿于预习、上课、作业、辅导、测评等学习各个环节，覆盖课前、课中、课后学习环境的数字化学与教的系统平台[②]；祝智庭[③]将电子书包形容成为一个"容器"，认为数字化后的课本、作业等需要一个类似于书包的"容器"来承载，未来的学习活动也将依托于该"容器"开展，因此电子书包除了具有电子课本的大容量装载和阅读、做笔记等基本功能外，还应该将学习活动所必需的虚拟学具和学习服务支持纳入其中。所谓虚拟学具，一是指将传统的学习工具如直尺等以数字化、虚拟化的形式呈现，如虚拟直尺等；二是当下新兴的、依据认知科学和学习理论的研究成果所设计用以支持学习活动的工具，如概念图等。而学习服务则是指学习记录、进度管理与评价服务、家校互动服务等。

电子书包出现至今已有二十余年，在此期间，数字化进程不断加快，信息技术的进步为电子书包新功能助力，对电子书包内涵的研究由"实"转"虚"，由从前实现学生身体上的减负转向学生精神上的减负，于是将电子书包看作是学生的个人学习环境，从促进面向信息时代学生能力发展的创新人才培养目标出发，支持每一个学生随时随地的学习链接，并且提供满足每一个学生需求的个性化学习体验。[④]

从上述界定可以看出，无论是"实"或"虚"，无论是"平台"还是"学习环境"，对电子书包的界定始终都围绕着一个可以容纳、呈现数字化、电子化或虚拟化的学习用书、用具的"容器"而展开，也可以说是围绕着可以承载能够满足信息化学习需求工具的平台而展开。因此，可以说数字化教材所强调的是内容，其设计能够满足、适应灵活多变的学习环境，在学习终端方面没有统一的要求，可以是PC端，也可以是手机端；终端既可以是平板电脑，也可以是PC。而电子书包所重点强调的是移动学习终端这一实体，也可以说电子书包是承载、呈现数字化教材的平台或

① 高志丽.电子书包将成为学习的主要工具[J].出版参考,2010(3).

② 仇勇平.电子书包:建设数字化课程环境[J].上海教育,2011(Z2):40-41.

③ 祝智庭、郁晓华.电子书包系统及其功能建模[J].电化教育研究,2014(008).

④ 祝智庭、郁晓华.电子书包系统及其功能建模[J].电化教育研究,2014(008).

媒介。

应当注意的是，数字化教材与其相关概念只能在理论层次上加以辨析，在实际生活的使用中，各概念之间会相互交融，无法完整地将某一概念进行彻底的剥离与分开。

二、数字化教材的类型及构成要素

（一）数字化教材的主要类型

数字化教材自产生至今，其形态伴随着信息通信技术的发展而产生了翻天覆地的变化，从早期的将纸质版教材以PDF等便于阅读的格式照搬到电子阅读器，到如今与用户交互性较强的富媒体形态，其变化可谓是日新月异，且在变化的过程中产生了多种不同的类型。

有学者曾按照数字化教材的适用终端或者说是载体将其分为四类[①]，一是专门为亚马逊的Kindle和ipad等阅读器所制作的电子教科书；二是基于计算机的按需图书，如谷歌图书和Net Library教科书；三是按需印刷的数字教科书；四是通过iTunes（数字媒体播放利用程序）、维基和数字应用程序提供音频的、数据的、互动的和文本资源的模块集。这种分类方式较为简单，其所描述的数字化教科书的功能、所应用的技术完全取决于载体所使用的技术以及所能托载的工具组件，比如同一版本的教科书若在Kindle上使用，其呈现方式主要为静态的文字，而若在ipad上使用，则可以实现多样化的内容呈现。

研究者胡畔等人依据所采用的技术不同，将数字化教材分为静态媒体数字教材、多媒体数字教材以及富媒体数字教材。[②]

1. 静态媒体数字教材

静态媒体数字教材，是指在数字化教材的发展初期，将PC作为主要的硬件载体，以文本、图形等不具备交互性特征的静态媒体作为主要内容形式，强调的是对传统纸质教材内容的数字化还原，早期的静态媒体数字教

---

① Marcia A. Mardis, Nancy Everhart ect. From Paper to Pixel: Digital Textbooks and Florida's Schools [DB/OL]. https://files. eric. ed. gov/fulltext/ED522907. pdf.

② 胡畔, 王冬青等. 数字化教材的形态特征与功能模型 [J]. 现代远程教育研究, 2014 (002).

材的主要格式包含以下几种：

（1）便携文档格式PDF（Protable Document Format，PDF），这是一种最为常见的静态媒体数字教材。由于PDF在生成和输出图形时以PostScript语言（主要用于电子产业和桌面出版领域的一种页面描述语言）图形模象为基础，并利用字形嵌入系统使字形可随文件一起传输，所以能够"忠实"的再现同版纸质教材的每一个字符、颜色以及图像，逼真的还原纸质版教材的原貌，符合使用者原有的阅读习惯而更易为使用者所接受，因而得到了广泛的应用；同时该电子文件格式既具有通用于任意操作系统中，适用性较强的优点，也可将超文本链接等电子信息嵌入其中而凸显出集成度较高的优势特征，同时还具有结构化的存储系统，使得所生成文件较小，易于传输、存储，因此成为一种发行电子文档、进行数字化传播时的理想格式。

（2）LIT（Literature的缩写）格式：是由微软公司所推出的一种兼容性较强的、可广泛应用于PC端及掌上型电脑的电子书格式，它能够模拟真实的图书形式，提供普通窗口浏览以及全屏浏览两种浏览方式，但是需要下载并在第三方软件上进行使用。

（3）CEB（Chinese E-paper Basic）格式，是由北大方正公司独立开发的一种采用"高保真"技术的电子书格式，能够最大限度地还原纸质书的样式。该格式的静态媒体数字教材需要在阅读软件Apabi Reader上使用，该软件具有字体缩放、书签、做笔记、书籍管理、翻译和文字拷贝等主要功能，符合使用者的传统阅读习惯，使其可接受度较高，便于推广。

伴随着E-Ink技术即电泳式电子墨水（Electrophoretic ink）或电子墨水（electronic ink）及基于该技术的电子阅读器的出现，与该类型电子阅读器相匹配的数字化教材也随之产生，其中包含了PDF、AZW、MOBI、EPUB等格式，其中MOBI与AZW格式同属于Amazon公司的私有格式，本质上来说，二者属于同一种格式，但区别在于AZW格式是由MOBI格式衍生而来的、可以对电子书做DRM（数字版权管理）保护的一种新的格式，二者均可由EPUB、PDF以及TXT三种格式转换而成。

EPUB（Electronic Publication）是一种由国际数字出版论坛（IDPF）提出的自由开放的电子图书标准，属于一种可以"自动重新编排"的内容，即根据阅读设备的特性，文本内容将以最适宜阅读的方式进行显示。EPUB格式在对复杂的排版、图表、元素的兼容性、矢量图形支持等方面比MOBI格式更佳，其中包括三项主要规格：一是用于定义内容版面的开放出版结构（Open Publication Structure，OPS）2.0，二是开放包裹格式（Open Packing Format，OPF）2.0，用以定义以XML为基础的.epub档案结构；三是能够将所有相关文件收集至zip压缩档案中的OEBPS容纳格式（OEBPS Container Format，OCF）1.0。

虽然静态数字教材有多种不同的格式，但这些格式基本都具有"页面保真"的特点，即能尽量真实的还原传统的纸质版教材，也因此具有易于使用者适应的特征，除此以外，静态数字教材还具有诸多方面的优势，一是由于不需要经过复杂的设计与加工，只需将纸质版教材进行还原，因而开发成本低、时间短；二是适用性较强，即对适用系统和适用设备要求不高，可实现跨系统、多设备的使用；三是媒体格式简单，可检索、易于传播及存储且更新及时，因而在科研文献的数字化存储、检索与阅读中使用较多。[①]

但静态数字教材也具有明显的缺点，由于只是简单地将纸质版教材搬运到一个具有检索、注释、圈注、高亮等功能的平台上而未经过复杂的设计、也未添加多样功能，所以交互性较差，因而在学校教育教学尤其是基础教育中除了便携性、更新及时外，并不具备比纸质版教材更多的优势。

2. 多媒体数字教材

多媒体数字教材，多以基于HTML（超文本标记语言或超文本链接表示语言，Hyper Text Mark-up Language，是一种制作万维网页面的标准语言）文档以Web页面形式出现。HTML文档（件）是一种可被多种网页浏览器读取、产生网页传递各类资讯的文件，是组成互联网的一系列传输协议和各类文档中的一种，存储分布于世界各地的服务器硬盘上，经由传输协议的用户可以突破时空界限，获取这些文件所传达的资讯和信息。基于HTML文档所生成的数字教材，可供广大学生、教师及家长反复使用，且数据更新及时，具有共享性、开放性、动态性与可生成性，其内容相对独立，虽然

---

① 乐进军. 从纸质教材到电子教材——教材数字化变革研究［M］. 北京: 北京师范大学出版社, 2017.

以纸质教材的内容为基础，但其组织与呈现方式也不囿于纸质教材，因而有些失真，不适用于基础教育领域，尤其是低年级的初次使用者，因此出现了将多媒体资源直接嵌入PDF文档中的、以交互式白板和大屏幕一体机等作为硬件设施的数字化教材。

不管是有些许失真的网页版多媒体数字化教材，还是在PDF文档中直接嵌入多媒体资源，都是根据多样化的教学需求，以传统纸质版教材的内容作为基础或核心，将各种以音频、视频等媒体形式呈现的资源进行有效整合后的结果，使得知识内容能够生动形象的呈现，并创设相应的教学情境，比如以视频的形式演示科学实验、利用音频播放背景音乐来增强学生与文本内容的联系，但由于这种数字化教材缺乏交互性，无法带给学生沉浸式的体验，因而难以让学生真正融入情境之中。

3. 富媒体数字教材

富媒体数字教材，这是一种以富媒体技术为支撑的新型数字化教材。所谓富媒体（Rich Media）是用来形容一种可被嵌入网页或进行下载的广泛的数字媒体。虽然有关富媒体的定义尚未被统一，但围绕富媒体所生成的关键词主要有：数字化媒体；包含多种媒体对象及程序设计语言；可嵌入网页亦可下载离线使用；有动态驱动；可及时反馈。

有学者对华盛顿大学国家教育信息技术中心的材料进行分析后认为，富媒体本身所指的并不是一种具体的互联网媒体形式，而是指具有动画、声音、视频的组合式、交互性的信息承载方式，通常包含流媒体、图片、音频、Flash、文本，并嵌入Java等程序设计语言，支持在线与离线反复使用，可同步实时响应用户操作，也可跨平台的展示并支撑轻量级的widget（微件，Web widget，是一种由Web2.0衍生的小型应用程序，可以是一个时钟，一个Flash游戏等等）。其中最为显著的主要特性体现为：丰富多样的用户界面（User Interface）展现、深度用户交互、动态驱动及响应、便捷的部署，融合桌面应用与网络应用。[①]

由于富媒体具有显著的交互特性，所以以该技术为基础所开发的数字化教材能够实现深层次的教学交互体验，让学生深入教学情境并沉浸其

① 傅伟. 富媒体技术在数字化学习终端上的应用探索［J］. 远程教育杂志，2011（4）：95-102.

中；种类丰富的教学元素及其多样化的表现形式能够吸引学生，激发学生学习的积极性；富媒体数字化教材既具有数字出版物的特点，也将教学思想与学习路径蕴含其中，追求信息通信技术与教育的深层次融合，使传统的教和学方式更为自由、多元、新颖，焕发出新的生机。比如，我国人民教育出版社利用Flash技术所开发的第二代"人教数字教材"就是较为典型的富媒体数字教材，该数字教材内部嵌入了由教科书编写团队参与研发的、与原有教科书内容适配度高的、允许学生在一定范围内进行虚拟探究和自主测评的、具有交互性的富媒体资源，并支持在多种终端上进行使用。[①]

上述分类是基于所采用技术的视角进行的，另有研究者依据开发数字化教材的成本以及功能界定了四种类型的数字化教材[②]，分别是："具有一些资源增强功能的中等成本出版商XML电子书"；"基于传统的印刷书籍、由出版商在LMS平台上提供的数字化教材"；"低成本、免费、灵活的XML数字教科书和资源集合，是一种基于众包创作/创建模式所生成的数字化教材"；"高端的交互式XML数字教科书，能够提供高水平的交互功能以及评估功能"。

除此以外，还有根据呈现格式不同的分类，如基于PDF格式的数字化教材和基于浏览器格式的数字化教材等多种分类方式。

（二）数字化教材的构成要素

从微观角度来看，不同类型、不同版本、不同功能的数字化教材构成要素不尽相同，比如韩国的数字化教材由数字化教科书、学习管理系统、资源支持系统及一些功能组件如评价工具、编辑工具等构成；而日本学生所用的数字化教材则由数字化教科书与数字教材查看器两种要素构成，前者包含复刻纸质版教科书的内容、文字以及图像、录像、声音、模拟、解释性说明等，后者则含有一些使用数字教材时所必备的基本功能要素如朗

---

① 王志刚等. 中国基础教育数字教材与电子书包发展研究报告［M］. 北京：人民教育出版社，2017.

② Nerea Rodríguez Regueira. The digital textbook. A look at the current state of the art［A］—The Digital textbook：what's new［C］：2015.

读、保存学习记录、书写等。①由于信息通信等技术的发展，数字化教材的构成要素从早期的只有教科书的内容以及一些基本的无交互性的功能，到如今嵌入了丰富多彩的多媒体内容、各种能够为学生创设学习情境甚至便于学生根据自身需求编辑属于自己的个性化教科书的功能，其发展呈现出由简到繁的态势，但无论如何发展，一些基本的构成要素对于数字化教材来说是不可或缺的。

1. 教材内容——数字化教材的核心（资源）要素

教材内容是数字化教材各组成要素中的核心要素，它为在信息化教育环境中进行教与学的师生提供了所必需的教学资源，这些资源使得教师的教与学生的学突破了纸质版教材所能容纳的资料有限的困境，使教师所传授的知识更为丰富，学生的学习得到进一步提升，也为学生在其感兴趣的领域进一步学习提供了资源支持，在促进学生全面发展的基础上满足学生的个性化需求。具体来说，教材内容包括以传统纸质版教科书为蓝本而生成的内容以及补充学习资源。

数字化教材之所以被称之为教材而非数字书、电子书，其本质原因就是数字化教材是对教学有所益处且能够承载师生教与学所需的各种材料，而在这些材料中最为核心的则是将来源于传统纸质教科书中的内容以不同方式进行数字化。较为传统的是对传统纸质版教科书进行1∶1的复刻，让传统纸质版教科书的内容、排版完全保真的进入数字化过程。这也是一种数字化教材开发过程中的惯例，比如日本文部科学省就将学生所用的数字化教材区分为数字化教科书与数字化补充材料，前者必须完完全全的与纸质版教科书相一致（学習者用デジタル教科書」とは、紙の教科書の内容の全部をそのまま記録した電磁的記録である教材を指します）②；由我国人民教育出版社基于互联网交互的思路所开发的epub数字化教材也是纸质教科书内容原版原式的呈现，未将补充资源纳入其中，而是通过阅读器的关联功能以及知识内容的结构化相配合，从人教"e"学系统中调配与当前

---

① 文部科学省. 学習者用デジタル教科書・教材の開発［EB/OL］. https：//www. mext. go. jp/component/b_menu/shingi/toushin/__icsFiles/afieldfile/2014/04/11/1346505_06. pdf.

② 文部科学省. 学習者用デジタル教科書のイメージ［EB/OL］. https：//www. mext. go. jp/component/a_menu/education/detail/__icsFiles/afieldfile/2019/02/12/1407728_001_1. pdf.

知识点相对应的习题、微课资源等供用户进行使用，保证了拓展资源的灵活性和广泛性[①]；而另一种数字化教材则打破了"需将传统的纸质版教科书完全保真进行呈现"的这一惯例，而是按照信息接收/呈现终端的大小、特征等对纸质教科书的版式、结构等进行再次调整，使其与信息接收/呈现终端的适配性更好，为使用者提供更为舒适的阅读体验。

相比于纸质版教材有限的容纳量与缓慢的更新速度，数字化教材的优势就在于可以利用互联网等技术将海量的、能够作为补充材料或解释性材料的资源以多样化形式（比如音频、视频、文字、图像等）呈现给教师和学生。其中既有如练习册、辞典等这些最常见的，多在数字化教材开发时就被装载入其中的资源，也有教师和学生在教与学的过程中按照自身需求所查阅、下载的内容，而具有开放性特征的、允许教师和学生将其进行适度编辑的数字化教材，能够将这些满足教师和学生个性化需求的资源纳入其中，生成适合某一群体乃至个人的个性数字化教材。

2.教学支持系统与管理平台——数字化教材的拓展要素

（1）教学支持系统

数字化教材的核心（资源）要素若要在课堂上充分发挥其效用、实现其价值，就必须依托相关的教学支持系统、通过教学支持系统中所搭载的各项学习活动与虚拟学具得以实现。

目前，有关教材中学习活动的概念并不统一，对教学支持系统中所应搭载的活动也缺乏统一的标准，其中任务/作业的布置与批改、在线测试等都是比较常见的学习活动形式。研究者杜若依据霍顿所提出的三种数字化学习活动类型与杨开成所提出的活动任务类型，结合数字化教材所具有的交互性等利于学习活动开展的特征，认为数字化教材中的学习活动类型与任务如表1.1所示[②]。

① 王志刚等.中国基础教育数字教材与电子书包发展研究报告［M］.北京：人民教育出版社，2017.
② 杜若等.学习活动设计问题分析与交互式数字教材建设［J］.中国远程教育，2018（8）.

表1.1　数字化教材的学习活动及其任务类型

数字化教材学习活动类型	数字化教材学习活动任务类型
吸收型活动：陈述、故事分享、阅读、实地考察	意义建构类任务：联系先前知识、鉴别关键要素或特征、概念分类、比较异同、示范、归纳
实践类的活动：实践活动、发现活动、游戏和仿真	能力生成类任务：分析实例、创建、改变或补充、问题解决
联结型活动：沉思类活动、工作辅助、研究活动、原创活动	无

除了能够促使数字化教材的内容发挥效用的学习活动外，虚拟学具（Virtual Learning Tools）也是数字化教材必不可少的要素之一，它承担着辅助学生学习的重要任务。

祝智庭教授及其团队从教学应用等多视角对虚拟学具进行界定，认为广义的虚拟学具即在信息化环境中，为了完成特定的学习活动，用以支撑学生学习的工具软件、平台以及虚拟实验室的总称。[①]比如"荧光笔"可让学生对重点内容进行标注，"标签"可以记录学生学习过程中的想法，"格尺"可以辅助学生作图。由于每个学生对同一内容的理解不同，因此所记录的、标注的内容能展现每个学生独一无二的想法，这些想法充分整合之后，生成了能够展现学生个人学习习惯、学习思路的独具特色的数字化教材，因而虚拟学具的作用不可小觑。

（2）管理平台

数字化教材的资源要素具有诸多方面的优势，其覆盖面广泛且不受储存空间的限制，能实现实时更新和跨时空使用，将教与学的活动从时空（课堂）的限制中解放出来，实现无处不在的教和随时随地的学，这也是数字化教材的效用得以发挥的一种理想的状态，而该状态的达成则需要在数字化教材中添加管理平台（或称教学管理系统）这一要素，以实现教与学活动的统一协调，该管理平台主要有下述几方面的功能：

一是对教材本身的管理，使用者通过用户认证后，可对平台上已装载的教材进行在线阅读或下载、查看并实施资源更新等操作，也可对使用者个人所拥有的教材进行分类管理。该功能既可以保证用户在安全的环境下

---

① 雷云鹤，郁晓华，吴永和，祝智庭. 虚拟学具标准研制与设计开发［J］. 华东师范大学学报（自然科学版），2014（02）：157-166.

使用教材，也承担了"分发"与管理数字化教材的内容、功能组建等方面的任务。

二是课堂内外的学习管理。在使用传统的纸质版教材时，教师对于学生学习状态以及成果的掌握主要依靠课堂上的简单问答、对课后习题或试卷的批改等，这种掌握方式具有明显的弊端，既难以实现对学生的形成性评价，又缺乏及时反馈，而学生想要对自己的学习过程进行"回放"、对自己在学习过程中产生的偏差进行及时的调整和纠正也较为困难，只能通过大量的翻阅留存下来的、可能存在缺损的纸质资料进行，而课堂内外的学习管理功能的添加则解决了这一难题。

该功能的实现方式有两种，一是在平台中嵌入交互系统或直接开发一个可以支持交互的平台，使得学生的学习结果实时呈现在教师端，让教师能够给予学生及时反馈，比如北师大出版社所开发的iBooks数字化教材，就是依托于iTeach这一互动教学平台实现了教师对学生学习情况的实时管理[①]；通过嵌入资料存储工具或交互工具，将学生在学习的不同阶段的状态以学习成果的方式进行存储，方便教师与学生随时查看。教师可以利用这些资料了解、掌握学生的学习状况，制定针对某一学生的个性化的教育方案，对学生的学习状况进行完整的评价；学生可对资料可以无限次的进行回看，查缺补漏，不仅可以对已经发生的学习过程进行修正，补充新的想法，也可将此作为下一阶段制定学习计划的依据，形成对自身的反思、评价，促进自我调节学习能力的提高。

三是课堂内外的教学管理。数字化教材的管理平台是面向所有使用者的，自然也包括教师。教师所使用的管理平台既可以实现对学生和教材内容的管理，也可以实现对自身教学过程的监控与反思。与学习管理功能类似，教学管理的功能也是通过存储丰富多样的资料来实现的，这些资料可以是文字版的教学计划，也可以是用照片、音频与视频来展现的教学过程，可以是教学开始前的一些预设，也可以是教学结束后独自或与同事一起进行的分析、反思、交流与反馈的内容。比如日本琉球的研究机构与大学合作开发的"琉球地域文化资料管理系统"，其实质就是一个管理

---

① 王志刚等.中国基础教育数字教材与电子书包发展研究报告［M］.北京:人民教育出版社,2017: 76.

平台，该平台不仅经由互联网实现了向区域内各学校分发数字化教材的功能，也将"教学实践资料"作为系统的构成部分纳入其中，该部分包含利用多视角摄影的方法所记录的教学过程、逐次记录的指导方案和教学过程，以为日后的教学交流与分析做充分准备。[①]

四是教学资源管理。数字化教材的开放性特征允许其使用者对其进行适度的编辑，因此教师和学生可以按各自所需，将所收集的资源利用该系统进行加工与整合，使其成为数字化教材的一部分。

3. 移动终端——承载数字化教材的硬件要素

虽然在对数字化教材与电子书包之间的内涵进行辨析时发现前者所强调的是内容，后者所强调的才是终端本身，但数字化教材的存在本身是无法脱离移动信息接收终端这一载体的。一旦失去了这种用于接收与呈现信息的终端，数字化教材的效用也就无法实现，当下所开发的数字化教材都是以移动终端为载体，方便学生携带。因此，本文将承载数字化教材所需的移动终端也纳入其构成所必需的要素之中。

从理论上而言，对承载数字化教材的移动终端的选择没有特定的标准，任何能够实现网络连接的设备都可以成为数字化教材的移动终端，比如ipad、笔记本电脑甚至是手机、Kindle等均在此列，但数字化教材在开发时就应该考虑到其移动终端的特性，比如屏幕大小、性能等因素，使之与移动终端适配，带来更为良好的用户体验，而不同的移动终端决定了开发数字化教材时所应用的不同工具以及产品所具有的不同功能与特征。

以基于ipad所开发的数字化教材为例。ipad作为一种便携式的信息接收终端，本身具有触控性能良好、系统运行流畅且稳定、资源丰富等特点，因此在信息化教育环境中得到使用者的喜爱。具体而言，ipad之所以适合成为承载数字化教材的移动终端主要是因为它具有如下几方面的功能。

一是"内外延伸"功能。ipad可以在集成种类丰富的学习资源的同时，利用网络或同步功能，实现资源的互用；此外，可以从其所装载的App Store中下载许多经过审核的、安全系数较高的教育类应用，辅助数字化教

---

① 久世均.加藤真由美等.沖縄地域文化資料のデジタルアーカイブ管理システムの開発-学習プリントとデジタルアーカイブ管理システムとの連携［EB/OL］.http://kuzelabo.com/pdf/OKI01.pdf.

材发挥效用，也可获取更多的网络资源。

二是其自带的Apple TV无线投屏功能，可以将学生在个人数字化教材上所书写的内容投放到教师端（比如交互式电子白板）上，实现了对学生学习结果的多方探讨与即时反馈，又或可利用其他应用程序（如iTeach）的即时反馈功能来将学生的答案进行公开呈现，既方便教师诊断学生的学习结果，也方便学生进行自我检测、自我调节。

三是教师可以利用ipad自带的摄像头客观、多角度的记录课堂教学活动，为课后交流分析、进一步改善教学提供具有较高参考价值的资料。

四是支持用网络进行信息收集和检索以及同伴之间协同创作、信息共享互通等。

基于上述ipad所具有的多重功能与优势，为与ipad适配所开发的数字化教材采用了所属于苹果公司的电子教材开发工具——iBooKs Author，该工具包含多样化模板，可制作如PDF、EPUB等多种格式的数字化教材，最后输出为可分享至各云端平台供使用者下载的格式（ibooks），而Widget（微件，Web widget，是一种由Web2.0衍生的小型应用程式，可以是一个时钟，一个Flash游戏等等）控件、互动元件（如画廊、测试元件等）则可更便捷的为数字化教材插入具有交互性的图片、音/视频等多媒体内容，加之HTML等多种技术的应用，所得产品iBooks具有明显的拟图书性和富媒体性。

所谓拟图书性，是指iBooks的页面呈现和操控方式给使用者带来了与先前阅读纸质书籍时相似度较高的体验，利用目录、章、节等形式来呈现教材内容，并且添加滑动翻页等虚拟教学工具，以支持师生完成教学活动；而富媒体性是指通过添加各种类型的Widget控件来改变传统纸质教材的单向呈现方式并实现全面的多感官体验，实现了使用者与教材之间的双向积极互动。而这两种特性的产生与功能的效用最大化都离不开用以承载iBooks的移动终端——ipad所具有的种种特性与功能，倘若将iBooks放到kindle上进行使用，则其诸多功能无法实现，因此，移动终端对于数字化教材而言也是不可或缺的构成要素。[1][2]

---

① 王曼卿. 基于ipad互动式电子教材的设计开发研究 [D]. 昆明: 云南大学, 2016.

② 龚朝花. 基于ipad的电子教材特征与课堂应用实践 [J]. 中国信息技术教育, 2013 (01) : 17-20.

4. 操作系统——托载数字化教材的软件要素

移动终端的存在为数字化教材的存在提供了承载实体，而数字化教材的开发与使用除了要考虑其呈现终端的特征外，还应考虑托载其使用的软件要素——操作系统的特性。

当下主流的操作系统分别是Android、iOS与Windows，这三种系统各有其适配范围与优缺点。

Android系统是由谷歌公司与开放手持设备联盟以Linux（一个性能稳定的多用户网络操作系统）系统为基础开发的、主要应用于移动设备的一款半开源操作系统，具有显著的开放性特征。该操作系统一是对终端的配置要求不高，适配于多种机型，因而为该系统所开发的数字化教材能够在多类型终端上使用而无须特意购买某一限定终端，降低用户的使用成本且在使用空间方面的灵活度较高，只要有Android系统适配的机型，就可以使用，但丰富的机型所具有的特征不同也导致了同一数字教材在不同机型上的运行状况不一，比如出现在某一型号的机器上内容显示不完整、格式混乱或某些功能无法使用的问题，需要开发商反复运行多次调整，提高了开发成本；二是允许各厂商不受过多约束的推出各种软件，丰富了使用者的可应用程序，提升数字化教材的效用，但同时如何控制不良程序也成为一道难题[①]，甚至需要用户自己来安装一些加强版的防火墙来进行限制。

iOS系统是由苹果公司开发的移动操作系统，其所具有的运行流畅，用户界面渲染丰富、像素清晰且色彩逼真的特点使得用户的体验更佳。与Android的高度开放相反的是，iOS系统仅支持苹果公司所研发的各种移动终端（如ipad等）上使用，因此为iOS系统所开发的数字化教材要求用户必须购买相应的设备，增加了用户的使用成本，但在开发方面更为简洁，也不会出现部分要素不适配的问题。其显著特征是封闭性，即用户必须在App Store上下载所需软件，安全系数相对于Android来说明显更高，适宜于为儿童提供安全的、良性的教育类软件，但同时这种封闭性所带来的各方面的限制也造成了一定的不便，比如部分格式的音频与视频在iOS上无法打开，

使用时需进行格式的转换操作等。①

windows系统是由微软公司研发的、主要应用于个人计算机的操作系统，其使用多见于台式电脑或笔记本电脑。虽然伴随着便携式电子产品的发展而衍生出如windows phone等多种系统，但由于起步时间晚，用户接受度不高而导致所应用设备较少。设备的限制导致基于windows系统所开发的数字化教材在使用空间上远不如其他两种系统那样灵活，但其本身功能之强大又为数字化教材效用的发挥提供了支持，比如windows10教育版能够提供沉浸式的学习体验，且增强了系统的安全性，为用户尤其是学生主体提供了安全良好的学习环境。

三、数字化教科书的特征与优势、弊端

（一）数字化教材的特征

准确把握数字化教材的特征是数字化教材应用、推广的前提。目前，学界关于数字化教材的特征并没有统一的定论，国内外不同的研究者或机构以不同的视角阐述了各自的观点。研究者从不同角度对一些有关特征的讨论进行了总结：

1.从使用数字化教材能够进行什么样的学习而言，朱迪·戴尔（Jordi Adell 2012）指出数字化教材具有如下特征：②

（1）可复制性：有无限的对原件进行复制的能力。

（2）"叉开"能力：是使用者可从主题脱离并继续学习过程。

（3）混合能力：即对现有信息进行分解、重构并创造新内容的能力。

（4）交互性：既能够在和他人的合作中进行工作。

（5）多元媒体：数字化教材中除了文本和静态图像外，还包含视频、动画等内容。

（6）协作：数字化的形式使不同的使用者在不同的环境背景下得以合作，既可以阐述材料又可以使用材料。

---

① 陈旦. 基于iOS的在线教育App的设计与实现 [D]. 武汉：华中科技大学, 2016.

② Jordi Adell. The digital textbook. A look at the current state of the art [A]—The Digital textbook: what's new [C]：2012.

（7）偶然性：数字化教材中所提供的丰富的材料可让使用者在对特定信息进行搜索时发现一些与特定信息完全不同的拓展性内容。

（8）实时性：可实时创建材料。

（9）任何地点：即可跨时空的使用数字化教材。

2.从数字化教材所能提供的各种资源和工具来看，韩国教育与研究信息服务局（KERIS）阐述了包含教科书特征在内的12种特征[①]，分别是：

（1）类教科书：即与现有的纸质教科书特征相一致。

（2）多媒体性：即多媒体材料的嵌入/链接。

（3）参考性：能够提供自主学习所需的参考资料/工作表。

（4）学习词典：提供各种词汇词典。

（5）数据搜索便捷：轻松搜索学习者需要的内容。

（6）超链接：为自主学习提供各种可能需要的外部链接。

（7）交互性：通过网络与外部专家或机构进行交流。

（8）学习管理：对学习者做自学指导与管理。

（9）自主评估：内置或外链接评估工具，方便自主评估。

（10）可编辑性：可发布、编辑、打印学习者想要的内容。

（11）多链接性：与精心挑选的政治/经济/文化机构所持有的数据相联系。

（12）其他特征：与精心挑选的国家知识数据库相连接。

3.通过将数字化教材与传统纸质教材进行对比，研究者皮尔·马昆Pere Marqués（2010）从与纸质教科书相同的特征以及数字化教材的独有特征两大方面进行论述（详见图1.3/表1.2）。

---

① Arno J. C. Reints. How to learn from digital textbooks: evaluating the quality［A］—The Digital textbook: wha's new［C］: 2015: 204-224.

技术、结构方面 ┤
— 有清晰且语法上无缺陷的文本
— 具有可读性/易读性的文本
— 插图清晰并与内容和受众相适应

与传统纸质教材相同的特征 ┤

功能与教学方面 ┤
— 提供信息并引导教学
— 有一个超越记忆内容和常规技能获得的特定教育目的，即促进基本能力的提高
— 针对特定的学生
— 信息内容结构良好
— 内含联系
— 其内容与活动围绕教学设计进行
— 常常包括对学生的学习指导和对教师的指导
— 活动可以在中断处继续进行

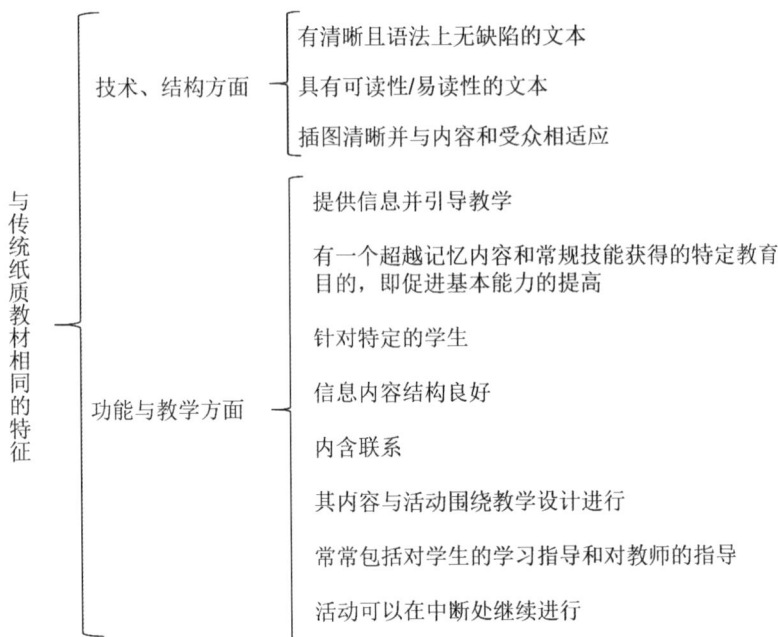

图1.3　数字化教材与传统纸质教材的共有特征

数字化教材所独有特征表述较为多样，因而用表格能够更为清晰、更为详尽地进行阐释，如表1.2所示。

表1.2　数字化教材的独有特征

技术/结构方面	数字形式；含多媒体元素；组织上选用类环境的主题、章节等；有能链接到书中或互联网上其他内容的超链接；可利用内容进行导航；在结构配置上可删除、添加和修改内容；有能监督每个学生工作的虚拟学习环境
功能方面	有些允许对外在环境（字体）、语言和可见内容（章节）进行配置，以促进课程调整 互动式练习并有及时纠正功能 设立使人们根据兴趣寻找内容时更为便捷的内部搜索引擎 可在任何可联网设备上使用 可以打印且通常含有可以打印的工作表 便于出版商快速进行升级 内容可以在多终端上显示 教师可以对学生将能看到的书籍进行个性化配置 学生可以在教师对任务的控制和监控下，于虚拟的学习环境中进行练习

教学方面	多媒体元素具有吸引力且易于理解，能够被不同学习风格的学习者使用 练习由易到难，并可根据每个学生的情况和进度进行自动调整 学生和内容之间有更多的互动，且具有拓展信息的超链接 对练习进行及时纠正（自我评价），使学生保持活跃，并可常态性的为每个学生生成关于学习活动的详细报告；可能含有为练习而设的支撑工具
缺点	因未使用纸张而具有生态效益，但会形成技术依赖，比如出现设备获取昂贵等问题；长时间得使用电子设备阅读会导致视觉疲劳 数字化内容易受攻击，出现盗版；一般而言，不允许进行注释 问题（解决）的速度取决于计算机和互联网连接 过多的多媒体元素的加入会导致学生注意力分散

虽然不同学者从不同角度、采用不同的表述方法来阐述数字化教材的特性，但总的来说，其表述中都提到了一些数字化教材所蕴含的基本特性：

一是教育性。这是数字化教材作为教学中教师的教与学生的学的重要工具而与纸质版教材所共有的特性。有学者将狭义的数字化教材——数字化教科书的教育性描述为"教学性""教诲性"以及"合标准性"，并指出教学性数字教材的生命属性，满足教师的"教"和学生的"学"的需要；教诲性是指数字化教材在实现知识的系统传递、具备教学性的基础上引领学生建构正确的价值观念，承载育人这一基本功能；而"合标准性"则是指若数字化教材要实现其教育功能，就必须遵循一定的价值判断标准，尤其要符合有关部门的审核标准与课程标准[①]，如此，才能承担起传递国家意志和民族精神的功能。因此，在对数字化教材进行设计与编制时，出版商或其他有资质的开发者应该立足于学科课程标准，着眼于学科培养目标，基于对不同类型学校教育目标的考虑，在数字化教材的排版、内容选取、活动选用、功能添加等方面充分遵循教育教学规律与学生认知特点及学习规律，既要使其符合使用者先前的阅读习惯，同时也考虑到数字化时代对于教学和人才培养的新的要求，剔除一些陈旧的、无法满足学生未来生活所需的必要素质的内容，适当增补科学的、能够反映当代科学技术与人类文化的先进成果的内容。如此，才能开发出本质上与普通的数字资

---

① 石鸥，牟艳娜等. 重新认识数字教科书的本质、价值与关键特征［J］. 中小学数字化教学，2020（07）：5-8.

源有所区别的、具有教育性的数字化教材。

二是富媒体性。上文说到，所谓富媒体，其本身所指的并不是一种具体的互联网媒体形式，而是指具有动画、声音、视频的组合式、交互性的信息承载方式，而数字化教材的内容正是由文本、动画、音视频等多媒体有机组合而成的，能够实现丰富的页面展示、支持互动性的页面控制，为学生带来全方位的、多感官的体验，让学生能够在轻松愉悦的环境中更为牢固的掌握知识。

三是交互性。数字化教材的交互性是在富媒体的基础上所实现的，体现在数字化教材使用过程中的方方面面。互动式数字教材是能够实现互动的数据式教材。它能够支持读者与数字教材的互动、师生互动、学生之间互动，以及教师、学生与数字教材的作者之间的互动，引导对话、交流、分享成为必要的教学方式。最基本的就是"人机交互"，即数字化教材为其使用者提供各类引导、帮助与支持，使用者可以通过"选中""打开"等操作以选取所需的学习内容。在"人机交互"的基础上，使用者可以通过数字化教材实现与他人的交流互动，比如教师利用"投屏"功能，可将学生用数字化教材上的一些内容投放在交互式电子白板或其他师用终端上与全班共享，学生也可以利用互联网将自己的所思所感上传，与同学或教师一起探讨、分享，实现协作性学习。

四是开放性，这是数字化教材最为突出的特性。有研究者在对开放教科书（Open textbook）或开放式教育资源（Open Educational Recourse，OER）进行研究时认为，其开放程度主要可用"资源是否可重复利用""资源是否可用于商业用途"以及"资源是否可被重新利用或者改编"三项原则来衡量，其中最后一项原则也是区分OER和非OER的试金石[①]，而数字化教材至少满足"资源可被重新利用或者改编"这一点，因此可以说数字化教材是一种开放式教育资源，具有一定的开放性。其本身可以利用网络链接到资源数据库，为学生提供种类丰富的付费或免费资源，同时又允许使用者按照自己的需求对其内容进行适度的删减，形成个人的

---

① Edward Bethel. Open Textbooks: Quality and Relevance for Postsecondary Study in The Bahamas [J]. International Review of Research in Open and Distance Learning, 2020（2）: 61-80.

数字化教材。但是这种开放性是在一定规则、标准下的开放，一些重要的、真理性的内容不可被随意增删，其所连接的数据库也是经过筛选与整理的。

五是便携性。数字化教材的呈现终端可以是材质轻薄的笔记本电脑或平板电脑，也可以是体积较小的手机，且无论何种科目的数字化教材以及相应的笔记都可以存储于同一终端，摆脱了使用传统纸质教材"一科一书，一课一本"的困扰，同时只需提前下载，就可在无网络环境支持的条件下进行使用，实现了无场所、无时间限制的学习。

（二）数字化教材的优势

传统的纸质版教材虽然长时间的在教师与学生之间扮演着重要的、用以承载系统化知识媒介的角色，但传统教材的不足随着教育工作者对学生特征认识的日益深刻以及知识信息的爆炸式增长而日渐凸显：

一是受篇幅限制，传统的纸质版教材只能向学生传递有限的学习内容，无法详细收录一些需要补充或拓展说明的内容，甚至很多时候只能采用一些精简的、甚至是抽象的、晦涩难懂的语言来向学生传递知识，而这往往使得学生无法对所学的内容产生更为深刻的理解，也无法从更为全面的角度对内容进行思考，限制学生多角度看待问题能力的发展。

二是传统纸质版教材的出版受到时空限制而无法实现及时更新。传统纸质版教材的生产过程与发放手续较为繁杂，无法实现内容与时俱进的更新。根据美国2012年的调查显示，仍有许多学生使用的是7～10年前的纸质教科书，其内容自然也没有进行更新换代。[①]陈旧的知识已经无法与时代的发展相适应，利用这种长时间不更新的知识所培养的人自然也无法满足社会所需要的素质，甚至导致在未来社会中的生存问题。

三是传统的纸质版教科书依赖于"二维"的、静态的文字、图画来传递学习内容，这些内容虽然具备系统化的优点，但却无法吸引学生的注意力，也无法展示一些需要演示的内容。日本的科学课教师反映，他们因受到课堂时间、设施条件等限制而无法将纸质教科书上的实验内容全部演示

---

① Out of Print: Reimagining the K-12 Textbook in a Digital Age [EB/OL]. https: //files. eric. ed. gov/full text/ED536747. pdf.

给学生，也无法让所有学生都参与其中，学生只是"信息的被动接受者"而并非"学习的主动参与者"，自然也就无法让学生在实践中获得对知识的理解并取得长足的进步。

四是出版商所出版的传统教材的编写方式以及质量日渐受到教师的质疑，大量的文字表述使学生的长时记忆变得尤为困难，尤其传统教科书中枯燥乏味的、用词过于专业且晦涩难懂的语言所表述的知识远离学生经验、不符合学生学习心理顺序或特征的学习活动设置让教师感到不满。①

与传统的纸质版教材相比，数字化教材具有高度开放性、显著的富媒体性与交互性等，这些既是数字化教材的特征，也是数字化教材的优势所在。具体而言，数字化教材主要有下述几方面的优势。

一是存储量大，资源包罗万象。数字化教材的呈现终端内含存储器，可以大量的存储各科教科书以及丰富的、海量的本地资源，让学生在无网络的情况下也可以随时随地的进行学习，而互联网技术的运用则可以让学生在网络环境支持的条件下进入经过遴选的数据库，选择个人所需的资源并将之添入相对应的教科书页面。这些数据库中的资源或与教科书内容息息相关，或是学生所需要的、感兴趣的学习内容，以我国国家中小学网络云平台为例，该平台上不仅有来自全国各地的教师所讲授、上传的各学科学习视频，也紧跟时事添加了防疫教育，既有为教师准备的教研内容，也有为家长准备的家庭教育，为家校协力、共促学生成长以及学生的跨时空学习提供了机会，促使教学由课堂内延伸至课堂外，为终身学习的实现提供了相应的支持并奠定了坚实的基础。

当下，随着云技术（Cloud technology，是基于云计算商业模式应用的网络技术、信息技术、整合技术、管理平台技术、应用技术等的总称）的广泛应用，基于云技术而产生的互联网存储工具"云盘"逐渐走入人们的生活之中。相比于u盘或固态硬盘而言，"云盘"不仅具有存储空间范围拓展这一显著优势，且存储在云盘中的内容可实现多设备同步以及利用提取码进行用户之间的共享，携带便捷的同时也利用身份认证、加密等安全策

---

① Anichini. A, Parigi. L, Chipa. S: Between tradition and innovation: the use of textbooks and didactic digital contents in classrooms. Realtec: RevistaLatinoamericana de Tecnología Educativa, 2017（16）.

略来保证用户数据安全[①]，并可识别、隔绝一些不良信息。而这种新兴技术应用于数字化教材，则可让师生、生生之间的内容共享更为便捷，让学生的跨时空学习更为容易，学生只需下载一个云盘并在其中存储所需要的内容，就可在任何能够兼容云盘的设备上进行学习，同时实现海量的知识存储。

二是内容呈现形式多样，充分调动学生的积极性。早在1984年，就已有研究者发现，在课堂学习中如果增添了视觉因素进行辅助，则会增加少则14%、多则38%的记忆。[②]另有研究者发现了学习过程中各感官要素使用对学习和记忆结果所带来的影响，其中83%的学习都与视觉有关，50%的记忆来源于学生以视觉和听觉相结合的方式所获取的知识。[③]虽然这些研究针对的是不同年级、不同区域的学生，但种种研究都证明了多感官学习方式对学生学习结果的良好影响，而由于数字化教材的开发利用了富媒体技术，其内容的呈现方式可谓是五花八门，音频、视频在教学中的应用早已是屡见不鲜。这种丰富的媒体形式使得多感官学习成为可能，帮助学生从枯燥的文字表述以及静态的图片中脱离出来，从而使学习者能够更加牢固且长久的掌握所习得的知识。

三是资源的更新与时俱进，满足当前社会以及未来社会对于人才的需求。相对于更新周期长、印刷与发放流程繁杂的纸质版教材而言，数字化教材因为信息通信技术的应用而实现了知识的快速更新，只要处于网络支持的情境中，数字化教材的开发者就可以利用网络上传经过审批的、有所变动的内容，而使用者则可以利用网络将变动的内容下载入个人设备终端并进行加载，以实现数字化教材的更新。这种迅捷的更新使得使用者得以掌握当下某一领域的前沿内容，跟随社会发展的脚步进行学习，利用这种教材所培养出的也是能够满足社会发展所需的、具备信息素养的人才。

---

① 李艳，董文俊，郎建华，张晨，沐士光. 云盘及其安全问题综述［J］中小企业管理与科技（中旬刊），2016（08）：133-134.

② M. 希尔伯曼著，陆怡如译. 积极学习：101种有效教学策略［M］. 上海：华东师范大学出版社，2005.

③ Flores, Paula, Ramos, Altina & Escola, Joaquim. The Digital Textbook: Methodological and Didactic Challenges for Primary School［A］-The Digital textbook: what's new［C］: 2015: 275-295.

四是资源共享，调节因经济水平差异而造成的教育不公。数字化教材所连接的资源平台内所包含的资源是由不同地区、不同层次甚至不同国家的开发者所上传的，只要有网络支持与版权授予，所有的使用者就都可以获取这些资源，每一个学习者都可以观看、下载优质的课程视频，每一个教师都可以参与到教育质量较高的地区的教研活动中，由此改善了因经济水平差异而造成的不同家庭或不同区域的教育不公的问题。比如在传统纸质版教材使用的背景下，由于著名大学入学考试竞争激烈以及对证书的膨胀性需求，韩国私人辅导之盛行给家庭带来了沉重的经济负担，教育资源不均衡的问题在经济水平不同的地区和家庭之间尤为显著，由此引发了社会的关注与讨论，而数字化教材的使用则被看作是降低私人教育成本、缩减教育差距并提升公共教育质量的有效手段。①

五是开放程度较高，满足使用者个性需求。如前所述，数字化教材的一大优势特征就在于其开放性，其所链接的资料库含有丰富的内容，可以任使用者根据自己的需求进行查找、筛选、下载乃至删减或改编；每一个使用者都可以利用内置的种种工具组件，将自己的已有经验、满足个人学习需求的补充材料等纳入数字化教材之中，也可进行对屏幕进行缩放、改变字体或背景颜色等种种操作，使之更符合个人的阅读习惯，以让使用者更为舒适的方式呈现内容。日本为弱视儿童所设计的数字化教材就具备这一功能，弱视儿童可以根据自身残障的程度，将屏幕颜色与字体颜色进行倒置（弱視児童生徒の見やすさや使いやすさを考慮して作成されたＰＤＦ形式の拡大図書です。ipadを使って読むことできるもので、白黒反転機能があります），解决了弱视儿童因残障而无法清楚地对文本进行阅读并获得知识的困扰。②

六是经济便携，实现内外"双减负"。传统的纸质版教科书的印刷需要耗费大量的纸张、油墨，其运输、发放又需较长的时间和较多的人力物力，且需按科购买、按学年更换，各科教辅材料甚多，无形间加重了家

---

① Jackie Hee-Young Kim, Hye-Yoon Jung. South Korean Digital Textbook Project［J］. Computers in the Schools, 2010（27）.

② 文部科学省. ipadを活用したPDF版拡大図書について［EB/OL］. https://www. mext. go. jp/content/20210125-mxt_kyokasyo01-100002483_001. pdf.

庭的经济负担；加之学科数量不但增加，学生每天需要背着沉重的书包上下学，加重学生身体负担，给学生的成长发育造了负面影响，而数字化教材的出现解决了上述两方面的问题。首先，由于数字化教材的开发与生产省去了印刷、运输等方面的人力与物力，且校对便捷，即便有更新，也无须重新印刷，只需利用互联网上传有更新的版本即可，从长期而言，其成本相对低廉，因此在购买时，只需一次性投入千元左右就能购买一个可容载全部学年、全部科目的移动终端；再者，数字化教材中搭载数字化笔记本、虚拟学具等功能，学生不必再额外购买笔记本及其他学习用具，节省了开支。因此，虽然第一次购买数字化教材时的费用较高，但从长期来看，数字化教材的使用的确可以减少诸多项目的开支，且学生只需携带一本数字化教材就可以满足每日课堂内外学习的全部所需，减轻了学生身体上的压力，保障了学生的身体健康，由此实现了身体上与经济上的内外双减负。

（三）数字化教材的缺点

数字化教材作为一种利用先进技术手段的新兴事物，具有诸多传统纸质版教材难以企及的优势，但这并不代表数字化教材是完美无缺的。事实上，各国推行数字化教材的进程中，与数字化教材推行、普及等方面的有关的争议不断出现。

一是优质资源数量不足，创新程度存疑。在教材的数字化转型过程中，由于优质资源数量匮乏以及研究者、开发者对数字化教材的认识程度较低，一个很大的问题就是把数字化教材当作纸质教材的"电子版"，将传统纸质教材中老生常谈的内容"复写"入数字化教材。[①]对于使用者而言，这样的数字化教材除了带来阅读方式的改变外，与传统纸质教材的区别并不大，更无法提供海量的资源让其查询、选择、下载，使数字化教材原本应具有的诸多优势湮灭其中。

二是有关数字化教材对学生身心健康方面的影响。在身体方面，视力伤害的问题尤为突出。数字化教材所使用的承载媒介是作为电子产品的移动终端，而电子产品对于学生视力上的伤害不容小觑。早期，日本文部

---

① 张旻. 教材数字化转型中面临的主要问题及措施[J]. 传播力研究, 2019, 3 (19)：139-140.

科学省将数字化教材的使用时间规定为小于等于课堂时间的二分之一，而关于是否要取消这一规定的问题在日本引起了广泛的探讨，不少家长与教师均因担忧长时间使用电子产品会对学生的视力造成影响而持反对意见或观望态度，而在国内，曾有研究者就"屏前时间（Before the screen time）与学生视力等身体健康方面指标之间的关系"在上海市展开了调查，结果表明，"屏前时间"与视力呈负相关，即"屏前时间"越长，视力越差。[①]2018年，为了防治青少年近视的问题，教育部与八部门联合发布了《儿童青少年近视综合防治实施计划》，其中给出了诸如"使用电子产品开展教学的时长不超过教学总时长的30%""作业布置不依赖电子产品"等限制性规定[②]，这些规定虽然是为了学生的视力健康着想，但也导致了数字化教材的推行受阻、教与学的手段回归"纸质版年代"的状况，因此，学生的视力健康与数字化教材使用之间的平衡成为亟需解决的问题。

除了身体健康上的影响外，数字化教材使用对于学生心理健康的影响同样不可小觑。比如韩国的研究者曾选取至少使用了数字化教材一年或以上的学生作为研究对象，调查其因数字化教材的使用所造成的心理上的变化，结果显示，有许多学生因为操作上的失误或者担心会损坏移动终端而产生紧张等不利于课堂学习的情绪，这对于学生的学习无疑产生了负面影响。[③]

三是数字化教材推行的费用问题。数字化教材的使用需要依靠移动终端以及网络支持。对于个体家庭而言，虽然购买终端是一次性花费，但作为一种电子产品，终端在使用过程中的损耗在所难免，家庭又需支出相应的维修甚至重新购买的费用；而对于国家而言，若想在学校教育中实现数字化教材的普及，真正保障所有学生都能使用数字化教材并获取同等数量与质量的资源，则需设置专项经费来为学校购买移动终端、铺设网络设备并进行设备的长期维护，而这是一笔相当巨大的支出。日本东洋大学的研

① 胡莹莹.上海市初中生屏前时间与BMI、视力、体力活动的相关性分析［D］.上海：上海师范大学，2020.

② 宋亮.学生护眼"边界"与"目标"——多地课堂限制使用电子产品［J］.教育，2020（18）：23-24.

③ GyeongAe, Seomun, Jung-Ah, et al. Health Effects of Digital Textbooks on School-Age Children ［J］. Western Journal of Nursing Research, 2013.

究者小河智佳子从设备、内容、网络维护和教师支持四个方面计算了日本全面普及数字化教材所需的成本。其中，仅校内网络全覆盖的初期花费就高达744亿日元，若再考虑在为无力架设网络的家庭中进行网络覆盖，则另需640亿日元的初期费用。[①]由此看来，虽然数字化教材可在无网络的环境下进行使用，但这种使用是基于教科书及相应资源已经加载入移动终端这一前提而实现的，在大部分情况下，数字化教材依然需要网络支持才能够实现丰富资源的使用，而这无疑提升了其对使用环境的要求，增加了推行成本。

四、数字化教材的功能及作用

（一）数字化教材的功能

传统的教材功能观将教材视为知识权威的代表，其功能就是单项的知识传递。随着时代的发展，现代教材功能纷纷涌现。数字化教材的功能也是伴随着新兴技术不断被应用于教材的数字化转型而不断丰富的，不同类别的数字化教材有着不同种类的功能，比如早期的静态数字化教材只能提供书签、高亮、笔记等功能，而富媒体数字教材却能为使用者之间的交流互动提供保障。有关数字化教材功能的研究可谓是层出不穷，多国的研究机构或个人研究者以不同的角度对数字化教材的功能进行了阐述：

1.韩国教育与研究信息服务系统（KERIS）

韩国教育与研究信息服务系统将其所提出的数字化教材的十二种特征划分为数字化教材所具备的四种功能[②]：

第一类是教学辅助功能（Teaching-learning Assistance Function），该功能下只包含教科书功能：即将现有的纸质教科书的功能进行数字化，包括滑动、翻页等，能够实现与纸质版教科书相同的教育目标。

第二类是学习支持和提升功能（Learning Support and Promotion

① 小河智佳子. デジタル教科書導入に必要な費用に関する一考察［J］. デジタル教科書研究, 2014
（1），24-36.

② Nerea Rodríguez Regueira. The digital textbook. A look at the current state of the art［A］—The
Digital textbook: what's new［C］: 2015.

Fuction），具体包含以下几个方面：

（1）多媒体功能：即能提供被嵌入或链接到超链接上的多媒体材料，包括动画、3D视频等。

（2）参考资料功能：为学生提供自主研究与独立学习所需要的各类参考资料。

（3）学习词典功能：提供最新的词汇参考，包括早前版本的字典定义以及多种语言的翻译。

（4）数据搜索功能：为学生提供搜索不同年级的相同文本、多媒体内容或其他课程的功能，学习者能够轻松获取他们所需要的内容。

（5）超链接功能：能够链接到除课堂内容外学习者自学所需的各种资源，比如私人课程、游戏课程等。

第三类是学习管理功能（Learning Management Function），内含评价工具功能、创作工具功能以及学习管理系统功能。

（1）评价工具功能：在数字化教材系统内/外内置或链接评价工具，为每个阶段提供补充性的、深层次的学习材料，以利用评价数据来评估学习者对学习目标的达成度。

（2）创作功能：能够实现对文字、图片、音乐、视频等的编辑，也可发布、编辑以及打印出学习者所需的内容。

（3）学习管理系统功能：内置相应的学习管理工具，为学生的学习提供指导、管理，在学习过程中的不同阶段对学习者的水平做出诊断，也可利用公文包、文件夹、作品集等对学习者的学习成果进行组合管理。

第四类是互动功能（Interactive Function），包括资源链接功能和互动功能，前者是指与由精心筛选的内容而构成的国家知识数据库相连接，学习者可以利用此功能学习各类政治/经济/社会/文化机构所拥有的内容；后者则是在使用数字化教材时，学生可以利用电子邮件、网络电子公告板（web e-button board）或网站链接等，在有网络支持的环境下，与专家或外部机构相互交流。

上述对于数字化教材功能的阐述可谓是包罗了一本理想状态下数字化教材所应具备的、能够支持学习全过程的功能，这些功能的组合运用既能为学生的独立学习、自主探究提供保障，又促使使用者与各方的互动交流变得更为便捷，减少使用者在人际交往方面的困难与负担；既能提供各类教与学所需的丰富、优质的资源，又能够满足教师对学生情况、学生对自身情况的掌握；既能利用动态的数字化教材使教学过程变得生动有趣，又能实现使用纸质教科书时所试图实现的教育教学目标，可谓是一种"一本多用"的数字化教材。

2.电子课本的功能分析图

若将电子课本视作是一种广义上的数字化教材，则有国内的研究者吴永和及其团队从"电子书功能"以及"教科书功能"的双重视角出发，对二者进行整合后，形成了电子课本的功能分析图（见图1.4），认为电子课本应该具有"阅读器功能""内容层面的功能"以及系统交互上的功能：

电子课本的阅读器功能即电子阅读器功能，这既是一种对电子课本来源于电子书的具体体现，但它又优于电子书功能。除了将虚拟学具囊括其中以实现划线、标注等功能外，还将语音朗读、单词背诵等特定的教学功能融入其中，这些功能既能够满足教学的基本要求，又将电子课本与其他普通的电子书区分开来。

内容层面的功能来源于纸质版教科书。电子课本利用内置的多种工具，促使纸质版教科书所具有的传递知识、学业巩固与评估、参考和辅助、发展各方面技能以及社会与文化教育功能得以实现，尤其是在知识的传递上，几乎所有的对于电子课本的研究都会提到其核心内容的蓝本是同版本的纸质版教科书，甚至是对同版纸质教科书的完全复写。一旦电子课本失去了知识传递这一核心功能，则与普通的电子书无异。

系统交互功体现在使用者可与电子课本进行交互，也可以通过电子课本与其他使用者进行交互，还可以与电子课本内部所链接的资源进行交互，这也是在富媒体技术支持下电子课本所呈现的典型功能之一。

3.数字化教材功能开发层级

数字化教材的功能并非是一成不变的，而是伴随着技术的发展而不断变化、进步，其功能也由简单到复杂，研究者蔡炳文就依据数字化教材功能的复杂程度，将其分为如下五种功能层级[①]：

---

① 蔡秉文,林仕胜,张馨邈.电子教材功能开发模型研究[J].开放学习研究,2018,23（02）：59-62.

第一，数字化教材的核心功能（core function）：该功能是电子书的基本功能，包括搜索、导航、标注、多媒体支持以及对学习进度的管控功能。搜索功能是影响数字化教材接受程度的关键因素之一，可用于检索与学习内容相关的各种补充性材料；导航功能则可细分为目录、放大和缩小、链接跳转等几个方面，这些功能帮助学生更清楚的了解所学知识的体系脉络，建立起系统清晰、结构完整的知识体系，明晰其中的重点内容并迅速对所需学习的内容或者感兴趣的章节进行定位及跳转；标注功能是学生日常学习所需的常用功能之一，高亮、注释、笔记、虚拟书签与便笺均在此列，这些功能帮助学生得以更为便捷的在课堂内外将自己的所思所想记录在对应的页面上，为日后的翻阅、调整、修订与补充做准备；富媒体功能的加入使得音视频以及交互学习活动的嵌入成为可能，让学习者能够置身于更为轻松活泼的学习环境中，带来多感官乃至沉浸式的学习体验；学习进程管控及监督功能则能向教师或学生本人一目了然的呈现学生的学习状况及相应的成果，帮助学生及时调整学习计划、学习方法，也有助于教师通过对学生学习情况的掌握来为学生制定个性化的教学方案。

第二，网络连接功能（Internet connection function）：数字化教材网络连接功能是其得以实现海量的内容存储并链接到优质资源库的基础，对数字化教材的核心功能起到强化作用，比如实现对除教科书内容以外的丰富资源的检索、对更新内容的下载等。

第三，分享和合作功能（Sharing and collaboration Function）：该功能的出现使得跨时空的合作学习与交流分享成为可能。基于网络连接这一功能的配备，分享与合作功能跳出时间的束缚与教室这一空间的局限，学生可以随时随地利用互联网与教师和同学进行交流与合作，甚至可以与素未谋面的陌生人利用留言板、发邮件等方式实现学习上交流协作，不过留言板与发邮件的方式有一定的延迟性，更为便捷的方式是利用网络电话、视频等进行跨时空的互动。

第四，个性化学习功能（Personalized learning Function）：个性化功能属于数字化教材所独有的一种高级功能，这种个性化功能体现在学习的方方面面。例如，学生可以根据自己的喜好来对页面颜色、字体、字符大小等视觉内容加以调整，以呈现出最符合用户阅读习惯的页面，更为高级的层次如可以记录使用者的学习状况、学习需求、学习习惯，而后为学习者推荐符合其兴趣的资源，或将情况相似的学生匹配成为学习小组，使学生能在自己感兴趣的领域与志同道合的人一起合作，在愉悦的情境中保持完成学习任务的积极心态，促进学习质量与效率的双重提升。

第五，智能辅导功能（Intelligent tutor Function）：对于数字化教材而言，智能辅导功能的开发需要采用一些更为先进、更为复杂的技术，如数字挖掘（从大量的数据中通过算法搜索隐藏于其中信息的过程）技术等，以建立属于学习者个人的模型并提供与之相匹配的智能化辅导，这也是对于分享合作功能以及个性化学习功能的进一步强化，为教师和学生提供有关学习状况的更为详尽的相关反馈。

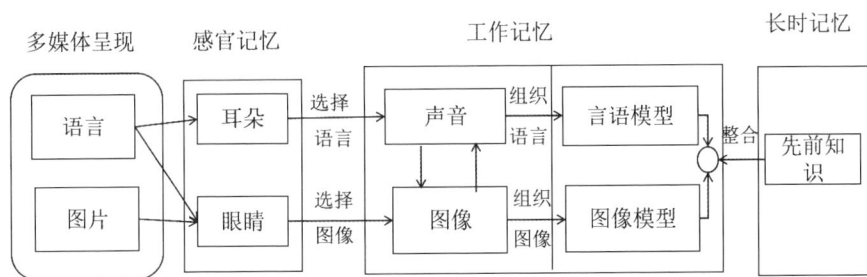

图1.4　电子课本的功能分析

4.当代数字化教材具备的功能

有研究者根据教材是教学活动的整个过程中的一些必备的重要方面这一理念，认为当代数字化教材应该具备如下功能：

（1）支持提问与回答的功能。提问和回答是教育中最基本和最重要的活动，也是掌握每个学生对特定学习内容的理解程度的优良方式。因此，数字化教材应该具有支持提问与回答活动的功能，特别是有对教师的提问和学生的反应加以记录的功能，以便进一步采取措施。

（2）根据学习数据对学生的学习过程进行监控的功能。学习数据对于观察和了解学生的学习行为而言是极具参考性的。研究表明，基于学习数据进行教学决策可以提高学生的学业成绩。

（3）评估功能。以自我评估、组合评估以及同伴评估为主要方式来代替传统的单一的评估类型，有利于教师扩大课堂评估的范围，且评估对于师生下一阶段计划的制定均有所助益。因此，新一代的数字化教材应该具有支持替代性评估和传统性评估的功能。

（4）支持实验性学习和做中学的功能。让学生参与课堂活动是一种旨在促进主动学习的教学方法。数字化教材应该具有支持创建各种基于活动的实验性学习的功能，如沉浸式模拟环境等，以便学生在"做"中理解知识、获得真实的体验。

（5）学习管理系统（LMS）和课程管理系统（CRMS）中的一些功能。下一代数字教科书将不再局限于在数字设备上一比一的还原纸质版教材，而是能够提供更多类型的学习内容和数字工具。要达成这一目标，则应该包括LMS和CRMS中的许多功能。[①]

基于数字化教材的构成要素以及特性，结合众多研究者对于数字化教材功能的长期探索，我们认为数字化教材的功能主要分为以下几个方面：

一是为教学提供内容支持功能。脱胎于纸质版教科书的知识内容以及依托于互联网而得以存在、检索、下载的海量资源是构成数字化教材的核心要素，因此，数字化教材的核心功能应当是为教师与学生提供一切与教和学相关联的内容，包含纸质教科书的内容以及其他置于数字化教材内部的学习词典、参考书、能够跳转到外部资源的超链接等教学补充资源。该功能的存在将数字化教材与其他数字化资源进行区别，突出了数字化教材的教育性特征，同时也使学生的知识结构更为丰富与完整。

二是与提供与使用者习惯相近的、能够提升数字化教材体验感的教学支持功能。数字化教材所提供的资源数量之庞大、种类之丰富都是纸质版教材所不可比拟的，但要想让数字化教材真正成为区别于纸质教材的存在、让其所提供资源的价值得到充分的发挥以帮助使用者实现真正的数字化教学，则教学支持功能是必不可少的。总的来说，教学支持功能包括多媒体功能、虚拟学具功能、创作功能以及网络支持功能。多媒体支持功能使得数字化教材的海量内容以多样化的形式呈现，教师可以选用不同种类的多媒体形式的组合来向学生呈现知识内容，促使学生多感官学习，让学

---

① Jeong Yong Ahn, Kyung Soo Han. Exploring the Shape of Digital Textbook for the Classroom in the Mobile Age［DB/OL］. https: //www. research gate. net/publication/320337892 Exploring the Shape of Digital Textbook for the Classroom in the Mobile Age.

生的知识掌握与记忆更为容易，学生也可以将自己所获取的资源以自己喜欢的多媒体形式进行加工呈现，帮助记忆与应用；虚拟学具功能则为使用者提供了与先前阅读习惯相符合且更为优化的阅读体验，比如多色"荧光笔"可以让学生更为清晰的对重点进行勾勒而不必真的购买多种颜色的"荧光笔"；创作功能使得数字化教材的开放性优势特征得以发挥，使用者可以按照自己的需求对数字化教材的内容进行增删、修改等编辑操作，比如以某一内容为中心，围绕该内容收集相应的资源并记录在该内容旁边以方便查看，或利用批注等功能来加入个人的想法，最终生成体现个性化的"个人的"数字化教材；网络支持功能则是数字化教材必不可少的功能，一旦脱离了网络支持功能，数字化教材所能提供的资源就与纸质版教材一样受到了限制，无法进行进一步的丰富与更新，也无法实现与同伴或教师的互动。

三是提供教学管理功能。数字化教材的管理功能所服务的是教师的教和学生的学两个方面。对于教师而言，首先是可以利用数字化教材来留存个人教学计划、教学方法、教学中的所思所感甚至整个教学过程，为教学结束后的自我反思与调整或者与其他教师的交流探讨提供客观的资料，再者是可以利用班级管理的功能对学生的学习情况进行全方位的掌控，并据此为具有显著个体差异的选择个性化的教学内容、采用个性化的教学方法、提供个性化的材料与帮助等；对于学生而言，既可以利用任务、作业功能来检测自己的学习成果，了解自身与先前计划的学习目标的差距，也可以使用电子档案袋或作品集等功能保存各阶段的作品，供实时反思、调整下一阶段的学习计划之用，由此掌握对自身成绩的评估，实现无教师情况下的自主学习。

四是互动功能。数字化教材的互动功能是以网络支持功能为基础而得以实现的，这种互动既可以是发生在教室空间中、由师生或生生之间共同进行的活动，也可以脱离时空限制、发生在素不相识的陌生人之间，利用留言板、电子邮件等与身处不同地域、不同时区的使用者进行学习交流与讨论、灵感互换、资源共享等活动。

（二）数字化教材的作用

教材的数字化转型促使了教学方法的变革与教学结果的变化，实现了教学过程与结果的革新。诸多研究证明，数字化教材的使用对于教师的教和学生的学都具有明显的正向提升作用，能够促使诸如自我调节学习能力、复杂的社会综合性问题的解决能力等多种能力的发展。

1. 促使学习方法转变，协作与自主并行

基于互联网支持下的数字化教材所具备的显著的互动性促进了教师与学生、学生与学生之间的跨时空交流，为课堂内外更为便捷的协作学习或小组学习的实现提供了相应的支持手段。

使用传统的纸质版教材时，协作学习只能发生在某一特定的时间与空间，小组成员之间的想法互换、资料共享及研讨只能在较短的时间内进行，无法实时与他人交流一些心得、想法，且因个人时间问题而缺席的情况时有发生，造成了协作学习的质量不高、效率低下，违背了协作学习促进思维碰撞、提升效率的教学初衷。而在数字化教材进入学习过程、成为一种学习工具后，在互联网以及内置功能组件或是平台的支持下，组内的协作学习得以跨时空实现，组内成员均可通过"共享功能"实现资料或想法的实时共享，将记录了个人所思所感的备注向其他组内成员传输，由此，组内成员只需在有网络支持以及设备支持的环境中就可以实现高效便捷的协作学习，使得思维在碰撞中由沉睡状态变为激活状态。

除了协作学习外，数字化教材的使用也使学生的自主学习或者说是自我调节学习（self—regulation learning，简称SRL）能力得以加强。所谓的自我调节学习能力是指学习者在一定程度上从元认知、动机和行为方面积极主动的参与学习活动，其中包含自我评价、组织与转换、制定个体目标与计划、搜寻信息、自主记录学习进程并对之实施监控等十种学习策略[①]，而数字化教材所拥有的四大板块的功能恰好能与自我调节学习能力过程中所囊括的学习策略对应，比如内容支持功能为学生的自我调节学习提供了海量的、可供学生搜寻、下载的信息；学习管理功能使学生实现了对自己学习进程的记录以及监控，对自己的学习成果或状况做出主客观相结合的评价，这种评价明晰了下一阶段学习计划的重点，使学习者对个人学习的调

---

① 兰公瑞，盖笑松. 基于计算机学习环境下的自我调节学习［J］. 外国教育研究，2011，38（01）：29-33.

节成为可能。

2. 提升使用者的信息素养，满足信息化时代的社会需求

数字化教材是作为教育信息化体系建设的重要环节而进入教育领域之中的，而各国教育信息化体系的建设则是由世界范围内信息技术的发展浪潮以及进入信息化时代的社会对于人才需求转变所引发的，因此，可以说数字化教材推行的初衷之一就是提升使用者的信息化素养，满足现代社会对于具备信息素养的人才的需求。

"信息素养"一词最早由信息产业协会主席保罗·泽考斯基提出并将之定义为：利用大量的信息工具及主要信息源使问题得到解答的技能。1989年，美国图书协会（American Library Association，ALA）为其赋予了一个简单的定义，即信息素养包括文化素养、信息意识和信息技能三个层面，具备信息素养的人能够判断什么时候需要什么样的特定信息，并且懂得如何去获取信息，如何去评价和有效利用所需的信息。时至今日，伴随着技术的日新月异，"信息素养"的内涵被不断丰富、完善，各研究机构或个人所提出的信息素养的具体指标也不尽相同，但无论何种指标，均对学生的信息搜集、分析以及整合能力提出了要求，而数字化教材所提供的诸多已经过遴选的、无害的、优质的信息恰好成为培养学生信息素养的有效工具，学生可以在安全的网络环境下，依据当前的学习内容，在资源数量庞杂的数据库中筛选出自己所需的内容，并对之进一步处理，比如对其进行系统化整合，使之成为能够辅助个人学习的内容。

除了对学生信息素养的培养与提升外，数字化教材的使用对于教师的信息素养也提出了新的要求，可以说，数字化教材是否得以发挥最大效用的关键因素之一就是教师的信息素养。因此，多国纷纷从在职教师培训以及师范生能力养成两方面开展对教师信息素养的培养，并为学校配备专业技术人员，以帮助教师能够在课堂上顺利实现教师端数字化教材的各种操作，也能够在学生陷入技术困境时对学生进行指导，并积极参与到数字化教材的建设之中。

3. 激发学生学习的动机，提升学生的学习兴趣

当提及数字化教材对于学习的作用时，大部分的研究者都认为数字化教材的使用能够起到激发学生学习动机，提升学生兴趣的作用。实际上，

由于"网络一代"年轻人对于利用多媒体这一信息呈现形式的偏好，数字化教材对于学生学习兴趣的提升是显而易见的。研究者发现，由于数字化教材所提供的媒体资源平台以及多媒体学习材料，学生参与学习的积极性得到了提升。[1]使用传统的纸质版教材时，静态的文字与图片无法使学生真正融入该情境之中，以《历史》学科的学习为例，该学科需要学生身临其境的去感受历史才能取得更为优良的教学效果，而在纸质版教材中，一些历史照片由于当时的技术问题或保存时间过久而模糊不清，大段的以时间为顺序所梳理的文本让学生昏昏欲睡，在这种情况下，学生学习的积极性被削减，学习受考试这一外在推动力所支配，缺乏内在的学习动机。而数字化教材的使用解决了这一问题，它能够利用音频、视频等多种方式将内容呈现在学生面前，甚至可以利用部分移动终端装载3D环绕立体声系统，使得学生得以充分地融入情境之中，实现由史实学习到史实体验的转变，由此激发学生的学习兴趣，让学生产生进一步了解相关内容的动机。这样的动机又与有效学习紧密相连，从而达到使学生真正长久的掌握知识而不是考完即忘的目的，最终提升了学习质量。

4.转变教学模式，提升教学质量

数字化教材的使用带来了教学方法、教学手段的根本变革，同时也促使教学模式发生了转变。传统纸质版教材使用时，教师所能选用的教学模式较为有限，最常见的如传递——接受模式等，所采用的是教师传授——学生接受的方式开展教学活动，学生是被动的接受者而非主动地学习者，即便是伴随着对于学生个性特征研究的不断深入与教育理念的转变，不少教学模式开始试图将学生当作"学"的主体，主张对学生进行引导、让学生自主探究、为学生创设情境，但由于先前所使用的教学媒介——传统纸质版教材的限制，这些模式往往无法发挥最大的效用甚至无法在实践中真正长时间应用，而只出现在公开课等特殊的场景中，且学生的探讨被局限在一定的时空之中。同时，不安全的网络环境使得课前的资料收集变得困难重重，一些过于繁杂乃至有害的信息在不经意间被学生所下载、记忆，

---

[1] Sung-Moo Jung, Kwang-Bin Lim. Leading future education: Development of digital textbooks in Korea [DB/OL]. http://www.doc88.com/p-016658256017.html.

学生间的协作学习与学生个人的自主学习受到了极大的阻碍。而数字化教材的使用突破了桎梏，教师得以选用一些从前因媒介限制而无法真正实施的教学模式，比如翻转课堂（Flipped Classroom）。

顾名思义，翻转课堂就是对课堂内外的时间进行重新调整，将学习的决定权从教师转移给学生，课前，学生通过观看视频讲座、阅读功能增强的电子书、利用网络收集资料等方式来围绕某一内容获取相应信息并对之加以筛选、组织，形成课堂上可以与他人交流的初期自学成果；课堂上，学生可利用课前搜集的信息来进行基于项目的学习，在学生汇报课堂内外的自学成果后，由师生共同深度发掘教学内容的内涵；课后由学生自主规划学习内容、节奏、风格，自由选择知识的呈现形式。该教学模式需要学生自主地搜集大量的信息，也需要学生高效的协作学习与自主学习，而这样的需求只有在使用数字化教材时才能得以满足。如能够支持翻转课堂等多种新型学习方式的微课就是一种具备情境化、可视化以及趣味性的数字化学习资源包，它可以被内置于数字化教材，也可外置于数字化教材所连接的资源平台之上，既能够在课前提供学习资源，也在课后帮助学生查缺补漏、让学生反复观看并巩固学习成果，可以在网络上下载，也可以由教师根据本班学生的情况而自己制作后分享给学生，而这些都是使用纸质版教材时所无法实现的。

教学模式的转变也带来了教师负担的减轻与教学质量的提升。在课堂上，教师的任务由大量的知识讲授变为与学生共同探讨，能够对学生的想法做出及时地反馈并将学生暂时无法发现的、一些深层次的内容提供给学生做补充之用；课后，教师可以将自己下载或制作的微课发送给学生，供学生反复观看、理解，提供了一种辅导学生的新形式，尤其对课堂上未能紧跟教学进度的学生而言，这样的形式使他们得以在课后将知识补充完整。而学生对由自主探究所获得的知识的记忆也远比由他人传授的知识来得更为深刻，即知识是学会的而不是教会的，在相同的教学时间内实现了教学效率与质量的双重提升。

拓展阅读：不同国家或机构所提出的信息素养标准

信息素养自诞生之日起，对其的评价标准就成为新的研究对象，如何判断一个学生在学习后具备了学习素养成为研究者们关注的重点问题，不同国家和机构基于自己的理解与社会实际需求，对信息素养的评价标准进行了不同的界定。

早期的且具有一定权威性的标准是1998年，由美国图书馆协会（ALA）与教育交流技术协会（AECT）从信息素养、独立学习和社会交往3个角度出发，所提出的检验学生是否具备信息素养的九个标准：

从信息素养的角度出发，则具有信息素养的学生具有能够有效地和高效地获取信息、能够熟练地和批判地评价信息、能够有精确地、创造性地使用信息这三方面能力；

作为独立的学习者而言，则要求学生能探求与个人兴趣有关的信息、能欣赏作品和其他对信息进行创造性表达的内容、能力争在信息查询和知识创新中做得最好；

而从社会交往的视角来看，则是在对学习社区和社会有积极贡献的基础上，学生能认识信息对民主化社会的重要性、能实行与信息和信息技术相关的符合伦理道德的行为，也能积极参与小组的活动探求和创建信息。[①]

2004年，澳大利亚和新西兰信息素质研究所以及澳大利亚大学图书馆委员会联合拟定并出版了《澳大利亚和新西兰信息素质标准框架：原则、标准和实践（第二版）》（以下简称《框架》），在该版本中，对该具备信息素养的对象的形容以 "Information Literate People（有信息素养的人）" 替代了美国信息素养标准中的 "Information literate student（有信息素养的学生）"，使其范围更加广泛。[②]《框架》中提出了六个一级指标，分别是能识别信息需求和决定所需要的信息的性质和范围；能高效的发现需要的信息；评估信息和搜寻信息的过程带有批判性；能管理搜集和产生的信息；能将新旧信息应用到构建新概念或者知识创新中；能在使用信息时，理解和遵守与信息使用有关的文化、道德、经济、法律和社会问题。每个一级指标下都会有更加细微的标准以及举例，为使用框架者提供了更为精确地标准。

早期，我国教育部曾在《中小学信息技术课程指导纲要（试行）》中

---

① 蔡智辉. 浅析提高大学生信息素养的途径[J]. 中国现代教育装备, 2007（06）: 133-135.

② 回雁雁. 澳大利亚和新西兰信息素质标准框架修订理念及其启示[J]. 农业图书情报学刊, 2010, 22（02）: 23-26.

提出了包括信息获取能力、信息分析、信息加工、信息创新、信息利用以及信息意识和信息交流能力6个一级指标，但未展开详述。时至今日，在有关信息素养标准体系的探索中，以高校大学生为研究对象的评估标准日趋完善，但是由于受众的已有经验与水平不同，因此无法照搬到义务教育阶段。在我国信息素养评价体系不断完善的过程中，有一些探索与实践仍然具有相当程度的参考价值，比如香港地区曾就"信息来源、认知和情感体验、协作"三个维度对区域内学生总体的信息能力进行分析，其评估重点有六个方面，包括解计算机的范围及组织的知识并理解系统、硬件、软件和数据之间的相互关系；认识到与信息通信技术有关的社会、伦理和法律问题；有效的使用各种应用软件并能够在道德允准的范围内进行信息处理与问题解决；展示理解与分析问题的方法以及利用ICT实施解决措施的方案；了解信息扫盲并利用信息通信技术分享知识、制定决策并塑造社会；对信息通信技术的使用形成负责任和积极的态度，且在评价过程中考虑到了评价对象水平的差异而采用了不同的评价方法[①]，对将已有的高校学生信息素养评价标准迁移至基础教育中有良好的借鉴意义。

---

① 马晓玲, 张心如, 阮凌志, 吴永和. 亚太地区基础教育阶段学生信息素养评估比较研究［J］. 中国电化教育, 2018（08）: 60-66.

第二章　数字化教材的设计与开发

一、数字化教材开发的理论基础

教材开发主要包括教材设计和教材编写，前者是依据一定的教育理论和课程编制观念而制定的一整套有目的、可执行的具体计划，涉及教材目标、内容的选择、组织与呈现，后者则是设计阶段结束后，依据前一阶段所拟定的计划进行实际操作[①]，二者共同构成了教材开发的过程，而数字化教材作为教材的一种新的形态，其开发过程也应遵循由设计到编写、由构思、计划到计划的运行与实践这一程序，而作为一项涉及诸多要素、进行多重选择的复杂工作，数字化教材在正式进入设计与编写程序前应当先对其所包含的诸多要素如理论基础（为什么开发或依据什么来开发）、教育教学目标或课程目标、内容来源、产品使用者、不同软件与硬件的技术特性做分析比较，以开发出能够适应当下社会需要与未来社会发展趋势、兼顾使用者与学科特征的、效益与质量并重的数字化教材。其中，理论基础是数字化教材开发的奠基石，是高质量数字化教材开发所必不可少的组成部分。

（一）多媒体学习认知理论

早在数字化教材出现之前，多媒体在学生学习中的促进作用就已经为人们所认识。比如，1922年，著名的发明家爱迪生就宣称"电影注定要彻底改变我们的教育系统"并认为在之后的几年内，它将取代教科书的使用，但事实并未如其所预料，研究显示，教师甚少会在教学中使用电影作

[①]　张恰. 教师培训教材设计研究: 基于实践—反思取向的设计模式与策略 [M]. 长春: 东北师范大学出版社, 2009: 47.

为材料或是手段；而在20世纪70年代左右，计算机辅助教学曾一度为人们所吹捧，但最终也并未呈现出比基于教师的教学更为有效的态势，由此，人们对多媒体在教学中的应用不禁产生了怀疑。有研究者认为，多媒体技术在教学中的应用未能产生如期效果并不是因为多媒体本身的劣势，而是因缺乏普遍的、科学的理论指导，使得多媒体在教学中的使用变成了一种"滥用"，在不恰当的时机使用多媒体教学、对多媒体内容进行不恰当的组织才是多媒体教学无法发挥效用的真正原因。因此，若想避免这种情况，就需要先研究学生学习的方式与各阶段特征，产生规范的理论并利用这些理论对多媒体教学进行指导。

多媒体学习认知理论（Cognitive Theory of Multimedia Learning，简称CTML）是由著名的教育心理学家和多媒体教育技术专家理查德·E.梅耶（Richard E Mayer）所提出的一种人类加工信息的系统模型（详见图2.1）。该理论分别借鉴了佩维奥的双编码理论（dual coding theory）、巴德利的三成分工作记忆模型（model of working memory）、约翰·斯威勒的认知负荷理论（cognitive load theory）、维特克罗的生成性理论（Generative Theory），以及梅耶本人所提出的有意义学习的SOI模型（SOI model of meaningful learning），主要观念即学习者拥有视觉信息处理系统和语言信息处理两种"通道"，比如由听觉所获得的陈述将进入语言系统，而以动态图形所表述的信息则进入视觉系统。[1][2] 在经过长时间的研究后，梅耶逐步提出了三种包含在该理论中的有关学习的假设[3]：

一是双通道假设。该假设源于佩维奥的双编码理论，认为学习者的大脑中存在处理语言材料和视觉材料的不同渠道，学习者将在语言工作记忆中对相关词汇进行处理，在视觉工作记忆中对相关图像进行处理。

二是容量有限。即每个渠道可以处理的信息量（语言和视觉）都有限制。

三是主动处理。有意义的和更深入的学习发生取决于学习者的认知处

---

[1] RE Mayer, R Moreno. A cognitive theory of multimedia learning: Implications for design principles [J]. Journal of educational psychology, 1997.

[2] 上述理论详见拓展阅读.

[3] Michelle Rudolph. Cognitive Theory of Multimedia Learning[J]. Journal of Online Higher Education, 2017, 1(2).

理，即学习者能够选择、组织和整合正在呈现的信息（口头和视觉）与长时记忆中已有的知识。

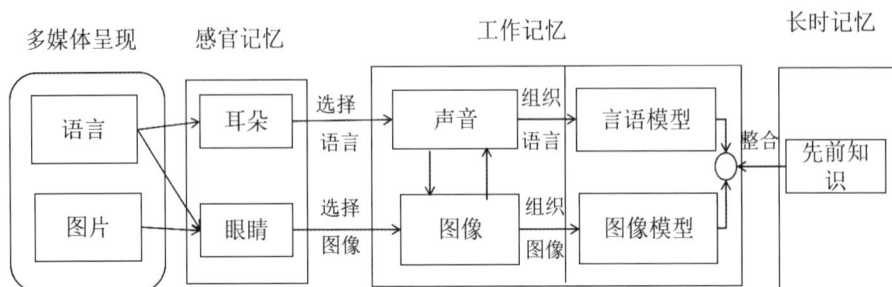

图2.1 多媒体学习认知理论[①]

基于多媒体学习认知理论，梅耶尔提出了多媒体设计的五项原则，这五项原则经不断地丰富与发展，最终为设计者提供了以促使语言通道和视觉通道达成协调平衡为目的时所应遵循的十二条设计准则[②③]：

1. 多媒体原则（多重表示原则）：即比起单纯地使用文字来解释内容而言，利用文字和图片搭配的形式来呈现和解释内容是更优选择。该原则伴随着多媒体形式的多样化，文字的"搭档"逐渐由图片拓展成视频、动画等。[④]

2. 衔接原则（空间连续性原则）：即与文字搭配的多媒体应在空间或视觉上有一定的连续性，距离较近，而不是呈现相互分离的状态。

3. 时间连续性原则：当相应的文字和图片同时呈现而不是连续呈现时，学习者会学得更好。

4. 相关原则：即若与当前内容不相关的元素全部被剔除，只留下少量

---

① RE. Mayer. Working Memory. Reprinted from Multimedia Learning [M]. Cambridge England: Cambridge University Press, 2011: p44.

② Michelle Rudolph. Cognitive Theory of Multimedia Learning [J]. Journal of Online Higher Education, 2017, 1(2).

③ SD. Sorden. The Cognitive Theory of Multimedia Learning [J]. Handbook of Educational Theories Charlotte, 2012.

④ PH. Bull. Cognitive Constructivist Theory of Multimedia: Designing Teacher-Made Interactive Digital [J]. Creative Education, 2013, 4(9): 614-619.

但高度相关的要素时，学习者能学的更好，比如在多媒体设计时，要注意不要在同一页面上呈现不同的概念。

5. 模态原则：在教学性的多媒体作品中，通过图形和旁白来学习要比通过图形和文字学习效果更好。

6. 冗余原则：文字与图片或其他多媒体的适量搭配能够获得更好的学习效果，但若在同一页面上采用两种以上多媒体搭配，则可能会分散学生的注意力，使得处理系统过载。

7. 个性化原则（个性差异原则）：多媒体原则、连续性原则、冗余原则对于不同的学生而言有着不同的效果，比如多媒体效应更为明显体现在缺乏先验知识的学生身上。[①]

8. 信号原则：若为关键要素、重点内容添加一些能够起到强调作用的"线索"，比如高亮、箭头等，则学习者能够更好地识别和获取关键信息。

9. 分段原则：当课程被按照使用者的节奏分成不同的模块，而不是全部集中于一个多媒体片段中时，学习者可以获得更好的理解。

10. 预培训原则：若在学习开始前，针对学习目标及当前内容的关键概念对学习者进行预培训，则学习过程中教学性多媒体材料的使用会呈现事半功倍的效果。

11. 语音原则：当多媒体信息中的语言是出自人类的声音而非机器的声音时，更能引发学习者的注意并学的更好。

12. 形象原则：演讲者的图像是否出现在屏幕上对人们是否能获得深层次的学习影响不大。

虽然上述原则不是专为数字化教材而制定的，但作为有关教学性多媒体材料的设计原则，其在数字化教材的页面布局等方面仍具有重要意义。

（二）自我调节学习理论

齐默尔曼在1989年率先提出了自我调节学习理论，是指学习者在一定程度上从元认知、动机以及行为方面积极主动地参与自己学习活动的过

---

① RE. Mayer, R Moreno. A cognitive theory of multimedia learning: Implications for design principles［J］. Journal of educational psychology, 1997.

程。拥有自我调节学习能力的学生能对学习做出主动的计划，并通过自身的努力来获取知识与技能，而不是依靠家长、教师等外在因素。基于班杜拉的社会学习理论，齐默尔曼提出了自我调节学习的三维模型（详见图2.2），认为自我调节学习是由个人、环境和行为三者相互作用决定的[①]，三者之间相互作用、相互影响，而自我调节学习过程可区分为自我观察、自我判断和自我反应这三个相互影响、相互作用的行为过程。

不同的研究者对自我调节学习持不同的观点，比较著名的有以下几种理论取向：

一是基于斯金纳的行为操作主义理论所产生的自我调节学习的操作论，该观点认为人的自我调节学习实质上是一种操作性条件反射行为，强调外在自我调节学习形成与发展中的规范、调节与促进作用，其过程包含三个部分，分别是自我监察（self-monitoring）、自我指导（self-instruction）与自我强化（self-reinforcement）。

二是现象学观，相比于操作主义理论而言，该观点更重视影响自我调节学习的心理机制与内部因素，认为自我概念是个体对外界做出反应的恒常依据，会对学习者在目标设置、自我评价等方面产生深远影响。因此，教师和学校应当为增强学生的自我概念提供机会，促使自我调节学习的生成。

三是自主意志观，认为自我调节学习实质上是一种意志控制过程，强调学习者的主体性，该观点的信奉者将自我调节学习过程分为内隐的自我控制过程（covert processes of self-control）与外显的自我控制过程（overt processes of self-control），前者包含认知监控、情绪监控与动机监控幕，后者则是对学习环境中的事物控制与任务控制，因此，教学的主要任务是提高学生的意志控制力。

另外还有从言语思维发展理论衍生而出的"个体内部自我语言指导对自我调节学习有重要影响"这一观念以及自我调节学习的认知建构观。[②]

在后续的研究中，齐默尔曼总结了十条学生经常使用的自我调节学习

---

① Zimmerman B. J. A social cognitive view of self-regulated academic learning. Journal of educational Psychology, 1989, 81（3）: 329–339.

② 张林, 周国韬. 自我调节学习理论的研究综述 [J]. 心理科学, 2003（05）: 870-873.

策略，包括：自我评价、组织与转换、制定计划目标、寻求相关信息、持续性的记录与监控学习进展；自主建构利于学习的环境；自我奖惩；自觉对学习材料进行复述与记忆；向他人寻求帮助，对象主要是同龄人、教师以及家长；复习所记录的内容。其中，"向他人寻求帮助"这一策略与学生的学习成绩出现正相关，说明了自我调节学习中与他人交换想法与意见的重要性，而自我评价没有明显表现出与学生学业成绩的关联，但仍然是自我调节学习策略中不可或缺的部分。①总体而言，这些策略可以看作是一个学生进行自主学习、自主解决问题以及自我反思的全过程。

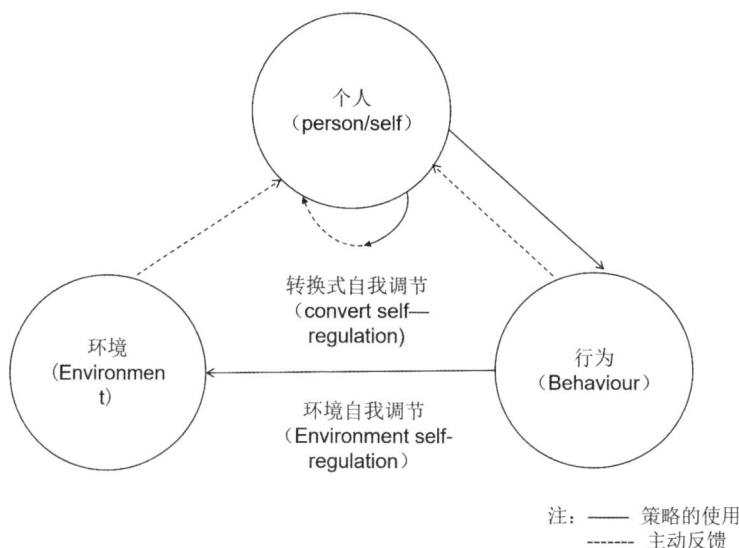

注：——　策略的使用
------　主动反馈

图2.2　自我调节学习的三维模型

　　虽然并不是所有的数字化教材都以自我调节学习理论为基础，但由自我调节学习理论所生成的数字化教材是一种为了促使自我调节学习的实现而质量较高、多功能集成、覆盖整个教学过程的数字化教材，其功能之丰富、资源之广泛能够充分地满足教育教学的需要，加之数字化教材的产生与推行的初衷之一就是为未来合格的社会成员在其受教育阶段使用数字化教材进行学习后，能够具备独立解决社会复杂问题的能力，而这一能力

---

① Zimmerman B. J. & Martinez-Pons M. Development of a structured interview for assessing student use of self-regulated learning strategies. Journal of American Educational Research, 1986, 23（5）：614–628.

则需要由独立搜寻、处理与问题解决相关的信息、独立思考问题解决的措施、对所指定的问题解决计划与措施进行选择与慎思等诸多与自我调节学习能力高度相关的能力综合发展而来。因此，现代数字化教材在内容选择、功能设计上所依据的理论基础应当包含自我调节学习。

（三）建构主义理论

作为第二次认知革命（the second cognitive revolution）的结果，建构主义以"认知过程是人使用语言和话语的结果，语言和话语是社会性的、人际交流的产物，因此认知过程在其根本意义上是公开的、社会性的，即认知存在于人际之间"为其核心思想的基础，被应用于哲学、社会学、教育学等诸多学科的研究之中。

建构主义理论虽呈现百家争鸣之态势，可分成个人建构主义、激进建构主义、社会建构主义、社会建构论、批判建构主义、语境建构主义等不同流派，但无论何种流派，其所秉持的核心思想都是"知识是建构的"，认为"建构是社会的建构而不是个体的建构"。建构主义理论的持有者坚信，知识，特别是社会科学的知识是一种社会建构，是人们在社会生活中"发明"出来的，而不是通过所谓的客观方法"发现"的。①

作为建构主义的重要代表人物，皮亚杰认为，儿童对外部世界知识的建构及其自身认知结构的发展是在与周围环境的相互作用中间进行的，该相互作用涉及了"同化"与"顺应"两个基本过程。前者是指个体将由外界刺激所提供的信息与自身原有认知结构进行整合的过程，是对原有认知结构数量的扩充；而后者则是指个体的认知结构受外部刺激的影响而发生改变的过程，可以看作是认知结构性质的改变。通过同化与顺应，个体与周围环境能够达成一种平衡状态，即若儿童可以使用现有图式去同化新信息时，他处于一种平衡的认知状态；若现图式不能同化新信息时，平衡即被破坏，而顺应的过程就是寻找新的平衡的过程。儿童的认知结构就是通过同化与顺应过程逐步建构起来，并在"平衡→不平衡→新的平衡"的循环中得到不断的丰富、提高和发展。②

---

① 叶浩生. 第二次认知革命与社会建构论的产生［J］. 心理科学进展, 2003, {4}（01）: 101-107.

② 邹莹. 皮亚杰与维果斯基的建构主义比较［J］. 外语学刊, 2009, {4}（05）: 117-120.

　　在皮亚杰之后，科尔伯格、斯滕伯格、维果斯基等人不断对建构主义理论的内容进行丰富与拓展，这些有关建构主义理论的内容反映在教学上，生成了建构主义的教学思想，内含建构主义的知识观、学习观、学生观、师生角色的定位及其作用、学习环境等方面。

　　建构主义的知识观认为，知识并非对客观世界纯粹且如实的反映，任何一种用于承载和传递知识的符号系统也并非绝对真实的表征。它是人们在某一时期对客观世界的一种猜测、推理或者假说而不是问题的最终答案。随着人们认识程度的不断深入，知识会不断地变革、改写并出现适合该时期的新的猜测、推理与假说。因此，对知识的探求过程是永无止境的，是不断被质疑、批判、超越的过程，也是一个逐渐接近真理的过程。在具体的问题解决或是活动过程中，现有的知识并不能"屡试不爽"，因此需要针对具体的问题情境对已有知识进行再加工与再创造。应当注意的是，不同的学习者对于同一知识的理解是以自身的经验背景为基础而建构起来的，因此不同的学习者对同一知识有着不同的理解。因此，学习过程既不是教师简单地将知识传递给学生，也不是学生被动地接受信息刺激的过程，而是学生自己建构知识、自己对外部信息进行主动地选择、加工与处理从而获得"自己的"意义的过程。在这一过程中，学习者以自己原有的知识和经验为基础，在新旧知识经验的碰撞（或者说是学习者与学习环境之间的互动）与"平衡→不平衡→新的平衡"这一循环之中不断调整和改变原有的知识经验，引发认知结构的重组，即建构主义的学习观。

　　建构主义的知识观与建构主义的学习观均强调了个体或者说是学生在知识获取过程中的重要作用即主体地位，承认已有知识经验的重要作用。这种已有的知识经验是学习者在进入学习情境中时已经形成的，即便是面对全新的问题时，他们还是会借鉴已有经验来提出他们的假设。因此，建构主义学生观强调，教学不能无视学习者已有知识经验，更不能强硬的将知识"灌注"给学习者，而是应当以学习者原有的知识经验作为新知识的生长点，引导学习者进行知识的处埋和转换。且由于学生的经验背景是千差万别的，因此，师生之间、生生之间应该对某些问题进行共同探索，及时与彼此交流想法，以真正建构起合理的、科学的理解。

　　虽然建构主义强调学生在建构中的主体地位，但它同时也不否认外部影响，即教师支持对于学生建构的作用。在建构主义理论中，教师是学生建构知识的支持者与帮助者、是学生学习的合作者，是真实问题的提供者与情境的创建者，承担着提示新旧知识之间联系的线索、组织协作学习等任务。而学生则成为知识的积极建构者，需要用探索法、发现法来建构知识的意义，采用新的风格与认知加工策略，更多地承担管理自己学习的任务，并尽量将新的学习内容与已有的知识进行联结，由此建构起自身对知识的理解，重组认知结构。通俗地说，建构主义理论下的师生关系是"教师主导，学生主体"。

上文提到，建构主义下的意义获得是学习者在与学习环境的互动中进行的。而理想学习环境应当包括情境、协作、交流和意义建构四个部分。所谓情境是指学习环境中的情境必须有利于学习者对所学内容的意义建构，而情境的创设是教学设计最重要的环节；协作则应该贯穿在整个教学过程之中，是师生之间与生生之间的协作，而交流则是协作过程最基本的方式和环节，通过交流，个体的想法为学习群体所共享，推进每个学习者的学习进程；意义建构则是整个教学过程的最终目标，在学习过程中帮助学生建构意义就是要帮助学生对当前学习的内容所反映事物的性质、规律以及该事物与其他事物之间的内在联系达到较深刻的理解。

建构主义，尤其是建构主义的教学思想对数字化教材的设计与编制具有重要的理论意义，尤其是在情境建构与促进教师与学生、学生与学生的交流及协作方面，数字化教材具有传统纸质版教材不可比拟的优势。因此，数字化教材的设计与编制应当以建构主义理论作为理论基础，开发以学生发展为本的数字化教材，为学生提供能够刺激其新旧知识相互联结的情境，并为学生的自主学习"施以援手"。

（四）系统论

系统一词起源于古希腊语，意为由部分构成整体。科学研究中，大部分研究者所公认的系统定义是：由若干要素以一定结构形式联结构成的具有某种功能的有机整体。虽然其定义简洁，但其中却包含了系统、要素、结构、功能这四个概念，简单扼要地阐释了要素与要素、要素与系统、系统与环境三方面的关系。系统理论以系统的一般模式、结构和规律为研究对象，通过对各种系统的共同特征进行概括总结，寻求、确立一种与一切系统相适配的原理、原则与模型。该理论的应用是一种系统思维方法的体现，帮助人们从整体上系统的对事物进行思考和分析，具有强逻辑性的特征。

虽然系统思想诞生已久，且随着世界生活的复杂性程度的提升而在相当长的一段时间内处于持续发展与变革的过程中，但归根结底，系统论中包含五个基本的思想观点，这也是系统方法的基本原则。

一是整体性。即当系统中的每个要素按一定的有机关系组织起来形成一个整体时，系统的功能应大于系统中各要素的功能的总和。这一原则要求从整体出发，从宏观上着眼于系统的整体功能。

二是相关性。即系统内部各构成要素虽然相互独立，但并不是互不干涉的，其彼此之间既相互联系又互为制约。

三是层次性。每一个系统都具有"双重地位"，即某一系统既是一个由诸多要素构成的系统，也是一个更大的系统中的要素，比如地球系统是一个由大气圈、水圈、陆圈和生物圈组成的有机整体，同时也可以是太阳系的要素之一。

四是动态性。即系统由于其内外部联系复杂的相互作用，总是处于无序与有序、平衡与非平衡的相互转化的运动变化之中。随着时间的推移，任何系统都要经历一个发生→维生→消亡的不可逆的过程。也就是说，系统存在本质上是一个动态过程。

五是目的性。任何系统都具有清晰、明确的目的，任何系统结构的建立都以系统的目的和功能需要为依据。

数字化教材本身就是由载体、内容等诸多要素构成的一个有机整体，是由现代科学技术应用于教育领域所形成的一个系统。因此在对数字化教材进行开发时，要依照系统论的思想，将教育目看作是其开发的根本目的，对不同类型的数字化教材分别选取适当的要素并进行恰当的排列组合，使其在达到基本的教育目的的同时，能够展现作为数字化教材的独特优势，对学生多方面的能力加以培养，真正实现现代科技与教材的融合，达成技术融于教学而不是浮于表面的理想，开发出面向不同群体、不同科目的理想型数字化教材。

（五）现代学习观

数字化教材所面向的主要对象是教师和学生，是为教师的"教"和学生的"学"所开发的，其中，让学生在使用数字化教材后能够成为合格的社会成员、成为全面发展的人，这是教育自产生之日起就不断追求的目标。因此，在设计与编制时，尤其应当考虑到学生学习的不同层次与水平，对具有动态性、生成性特征的自主发现与意义创造层次的学习加以重视，帮助学生由对知识的简单被动接受变为对知识的独立思考，由"被动接受者"变为"主动建构者"。若想达成这一目的，就应对现代学习观[①]加以理解，并基于该观念进行数字化教材开发。

首先，是全面学习观（all-round learning sight）。基于对现实社会需求的分析和对未来社会趋势的预测，世界多国达成了"只有全面发展的人、只有充分发展优良个性的人才能称得上是一个合格的人才"这一共识，并以此作为教育改革的方向。

所谓全面发展的人，是知天下大事、有广阔胸怀、有较高的道德水平，能在德智体美劳五方面具备较高素养的人，这也是判断21世纪合格的、成功的劳动者的重要标准，而劳动者的规格又决定了教育所培养的人的规格。

生产力的进步对于劳动者的素质提出了全面的要求，而信息社会所具有的多样化与个性化特征则要求在人的共同性的基础上，充分展现人的差异性，允许并大力促使每一个个体拥有自主性与创造性，在全面的基础上充分展现个人之长处，以达成社会一般要求为前提，成为个性鲜明的社会成员，在具备一定素养的基础上，成为主动参与复杂世界生活、主动思考社会重大问题解决方案的具有创造性的社会成员。

其次，是自主创新学习观（Learning sight of independent innovation），即基于对未来社会趋向的预测，为了使学习者能够迎接未来社会高速的、复杂的变化，从先前维持性学习的"学会已有知识经验，以解决已发生问题的能力"向"提升一个人发现、吸收新的知识与信息并提出新问题的能力"转变。

①　裴娣娜.教学论［M］.北京：教育科学出版社，2020：67-71.

　　相比于农业经济于手工业经济时代知识更新缓慢、社会问题复杂性程度响度较低的状况而言，知识经济时代的到来使得知识的数量有了爆炸性的增长，扩散速度也因传播方式的更新而更为迅捷，同时，日趋复杂且与世界生活高度相关的社会问题的解决不能单纯依赖于已有的知识与方法，也使得每一个社会成员或多或少的、或主动或被动地陷入思考中，对社会成员的要求也从利用已有知识转向掌握最新知识乃至创造新知识，从不加选择的接受知识转向筛选相关信息并对其进行主动地解读。由此，教育的目的也从让学生被动的掌握、接受知识转向让学生具备自主学习、筛选识别信息、自主思考问题解决方案的能力，对现有知识加以整合创新，形成对社会复杂问题的解决方案。而自主创新学习具有自主性、能动性与创造性的特征，能够帮助学生拥有将书本知识变成自身所有的经验并迁移到具体实践中，能够让学生充分发挥内在潜力与能动性，积极参与到对信息的吸收、改造、加工与重新组合的活动之中，也能在灵活运用知识的同时保持审视、怀疑的态度，在了解知识间联系的基础上建构各种新的结构，最终达成教育的新目标。

　　第三是终身学习观（Life-long learning sight）。这是基于终身教育的思想所提出的现代学习观，即通过一个不断支持的过程来发挥人类的潜能，它激励并使人们有权利去获取他们终身所需要的全部知识、技能、价值与理解，并在任何任务、情况和环境中有信心、有创造性和愉快地应用他们，强调学习者自身的进取和努力，强调人自身的积极性、主动性与创造性。各国义务教育的多年普及与民主精神的深入人心使得教育义务观转为教育权力观，人们对于教育与学习的态度由需要强制性的法令进行约束变为一种主动地要求，学习也不再单纯是学校教育中的特有活动，不再是少数人所特有的权利，学习者可以是以提升自身素质为目的而处于学习状态的任何年龄阶段的任何人。可以说，终身学习是适应新时代社会要求的学习观，应当自基础教育阶段就着手于这种观念的建立，并提供充足的资源为终身学习提供保障。

　　最后是从被动接受走向自主发现与探究（from passive receiving to independent discovery and exploration）。这种学习观要求教师与学生之间的关系由"权威—服从"变为"价值引导—自主探究和发现"，通俗地来说，即教师由知识的传递者变为学习的引导者，学生由被动的接受者成为知识意义的主动构建者，成为真正的学习主体，这就要求教师教学方法与学生学习方法的改变，要求教师与学生之间的模式的变革。教师应当鼓励学生对知识基于理性的怀疑与审思，支持学生表达自己的观点和见解，并对这些见解进行及时的、积极地、有效的反馈，而不是仅以"对""错"来评价学生的观点。

综上所述，现代学习观是一种自主的、创造的、个性化与全面发展并存的学习观，而数字化教材作为现代教学手段，应当在设计时考虑到现代学习观的种种要求，成为现代学习观由理想走向实践的巨大推动力，成为将社会现代化要求在教育领域逐一实现的好帮手。

二、数字化教材开发的各要素分析

数字化教材是由教材内容、教学支持系统与管理平台、移动终端与操作系统四要素共同构成的有机整体，所面向的使用者主要是教师与学生。其中，依据不同学科教学目标、基于不同移动终端与操作系统、面向不同对象所开发出的数字化教材各有其特征。为了避免在实际编制的过程中对要素的考量有所疏漏，促使实际编制能够按照一定的程序高效进行，需要在设计阶段就对各要素进行全面的、系统的、深层次的多方分析，而后按需选择，编制具有不同特性、不同功能的不同类型的数字化教材。

（一）目标分析

1. 教育目标分析

教育的最高目的就是培养全面发展的人。从总体上来看，由于生产力水平对劳动力规格的影响，因此不同时期教育所要培养的人的规格也有所不同，即培养的侧重点不一，这种目标在课程设计的取向、教材的编写上都有所体现。比如，我国课程设计从浓厚的社会本位取向转向了以学生发展为本的取向，提出"以学生发展为本，培养创新精神和实践能力"的理念，这意味着我国的教育目标是在培养全面发展的人的基础上，侧重于对学生创新精神与实践能力的培养。而从具体的层次进行分析，则每一学段乃至学年的教育目标随着学生的年龄增长也有所不同。因此在对作为教育目标实现过程中扮演"内容载体"角色、可被归类为教学物质手段的数字化教材进行设计时，应对总体目标的现状及发展趋势进行充分地考虑与理性的分析，立足现实社会需要，展望未来社会的变革趋势，在内容选择、功能设置上既体现对现实教育目的的适应性，又凸显对未来教育目的的憧憬；也应对不同学段或学年的教育目标施以关注，使得各学年的目标之间既独立又相互联系、相互衔接，使学生真正能够按照其认知发展水平与身心发展特征进行连续性、顺序性的发展。

2. 教学目标分析

所谓教学目标，是教师和学生立足于当下基础，以具体教学活动为依托，指向未来时空的一种结果，具有一定的预期性、生成性、整体性、可操作性与可测量性特征，且依各级各类学校的不同学科而各有不同，多以详细的、可转化为实际行为的表述呈现于各学科的课程标准之中，比如《中等职业学校语文课程标准（2020版）》中以专题的形式进行内容上的划分，增加了"职业模块"与"拓展模块"两个一级项目，并对各一级项目下的每个专题进行逐一的描述，而《普通高中语文课程标准（2020修订版）》则将内容分为不同的"学习任务群"，侧重于对语言能力、思辨能力等学术能力的培养。由此可见，在对数字化教材进行设计时，应当充分考虑不同学校不同学科在教育目标上的不同，酌情增加或删减功能与内容，使之与不同学段不同学校不同学科的教育目标完美适配。

除了总体的教学目标以外，对不同地区不同学校乃至不同教师而言，具体的教学目标也是千差万别的，有的教师基于班级内学生基础知识掌握不牢固的情况而侧重于对基础知识的教学，有的教师则根据班级学生整体水平较高的现状，而着力于一些情意与能力的培养，这些都会在具体教学目标中有所体现，而数字化教材的开放性允许教师自主地向学生提供一些可添加数字化教材的材料，形成"个人的"数字化教材在内容方面的编制，但是这种编制并不是一般性的数字化教材编制，对于数字化教材的开发者而言可不做过多考虑。

（二）适用对象分析

教师和学生是数字化教材的应用主体，而从数字化教材开发者的角度而言，则可称教师和学生为数字化教材的适用对象。虽然每一个个体都是独立存在的、有其所特有的个性特征，因此不可能开发出对每一个个体而言都使用的数字化教材。但是，不同适用对象依然具有群体共性，因此在对数字化教材进行开发时，应当依据不同适用对象的年龄特征、教学特征等，对内容、功能、呈现方式乃至移动终端等进行不同的调整。对适用对象的群体共性的分析有助于开发者设计和编制出更具实用价值、更为精细化的数字化教材。

一是对教师的分析。教师在教学过程中是"教"的主体。传统教学观念中，教师是教学活动的"掌控者"，而在现代教学观念下，教师扮演者多重角色，是从宏观上对学习内容、目标等提出要求与安排的人，也是在学习活动中为学生提供必要资源的提供者，是对有需要的学习者给予恰当指导的人，也是为学生思考提供反馈的人。数字化教材的开发者应当基于教师所有的共性，基于教师在教学活动的中的主导地位来为不同学科的教师开发区别于学生的数字化教材。比如在呈现终端考虑到教师需要向全体学生呈现材料而开发适配于交互式电子白板的数字化教材；在内容上，尤其是补充材料上，考虑到教师已有的信息筛选能力而为教师提供范围更广、内容更为丰富的数据库；在功能上为教师提供班级管理功能，内含学生作品贮存、学生成绩管理等，让教师能够了解每一个学生的成长过程及个性特征等，除此以外，还应有教师所特需的、提高自身教学水平的功能，比如教学过程实录等。

二是对学生的分析。学生是教学过程中学的主体，是为了提升自身素质而处于学习状态的人。在现代学习观中，学生不再被动地接受教师所传授的系统知识，不再以"听讲→记录→背诵"为主要学习过程，而是成为学习的主体，能够在教师所提示的学习内容、目标、时间安排等的基础上，进行个人学习计划与目标的制定、选取适合自己的方法进行学习、能够筛选恰当的补充材料来辅助自己学习，也能够对知识进行主动地思考并在实践中进行检验、应用与巩固。因此，为当代学习者所开发的数字化教材应该为学习者的自主学习提供坚实的支持与助力，既有能为学习者提供补充材料的经过筛选的数据库，也有能帮助学生实现对学习过程进行自主评价与反思的任务与作业。

除了学生群体共性外，还应考虑不同学段、不同学校学生的群体共性。比如对于低年级的尚未具备信息筛选能力的学习者而言，其数字化教材所链接的资源库中的信息不应过于丰富，否则会使学习者无从下手，对于有身体残障比如视力残障的学生而言，应当为其数字化教材中多添加一些以音频方式呈现的内容，在外观设计上也应有一定的便利性，比如具有不同触感的按键等。

（三）内容分析

教材内容是数字化教材的核心要素，能够以一种新的形式向处于教学过程（包含课堂内外）的师生提供数倍于纸质版教科书的丰富内容与资源，而如何确保这些内容与资源的呈现方式得当、保障其有效性与实效性成为开发者所要思索的重要问题。

一是应当对内容的来源加以思索和考量。早期的数字化教材的内容全部都来自纸质版教科书，可以说是纸质版教科书的一比一复写。对于教师和学生而言，这种数字化教材除了在阅读方式上有所改变外与传统的纸质版教材几乎没有任何实质性的区别，既没有满足师生利用数字化教材获取更多内容的需要，也不利于数字化教材的推广。因此，基于以往的经验，数字化教材的开发者应拓宽内容的来源，在保证其囊括了纸质版教科书内容、与《课程标准》所要求的具有高度一致性的基础上，允许来自各方的具备一定自身条件的人作为内容的提供者加入数字化教材的设计与编制中，这些提供者可以是学科专家、教材专家，也可以是身处一线的教育工作者，可以是经验丰富的出版商，也可以是来自社会各界的代表，他们代表着不同的价值立场，对同一内容有着不同的理解，并能够提供一些在日常生活中亲身体验的素材。与不同内容提供者的对话有利于数字化教材的开发者集思广益，促使最终生成的教材内容是与现实生活有所联系的，是能够体现不同价值与利益的协调平衡。

二是对内容以及呈现方式的筛选。数字化教材的开发者综合各方所提出的内容之后，要依据不同学科所要达成的目标，按一定年龄阶段适用对象的发展特征加以筛选和整理，使之与适用对象的认知结构和已有水平相符合，比如对基础教育阶段的儿童，其拓展内容不宜过多过深，否则会让学生由于所了解到的信息过于繁杂而无法构建完整的知识体系。除此以外，在内容的呈现方式上也要注意学科与适用对象的特性，既不能过于枯燥也不能因方式过于异彩纷呈而导致学生注意力分散。

（四）移动终端与操作系统分析

上文中，我们曾对能够承载数字化教材的移动终端以及实现数字化教材使用的操作系统做过简明扼要的分析（详见第一章），不同的移动终端所能搭载的操作系统、同一类终端中的不同型号在屏幕尺寸、性价比、所采用的技术等方面也因科学技术的日新月异等外界因素各有不同，由此导致了数字化教材规格上的差异。因此，作为数字化教材的开发者，应该在考虑到要实现的教育目标、适用群体等多方面因素的基础上，对涉及移动终端的诸多要素进行综合衡量，在考虑终端的价格、重量、大小与续航能力的同时，了解不同终端所采用的技术是否足以实现数字化教材的诸多功能，以选择性价比最高的终端，比如韩国所开发的那种功能集成式的数字化教材就不能选择kindle作为承载终端，否则会使其功能无法正常发挥，当然，所选用的终端也不应出现"技术过剩"的问题，比如对于小学阶段尤其是低年级的学生而言，一本操作简洁的数字化教材以及熟悉的终端比如智能电话、计算机等远比一本包含了大量现代科技手段在内的、由出版商自己制作的陌生终端更易熟练地使用。除此以外，还应对终端的适配系统加以考量，比如选用ipad作为移动终端，则其搭载的必然是ios系统，该系统的封闭性特点在提供安全使用环境的同时不可避免的造成了部分软件的下载困难，因此，对于需要搭配厂商自行开发的、非普及化的软件进行使用的数字化教材而言，ios系统是不适用的。

三、数字化教材开发的原则与要点

由于数字化教材的开发受到技术发展水平、开发者所遵循的教材编制理念以及加之取向、适用对象的年龄特征、社会对于教育的要求等诸多方面要素的影响，因此，在设计阶段，应在遵循一定原则的基础上，以诸多因素中紧要程度较高的要素作为主线，设计具有弹性的、可履行的计划，以确保数字化教材在实际编制阶段既能有条不紊地进行，又能应对实际编制过程中千变万化的情况。

（一）数字化教材的开发原则

1. 教育性原则

教育性是数字化教材区别于其他数字图书或电子书的重要特征，无论早期静态的数字化教材还是当今所流行的富媒体教材，无论是以个人电脑为终端还是以手机为终端，其所承载的都是对教育教学有所帮助的内容，是作为教学内容呈现的载体而存在的。既扮演着教学手段的角色，又肩负着联结教师与学生之间桥梁的任务，是课堂教学中师生联系的途径。因此，数字化教材设计所应遵循的首要原则就是教育性原则，尤其是在内容的选编上，既要注意面向学生的发展水平特征，又要符合当前社会的需求，既要包含能够帮助受教育者在接受基础教育后达到国家对其素质的统一要求的内容，又要开拓创新，择选相关拓展性内容收录其中，使学生在掌握基础知识和基本技能的前提下拓宽视野，构建与现实生活相关的完整的知识结构，促进学生素质的全方位发展。除此以外，在功能的选用上也应符合教育教学的实际需要，既要避免功能过于精简所造成的教学需要无法得到满足，又要免除由功能过多所带来的注意力分散与操作难度较高的困扰。实现传递系统知识与发展学生能力并重的教育功能。

2. 科学性原则

科学性原则的本意是指决策活动应在科学理论的指导与支配之下进行，遵循一定的科学决策程序，运用科学的、符合逻辑性、规律性及科学性的思维来进行决策的准则。若想按照科学性原则进行决策，则决策者应该搜集较为全面的且具有时效性的信息，应该以立足于现实需要为前提，对未来发展趋势做出科学预测和憧憬，应该考虑到各种可能出现的情况而设计多种应变方案并对方案进行论据充足的论证，选择最优方案加以实施，同时也应根据具体的实践情况对方案进行反省，进行及时调整与补充而不是墨守成规。

本质上来说，数字化教材的设计也是一种决策。数字化教材的开发者在这一决策过程中，既扮演着决策者的决策，又承担着与各方相关人员进行对话并整合来自各方的信息以完成对不同利益的协调平衡的任务；既要理解并满足当前社会对于教学的需要，又要考虑添加适量的、对一定时期内的未来社会发展趋势而言最有价值的内容，使之不至于一出版就落后于时代发展；既要考虑学科基本规律，又要适应学生认知结构的发展规律；既要与使用者先前的教学习惯相符，又要利用技术优势开拓创新；既要弥补传统纸质教材在内容供给上的不足，又要保证信息与教学内容相一致，避免由于信息冗杂而造成的知识结构混乱与课业负担加重。由此才能开发出合科学、合逻辑、合规律、合学生与社会发展的数字化教材。

3. 感知有用性与感知易用性原则

感知有用性（perceived usefulness）与感知易用性（perceived ease of use）原则是技术接受模型（Technology Acceptance Model，TAM）的一部分。该模型用于计算机被广泛接受的决定性因素做解释说明，而感知有用性与感知易用性正是其中两个主要决定性因素，前者反映了一个人认为使用一个具体的系统对他工作业绩的提高程度，后者则展现了一个人对系统易使用程度的认知。其中，感知有用性会受到系统设计特征、用户特征等多方面外部变量的影响，并与感知易用性共同对用户使用系统时主观上的态度产生一定的影响。

调查研究表明，在数字化教材的使用中，感知易用性与学生和数字化教材互动的难易程度有关，烦琐的实用程序会给学生带来不必要的压力，从而造成感知有用性的得分也随之降低，即学生的任务达成度更低。除此以外，感知有用性还受到了使用时间的影响，即使用时间越长，则学生可以在使用过程中克服技术和程序上的挑战的可能性越高，也对系统能够帮助他们完成学习任务更有信心，但使用时间增加又会导致出现困难的可能性更大，使得感知易用性降低，学生更容易陷入使用困境。①

由此，数字化教材的开发者应该在设计过程中充分考虑到有关使用者感知易用性与感知有用性的问题，在用户界面与功能的设计及操作上应遵循"宜简不宜难"的原则，合理地将现代科学技术融入其中，而不是为了展现数字化教材的"科技感"而将操作程序设计的过于繁杂，同时应选择对教学活动有较大价值的技术与内容，使数字化教材真正对学生的学习有

---

① Shen H, Luo L, Zhong S. What Affect Lower Grade Learner's Perceived Usefulness and Perceived Ease of Use of Mobile Digital Textbook Learning System? An Empirical Factor Analyses Investigation in China [J]. International Journal of Multimedia and Ubiquitous Engineering, 2015, 10（1）: 33-46.

益，对教师管理有帮助，提升使用者的感知有用性。

4.开放性原则

开放性是数字化教材的典型特征之一。一个好的数字化教材，应当是在符合一定规格标准的基础之上，允许使用者根据自身喜好对其界面、字体等方面进行个性化设置，允许使用者按自身需求在页面上添加相应的内容，甚至在内容的呈现方式上使用者提供一定的选择余地。因此，数字化教材的开发者应当遵循开放性原则，设计可以更改大小、颜色的字体与背景，为同一内容增添呈现方式的选项，以使之符合使用者的教学习惯，同时也应在页面上留有一定的空白部分，供学生或教师增添内容所用。

5.交互性原则

交互包括人与计算机之间的交互以及人与人之间的交互。前者即在教学活动过程中，教师与学生能够根据现实需求，在联网终端上搜索相应的信息；后者则是指通过数字化教材所进行的、同一时空或不同时空的使用者利用网络进行交流，以丰富信息来源，获取他人的帮助与点评，使得教学活动更为容易，这也是数字化教材有别于传统纸质版教材的重要功能之一。因此，数字化教材的开发者应当在设计时考虑到数字化教材的交互性，通过设计一种符合使用者先前教学习惯的、操作简便、性能良好的用户界面来促使使用者更愿意使用数字化教材进行信息的搜寻与整理，在此基础上利用现有技术实现用户间的互动，这种互动可以是利用网络的跨时空互动，也可以在同一空间同一设备类型之间利用"克隆"技术实现无网络的信息与数据转移，由此促进了使用者与使用者之间的交流互动得到最大限度的发挥。

6.适应性原则

所谓适应性原则是指教材的开发应该适应社会发展的需要并与个体的身心发展阶段特征相符合。教材作为教育中的物质条件要素，教育者通过教材向学生传授知识，将学生培养成为适应一定社会发展需要的人，这也是教材的本体功能之一。因此，教材在推动社会变革与发展方面具有其他书籍不可替代的地位。有学者认为，一定的教材体系必然是一定的民族、一定的社会发展阶段在社会政治经济文化等方面的最基本、最集中、最系统的综合反应，体现的是某一时期的社会对于人才规格的基本要求①，能够在培养合格的社会成员方面贡献力量。除此以外，教材还应当适应不同阶段人的发展特征。人的身心发展有明显的阶段性特征，即个体在某一年龄阶段所表现出来的一般的、典型的特征，这种特征为该阶段人所共有且明显有别于其他阶段特征。

为了使数字化教材充分实现其教育功能，与其他普通的电子书区分开来。数字化教材的开发者需要在设计与编制时充分考虑到当前社会对于人的各方面素质的要求，尽可能地将满足社会要求的、前沿的知识纳入其中并利用互联网来对其进行实时更新。同时也应当满足个体在不同年龄阶段的身心发展特征，遵循个体身心发展的阶段性规律，编写内容不同、功能不同的数字化教材，同时也应该照顾到群体层面与个体层面身心发展的差异性特征，充分利用现代科技，使数字化教材真正成为"个人的"数字化教材。

7. 经济性原则

尽管相比于传统的纸质版教材而言，数字化教材已经节省了再版、运输等多方面的成本，但由于科学技术的不断进步，数字化教材一直处于持续更新与发展的状态中，导致其需要大量的人力、物力、财力作为支撑其开发的物质基础，而开发成本过高也容易使其售价居高不下，导致推广难度进一步提升，与其想要为学生及家长节省教育支出的初衷相违背。因此，数字化教材在设计阶段应遵循经济性原则，对新技术不盲目跟风，对终端的选择不以新品为好产品，在开发团队人员的构成上应"宜精不宜多"，真正做到从"第一步"起进行成本控制。

（二）数字化教材的开发要点

1. 大脑行为与数字化教材的开发要点

为了使教学过程更为容易，为了使年轻一代能够为了不确定的未来生活做好充足的准备，有研究者对人类大脑的工作方式进行了研究，并认为新技术的系统使用会影响大脑本身得到发展。在教—学活动中，学生的学习行为受到大脑活动的支配，其记忆的深刻程度、对各类信息的筛选与关

---

① 曾天山. 教材论[M]. 南昌：江西教育出版社，1997.

注程度等都与大脑活动息息相关。具体来说，教—学活动中的人脑行为包括以下六个方面：

一是有关大脑在精神转移情况方面的能力。即当一个动作经常被重复进行时，它就会为大脑所记忆，会成为一种必然的、下意识的来完成任务的行为，就像我们在学习开车时所发生的情况那样。

二是当大脑对某一事物已然习惯时，它就会忽视它们的存在。因此，大脑总是在不断地寻求刺激，试图找出每次所接收到的东西是否与上次有所不同，并依据其不同点的明显程度与数量来判断这是否是一种新的事物。这是大脑对事物加以过滤和筛选的重要部分。

三是记忆可以帮助我们通过经验学习，它对于生存而言是至关重要的。

四是记忆包含两种类型，一种是陈述性记忆（declarative memory），另一种则是程序性记忆（procedural memory）。前者是指对我们能用口头方式表达或能写的信息进行存储或记忆，也可以说是对有关事实和事件的记忆；后者则是一种惯性记忆，又称技能记忆，是指有关如何做事情的记忆。比如我们在书本上学到有关打篮球的某些知识并记住了一些动作要领，这时的记忆是陈述性记忆，而当我们在实际打篮球的过程中将所学的动作要领变成了实际的技能，则是程序性记忆。

五是通过视觉侧记所获得的信息在视觉层中被重新解释和分组，这也解释了为什么不同的人在看到同一事物时其关注的重点往往有所差别。

六是意义和情感是影响大脑智力以及保持信息能力的两个因素，如果大脑所注意到是认定成无意义的新信息，则不会被处理（比如我们所面对的是一本用未知语言所写成的书，则会发生信息被排斥的情况）。

依据上述人脑行为，研究者提出了数字化教材所需考虑的内容：

一是允许使用者通过记忆、理解、经验与诀窍来对知识进行过巩固。

二是关注发展陈述性记忆与程序性记忆。

三是利用新的或刺激性更强的内容来吸引大脑的注意，即用颜色、声音等多样资源来对大脑进行刺激，使之实现对信息的过滤。

四是由于大脑会对重复的内容视而不见，因此应当尽力避免重复的资源。

五是数字化教材应当能够鼓励和支持全新的工作方法，使之达到预期效果。

六是数字化教材中应当包含主题方向的介绍性说明，这能够为大脑更好的、更持久的关注提供可能性。

七是应当注意所使用的语言类型、可接触的内容、内容间可能的联系、资源的类型以及内容的顺序。因为学习是由有连续性和顺序不同阶段所构成的，每一个个体在特定阶段所能获得的取决于对先前阶段的掌握程度。

八是在网络中实现知识共享并建立一个协作空间。

九是为教师对数字化教材的个性化使用提供可能，使之适应不同的社会文化背景和需要，是学习过程更具有意义和情感，促使人们对能够引发注意力的主题具有更牢固的记忆，其中，解决与学生日常生活相关的问题是提高情感与关注的一种重要手段。

十是要具有吸引力，具有互动性和开放性。断章取义的教学纲要会造成误解，使用者需要更多地努力对知识加以记忆，由于这样记忆的内容并不持久，所以有效学习无法发生。

十一是允许创建和存储内容，并在整个班级以及其合作者中实现数字化教材的拓展。

研究者认为，若上述所有的要点均被数字化教材的开发者所考虑并以各种方式呈现于数字化教材中，则会导致教—学过程出现较为显著的变化，包含学生可以对每个主题做更多的了解，非正式学习的增加对评价方式而言是一种需要面对的挑战、更为灵活和更有弹性的课程由此产生，导致教与学的过程被颠覆等多个方面。①

2.内容选择及其呈现要点

资源要素是数字化教材的核心要素，对于内容的选择、组织与呈现是数字化教材的开发者所必须仔细全方位商榷和多方面考量的要点。

首先是在内容的选择上，由于数字化教材承担着教育任务，因此应

---

① Flores, Paula, Ramos, Altina & Escola, Joaquim. The Digital Textbook: Methodological and Didactic Challenges for Primary School [A] -The Digital textbook: what's new [C]: 2015: 275-295.

当率先选择出符合课程标准与学习目标的几个主题，以达成学习者在完成学习后所应具备的基本素质的目标；其次要选择与学生已有知识相吻合的内容，学生的认知发展过程与学习活动均有一定的阶段，若知识选择过难或具有跳跃性，则会使学生难以甚至无法达成学习成就，造成信心的丧失和对自身能力的怀疑。因此，对知识的选择应当具有一定的连续性与顺序性，使学生能在已有经验的基础上顺利完成某一阶段的学习，使其获取成就达成的满足感；三是要选择学生认同的、感兴趣的内容，以激发学生学习的积极性与自主性，促使学习效率与学习质量的双重提高。

再者是在内容的组织上，要使出自不同来源的、相对零散的、具有特殊性的各部分内容之间通过合理的安排与组织形成紧密的联系。在最后所出版的数字化教材中，其内容在保持相对独立性的基础上必须具有系统性和连贯性，内容之间的关系清晰且明确。通过这种内容上的联系，学生才得以将理论知识与实际的完整现实生活相联系，组建起系统的知识结构与完整的认知体系。

最后是在内容的展示方面。选择好相应的内容并加以组织后，到达了内容的呈现阶段。比较常见的是以文本形式来呈现内容，而文本若想吸引学生的兴趣，则必须具有一定的可读性。有学者认为，要使文本可读，则必须在单词层面、句子层面和文本层面加以注意。在单词层面，文本应多用学生所熟悉的语言和单词进行表述，要防止由于抽象术语或者暗喻过多而造成学生理解上的困难；在句子层面，句子的长度虽然并不起到决定性作用，但仍应长度适宜，使学生不至阅读过于困难，此外，句子之间应当通过连接词相互关联，这对于阅读能力较差的学生而言具有尤为重要的意义，若在长句中加入适当的信号词，则其会比没有信号词的短句更为完整，更易于学生理解；在文本层面，连贯性也是应首要考虑的要素，信号词的使用使得整篇文本的结构更加清晰明确。除此以外，恰当的标题对于学生的理解而言也十分重要，与恰当的信号词的使用具有相同的作用，都有助于学生在整体层面上对内容的理解。

虽然数字化教材内容的呈现方式多样化，但最主要的、最常见的呈现方式仍然是"文本"，研究者克鲁德（keLutgerink）提出了屏幕上的文本设计应当遵循的九项规则[①]：

（1）文本结构清晰简短，易于学生阅读和理解。

（2）与本内容相关性最强的信息必须被置于中央位置。

（3）段落构成清晰，每一内容不宜超过1.5个屏幕大小。

（4）每一页屏幕中只含有一个核心信息。

（5）只与部分学习者有关的内容应被放置在超链接中而不是直接在页面上加以呈现。

（6）列举项目应小于等于九个。

（7）为了不使学生将内容与超链接混淆，文本字体应尽量不使用黑体或者斜体，且尽量不以下划线来注明重点。

（8）信号词的使用应只存在于同一页面之上，否则会使关联性的清晰程度减弱。

（9）使用简短的、清晰的句子而不是结构复杂的句子。

3.页面布局要点

页面布局具有引导注意力和促使信息结构化的重要功能，这对于达成学习目标、使学生形成完整的、结构性的知识体系而言具有重要意义，因此，数字化教材的开发者应对页面的排版布局加以重新的设计，使其更符合学生的阅读习惯，将知识以更好的、更合理的形式呈现给学生。

首先，排版、色彩的运用以及标记三方面是影响"引导注意力功能"的重要因素。在排版方面，只要所使用的是通用字体，则衬线字体（一个字母的一划上加的一条小横线或装饰线，表示这一笔划的完结）或非衬线字体的使用对于阅读效果而言并没有显著的影响，而字体的尺寸明显发挥着重要的作用，尤其是对于不善阅读的人而言，较大的排版能够取得更好的阅读效果；在色彩的运用上，数量恰当的色彩运用对学生有着积极的作用，若核心概念在文本与插图的标题中以相同的颜色进行表示，则更易于学生的寻找与对应；标记是引导学生注意力的最佳帮手，它可以通过框架将正文与非正文隔离开来，使学生更易明确哪些是核心内容，哪些是补充

---

① Lutgerink, J. Editorial guidelines and screen presentation［DB/OL］. http: //content-e. ou. nl/ contente/pub_RDMC/Redactionele_richtlijnen_en_schermpresentatie_1288621410413/index. html.

资源，也可以通过标注数字的方式来列举信息，使得学习者能够实现对信息的有序长时记忆。

再者是在信息结构化方面，包括分类页、文本与图像以及标题。在分类页方面，相较于无边框文本而言，利用屏幕进行阅读最好使用行距较大的有边框文本，以便学生能够更好地理解信息；文本与图像的结合会使信息的处理更为顺利，尤其是当文本和相应的视觉内容被置于彼此附近之时；标题的使用可以将繁杂的信息做一个简要的概括，帮助学生确定学习的主要方向与核心内容并寻找相应的信息，使得补充资源与内容的适配程度更高。

应当注意的是，在页面布局中，应当尽量注意避免以下情况的发生，包括大量大写的字母的使用会使学生难以拼读和理解；过多色彩的使用使得学生眼花缭乱，注意力分散；反差度较大的色彩的组合使得学生难以阅读，比如红色的背景与绿色的字符等方面。[①]

四、数字化教材开发模式

（一）数字化教材采用"群参与"的开发模式

传统的教科书结构遵循着一种线性的，既定的开发范式。在这种范式中，一个或一组具有相关专业知识的专家经过专业培训，运用他们的教育背景和专业知识来构建特定的课程内容。而数字化教材则采用"群参与"（crowd）的模式建构课程内容。"群参与"模式是指通过互联网将任务分发给全世界的相关人员，已经成为一种集全人类智慧解决重大问题的主要范式。[②]目前，这种模式在收集任务、信息等方面得到广泛的应用。例如：用来征集关于视频资料、数据输入、翻译资源等。数字化教材采用"群参与"模式的主要参加人员包括课程编写者、课程团队、学术委员、课程技

---

① Arno J. C. Reints . How to learn from digital textbooks: evaluating the quality［A］-The Digital textbook: wha's new［C］: 2015: 204-224.

② Kenneth Benoit, Drew Conway, et al. Crowd-sourced Text Analysis: Reproducible and Agile Production of Political Data［J］. American Political Science Review, 2016, 110（2）: 278-279.

术顾问、教师、学生等。① （见表2.1）许多课程专家、教育者和学生的集体智慧来代替几个课程专家的竭尽全力。这种并行化方法的明显益处是课程内容可以迅速被构建与更新。这种模式的实现需要在一个广泛的、超级链接的结构中收集、整合、审查、建立在线开放的课程内容，其中包括由多个作者定义明确的概念，有代表性的单元、章节、选段等的写作、编辑、审查等。

表2.1　数字化教材开发团队及其任务分工

相关文献名称	数字化教材开发团队
课程大纲、课程开发日程表	课程专家、课程团队合作者
课程蓝图	课程专家、课程团队合作者、学术成员、教师 课程团队报告
课程指南	课程专家、课程团队合作者、学术成员、教师 课程团队报告
课程单元编写	课程专家、课程团队合作者、学术成员、教师、图表设计者、学生、图书馆工作人员 课程团队报告
课程评价	课程专家、课程团队合作者、学术成员、课程团队报告、教师学生反馈
完整的课程	终结性评价报告

（二）数字化教材的"群参与"模式的开发流程

数字化教材的开发流程具体可分为三个阶段：即创建阶段（creation）、评价阶段（evaluation）、供给阶段（production）。质量保障是数字化教材的生命线，开发流程将质量问题贯穿始终。开发过程中确保内容的高质量和形式的正确。在第一阶段，课程开发团队编写学科课程单元，教学设计者对课程单元进行审查。第二阶段为评价，将对审定后的学科课程进行评价，评价包括内部评价和外部评价两种方式。确保课程资源开发的质量标准（quality assurance）是非常重要的问题。因此，内部和外部的质量保障要求将应用到评价阶段与供给阶段。第三阶段为则为供给、生

① Khor Ean Teng, Chung Sheng Hung . Framework for the Development of ORE-based Learning Materials in ODL Environment〔J〕. Open Praxis, 2013, 5（4）: 315-324.

成阶段。（如下图所示）

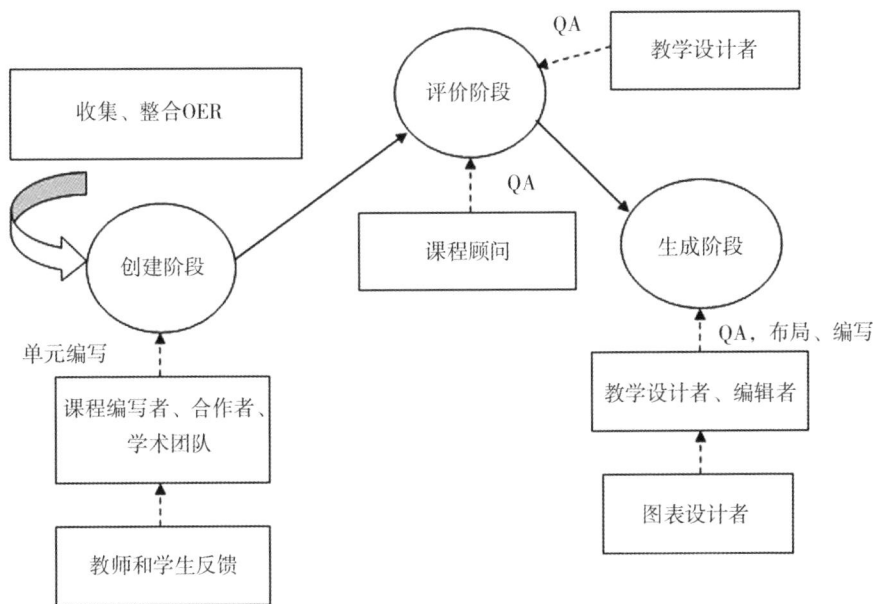

图2.3　数字化教材开发流程图

从图2.3，我们可以明确看出，开发流程中始终关注了质量保障，质量标准贯穿了教材开发的整个过程。课程编写者指导原则，学科专家审查，外部评价专家的职责明确，课程团队报告，教师和学生反馈。课程学术团队需要参加教师和学生的反馈环节，以确保反馈报告的真实、有效。教师和学生的反馈与同行评论过程也纳入课程开发过程并作为质量保障的重要环节之一。

五、数字化教材的设计

作为现代科学技术应用于教材的产物，数字化教材有着与纸质版教材相似的开发程序。有学者认为，教材的开发包括教材设计与教材编写。前者所谈及的是教材目标的确立以及教材内容的选择、组织与呈现，后者则是在设计阶段结束后，教材编写方案正式进入运行程序。一致认为，教材设计是基础理论与教材开发实践之间的桥梁，它能够把教育理论技术化，把教学经验和学习经验理论化，把教材编辑工作科学化，促使教材编写工作路径向着科学化方向发展。[①]而在教材设计的目的确立之前，开发者应该明确自己的教材观，以期能够依照各种模式的不同步骤来进行不同取向的教材的开发。而数字化教材作为教材的一种形式，其取向与传统的纸质版教材取向具有一定程度上的一致性。

（一）教材的不同取向

"取向"一词原为"选取的方向"之意。应用在教材开发领域，即不同的教材开发者对教材所持有的基本观念与基本立场。任何具有逻辑性的活动都应该以方向的选取为起点，依据某一方向来制定目标、选取活动的整体方案与实施策略，并在结束后依据是否达到"目的地"对整个活动进行评价，否则就可能会重演南辕北辙的错误，而不同的教材取向对于教材内容的选取、组织乃至于之后的教学方法上都有极为重要的影响。因此，在教材设计过程正式开始之前，自身的立场与观念的明确对于教材开发者而言十分重要。

1. 圣经式教材取向

圣经式的教材取向认为，教材内容就是所有人都必须奉若圣经的东西，是客观的、不容置疑的东西。教材仅仅是作为知识经验的载体而存在的，所承担的只是向学习者输送知识的任务，要求教师与学生在教学时时应当是权威化的、全预设的学科知识进行原封不动的教授与单纯的、被动的接纳。圣经式的教材取向极其重视教材的逻辑组织，并对教学的内容、方式以及达成度目标进行了硬性规范。教师和学生在教学过程中完全失去了自主性与创造性，失去了对教与学的内容进行选择的权利，是一种固化特征明显的教材取向。

2. 经验自然主义教材取向

经验自然主义的教材取向是杜威基于"教育即生长""教育即生活""教育及经验的改造与改组"的理念所提出的一种教材取向。他认为，传统的圣经式的教材取向造成了儿童与课程的二元对立，而这种对立

---

① 张恰. 教师培训教材设计研究：基础实践——反思取向的设计模式与策略 [M]. 长春：东北师范大学出版社，2010.

只有通过心理经验和逻辑经验的统一才能够消除。因此，他主张真正的教材要以儿童为出发点，与儿童的经验相联系。在教材内容上重视儿童经验的作用，在教材组织上力争学科逻辑经验与儿童心理经验的统一，以促进儿童生长为教育的终极目的。在以儿童为中心的同时也十分重视教师在儿童生活经验发展中的促进作用。

3. 科学教材取向

泰勒所提出的"目标模式"是科学化课程开发的里程碑，在该模式之下的教材取向即科学教材取向。在内容上，泰勒更重视基本知识和技能的学习，强调对教材目标的预设，以学习者的需要来组织教材，提倡教材应该能够具有"帮助学生为完满的成人做准备"的功能，并提倡按照预定的目标进行教学。

4. 结构主义教材取向

20世纪50年代末，学科结构主义课程成为课程改革的主旋律。布鲁纳认为，课程的主要内容是学科的基本结构，包含学科的基本概念、基本原理及其相互关系。该结构与儿童的认知发展结构相一致。这种课程观反映在教材之上，即将教材当作是一种对本门学科的基本概念、原理和关系的反应。在教材的组织编写上，美国的奥苏贝尔认为应当采取"逐渐分化"和"整合协调"的策略，前者即先让学生学习包摄性强的、最一般的知识内容，然后学习具体的、分化的知识，后者则是指对本学科知识进行横向与纵向的统整，促使学生的新旧知识相联系，形成个人知识网络。在功能上，结构主义教材趋向更侧重于学生的认知发展，认为教学应当以学习人类在长期探索中所形成的对客观世界的认识，即间接经验为主。

5. 范例式教材取向

范例式教材取向源自"范例式教学"，该取向将教材看作是课程资源的一个引子或是范例，其内容应当体现本学科的基础知识结构与基本概念原理，同时也应当与学生的生活经验相联系，对内容的组织采用"主题式"或"模块式"的编排方式，使得教材成为学生发展的"文化中介"或是师生对话中的"话题"。教师在"对话"过程中扮演着学习的促进者、协商者以及协同学习者的角色。

6. 人本主义教材取向

人本主义教材取向是建立在人本主义心理学基础之上的，认为教材应该体现"学生对教材的知觉"并"符合学生的生活经验"，因此其内容应重视学生的生活经验与体验，从熟悉性、兴趣以及结构等方面将教材设计成为学生所理解的教材。教材的主要功能在于改善学生的学习、促进学生的发展。利用这种教材进行教学，则应当以学习者为重，教师扮演者学习促进者与合作者的角色。

7. 建构主义教材取向

建构主义认为，"知识"是主客体相互作用的结构，认为教材是具有需要思考的知识体，其本身就是一种思维，是推理和解决问题的方式，也可能是构成思维的工具。在教材内容上，强调知识的生成性、境遇性和建构性，重视按照学习者的心理组织以及经验组织教材内容，强调教材的对话功能、情境提供功能与意义建构功能。利用这种教材进行教学，则学生处于主体地位，进行自主探究式的学习。

显而易见，随着社会对于人才规格要求的变化，一些教材取向依然走向消亡，为教材的开发者和一线教育工作者所摒弃，比如圣经式的教材取向中所体现出的对教材内容的"奉为圭臬"的倾向已然不适应今日"以学生为本，发展学生的实践能力和创造能力"的理念，更不可能以此为取向来选择代表"新事物""新发展"的数字化教材；而另一些取向虽然相对于圣经式的教材取向而言更为科学，但依然与数字化教材的基本特征与所要达成的目标不相符合，比如泰勒的"目标模式"取向，只重视对预期目标的达成度，而忽视了在教学中所生成的非预期目标，只强调那种可以表现为行为的学习，而忽视了非外显行为，这种倾向反映在教材之上，就表现为对于教材中预设内容的强调，与数字化教材内容的可生成性相互矛盾。由此可见，并不是所有传统的教材取向都可以应用于数字化教材的开发中，成为数字化教材开发者的基本立场与基本观念。对于数字化教材开发而言，建构主义的教材取向显然更合时宜，首先，建构主义理论是数字化教材开发的重要理论基础之一，这种理论基础决定了数字化教材的教材取向是建构主义教材取向；再者，其取向中知识的生成性、境遇性与建构性与数字化教材力图让使用者参与到数字化教材的个人开发过程中、促使学习者在学习中不断对所思所想进行反思、调整与修正以及利用数字化教材为学习者提供用于验证、应用与巩固所学知识的问题解决情境的目的不谋而合。

（二）教材设计的不同模式

在数字化教材的设计者明确了自己所持有的教材设计取向后，还应对不同的教材设计模式进行选择，以按照不同模式的不同流程进行数字化教材的开发。

1. 基于"泰勒原理"的教材设计模式

作为科学化课程开发的里程碑，"现代课程理论之父"泰勒所提出的由四个著名的基本问题所构成的"泰勒原理"虽然因其所具有的"过于明显的管控意图"等缺陷而受到质疑，但是其本身的逻辑性、科学性等优势使其在今天的课程研究与开发之中仍占有重要的地位，是课程研究与开发的基本思路，一些学者将之沿用到教材的设计与编制之上，形成了一种环形教材设计模式（见图2.4）。其中，"确定学习目标"是教材设计的出发点，所选择的学习内容应当是对达成学习目标最有利的内容，包括学生所必须学习的学科基本知识和重要事实等。经验的选择应当要预先考虑利用经验所能达成的目标，随后依据学生的认知规律即某一阶段的发展水平对内容和经验进行编排与有机整合，以具体的学习活动来呈现知识内容，最后进入评价阶段，即评价所拟定的教材编写方案对学习目标达成度，并根据评价结果对于教材编写方案进行再次修订、整改，以期提升教材使用的效益，最大限度地达成教学目标。

基于"泰勒原理"的教材设计模式目标明确、线索清晰、步骤简洁明了。在这种模式的指导下，数字化教材的编制能够呈现出条理清晰、逻辑明确的特征，而"评价"过程的加入，尤其是以经过样章试用后的来自一线教师的评价为教材编写方案的修订提供依据，使得数字化教材的编写更贴近教师的实际教学，教师间接参与到数字化教材的编制之中，也使得教材编写方案更为完善。

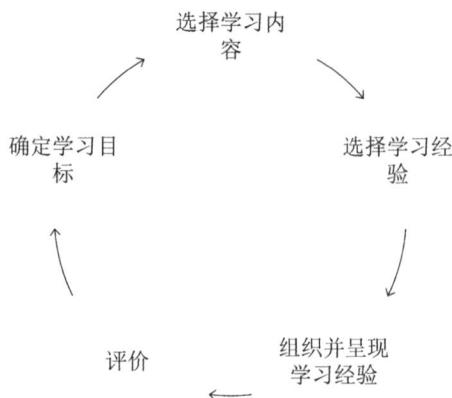

图2.4　环形教材设计模式

2. 基于多媒体组合的三维立体教材设计模式

台湾学者杨家兴在对多媒体教材的设计与编写进行研究时，利用一个三维空间的立体图形来阐述多媒体教材设计的基本模式。（见图2.5）

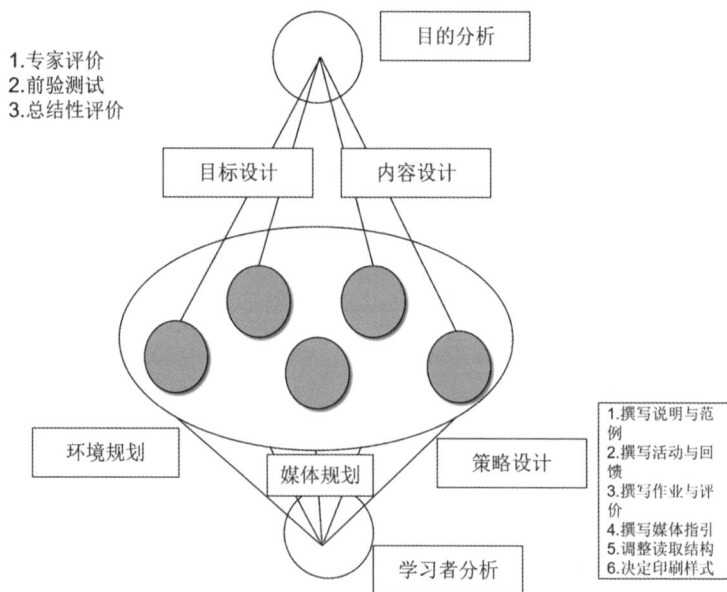

图2.5　基于多媒体组合的三维立体教材设计模式

3. 基于精细加工理论的教材设计模式

精细加工理论是由美国著名的教学设计专家瑞格鲁斯（Charles M.Reigeluth）所创立的，所谓精细加工，实际上是从概念性内容（是什么）、程序性内容（怎么做）和理论性内容（为什么）中选择一种作为代表性学科内容的"骨架"。该"骨架"将被呈现于教材章节的开头，并在后续的课程中进行进一步的精细加工。这种被选择出来的"骨架"称为组织性内容，其中包含具有内在联系的课程基本概念、基本理论和基本方法，而其余两种则是支持性内容，可以对组织性内容的意义、应用范围等加以说明，其内容以规范性要求为主，如国家标准等，对支持性内容的选择和应用可以对教材质量产生直接的影响，甚至有决定性作用。

选用不同"骨架"的所形成的教材类型是不同的，以概念性内容为"骨架"可以生成基本概念性教材，以程序内容为"骨架"则可以编写出应用性教材，而以理论性内容为"骨架"所编订的自然是理论性教材。

按精细加工理论进行教材设计需要遵循以下八个基本的步骤：

一是选择出适当地组织性内容并加以排序，具体包括选择组织性内容的类型、罗列所有重要的组织性内容、把组织性内容编排成精细加工式顺序并形成各章节结构、将组织性内容恰当地安排到各个章节之中。

二是为每一个章节选择恰当的支持性内容并合理的安排和组织每一章节中的组织性内容与支持性内容，包括二者的顺序。

三是选择促使新旧知识联络的策略，包括确定章节内是否需要综合以及在什么位置进行综合等。

四是确定复习策略，包括选取章节复习所应包含的内容，在何处安排积累复习等。

五是为每一个概念选择微观策略，具体包括为每一个概念或是事实选择恰当的微观模式，确定对每一个知识点而言恰当的扩展性内容，设计与编写练习题和试题。

六是编写其他策略成分，比如编写综合练习与试题等。

七是设计教材版式。

八是教材设计评价，包括教材宏观设计形成性评价和教材微观设计形成性评价。

相比于基于"泰勒原理"的教材设计模式而言，由精细加工理论所指导的教材设计模式充分体现了"精细"的特征，即从微观的角度出发，详尽地叙述了自内容选择起到对教材设计评价为止的每一个步骤，并配以详细的解释说明，其操作步骤之详尽使其在现实应用中具有极强的可操作性，比如在数字化教材的内容，尤其是补充内容的编排上运用该模式，或可使数字化教材的主要内容与补充内容更为合理地进行呈现，使补充材料发挥更大的效用，但并不是所有的教材都适用于这一设计模式，因此具有一定的局限性。

4. 基于认知学习理论的教材设计模式

该模式由美国的弗西博士在其著作《教材设计：原理与实务》中首次提出，模式包含了认知心理学家所指出的选择需要注意的信息、联结新信息与现有知识、组织信息、同化新知识到现有知识中、强化记忆新知识这五种学习任务。针对这些任务，弗西等人提出训练者必须使用多种单元要素来协助学习者完成学习任务，每种任务对应少则1种，多则5种的单元要素。（详见表2.2）作为一种典型的微观教材设计模式，基于认知学习理论的教材设计模式提供了一套教材单元的设计有效方法，秉持结果取向，重视对学习者的迁移能力和问题解决能力的培养。若将该模式应用于数字化教材之中，则所设计的数字化教材与学生现实生活的联结程度更高，使新知识有机整合到旧有知识结构中而非简单地与旧有的知识并排"存放"在学生的头脑之中，而数字化教材利用其本身的技术优势所能提供的那种与现实生活有高相似度的情境也能加强学习者的迁移能力和问题解决能力，但相较于精细加工理论下的教材设计模式而言，该模式显而易见的缺乏一定的逻辑性，既没在设计前对设计过程所涉及的诸多因素进行分析，也没有在方案形成后对其进行评价，因此方案的可行性、科学性和合理性有待考量，依据此方案所编写的教材也未必符合教学需要和社会对于人才规格的需求。

表2.2 基于认知学习理论的教材设计模式①

学习者所必须完成的任务	训练者用于协助学习者学习的单元要素
1.选择需要注意的信息：将学生的注意焦点集中在新知识上	注意：获取并将学习者的注意集中于新知识上
2.在新知识与已有知识之间建立联结：以对新知识相关的已有知识的回顾为基础，促使新旧知识之间的联结，以求将新知识融入现有生活经验之中	回顾：唤醒已有知识 联结：通过寻找和呈现新旧知识之间的区别与联系促进二者的联结
3.组织信息：与心智中知识的组织架构配合组织新知识，使学习更为容易	内容架构：呈现新知识的范畴与结构 目标：指明所期待的行为以及所要学习的内容 组块：组织并限定新知识的呈现量，使之与人类信息处理能力相符合 版面编排：对版面进行编排以呈现内容，协助学习者组织新知识 图解：运用设计上完善的图解来帮助学习者组织和同化新知识
4.将新知识有机化合到现有知识中，形成统合的、重组的知识系统	呈现新知识：以最容易理解的方式呈现新知识 呈现范例：将与新知识相联系的真实生活中的例子加以呈现，让学习者了解新知识的用途，便于其迁移
5.强化新知识以促进记忆并使其能够在现实情境中加以运用	练习：让学习者实际参与新知识有关的活动 反馈：对学习者在新知识运用方面的表现加以正面评价和反馈 摘要：再一次对内容架构进行呈现 测验：让学习者再次运用新知识并证明他们达成了学习目标 实际应用：让学习者在实际工作中展现其以结构化的方式运用新知识的能力

5.教材设计的通用模式

该模式是将大学教材的设计、编制和出版的整个过程加以系统化而形成的一种教材设计模式，适用于多种大学学科的教材设计与开发，与前几种模式不同的是，通用模式包含了自教学目标确定起到产品完全形成的整

---

① 张怡，马云鹏.国外教材设计模式研究述评［J］.外国教育研究，2008，（02）：88-92.

个过程，因此，可以说这是一种教材开发模式，总共包括十个步骤[①]：

一是制定课程教学目标，目标的来源是专业人员的社会需要，而后编制专业人员的"知识——能力"体系，在此基础上确立课程名称、教学基本要求以及培养目标。

二是确定教材的设计目标，拟定教材编写提纲，包括分析学科发展阶段性基本特征，确定教材的学术和结构特点，拟定教材编写提纲，统一概念及其名词术语和符号。

三是选择教学媒体，进行编制工作。

四是设计教材知识系统结构，包括对组织性内容的选择与编排，填入支持性内容等。

五是设计教材的知识应用结构，在确定教材的知识应用体系和能力培养重点的基础上确定案例、练习体系等。

六是教材微观设计，如确定重要概念的引入方法，确定每一个知识点讲解所需要的支持性内容的类型和最佳结构。

七是设计教学策略，比如拟定配套学习指导书计划。

八是教材设计评价、修改和定稿。

九是编辑加工与出版。

十是做好教材出版后的使用、推广以及修订工作。

显而易见的，不同种类的教材设计模式各有其利弊，目前尚无任何一种教材设计模式是完美无缺的。因此，若想使所开发的数字化教材在目标选用、内容选择、功能添加等方面都达到最大限度的完善，明智的做法是选取不同模式中的优良部分，摒弃模式中对数字化教材开发不利的环节，实现模式的最优组合。

（三）数字化教材的设计程序

在确认了教材取向与教材设计模式之后，数字化教材的开发者对"要开发什么样的数字化教材？"以及"要如何开发这样的数字化教材？"这两个问题在总体上有比较清晰的答案，可正式进入了数字化教材的设计阶段，即为数字化教材的编写制定一个条理逻辑清晰、可操作性较强的编制

---

① 范印哲. 教材设计导论 [M]. 北京: 高等教育出版社, 2003: 250-252.

方案，供后续的编制工作有条不紊的进行。

作为教材的一种类型，数字化教材的设计程序与教材的设计程序息息相关，应该包含组成设计团队→确定目标→内容筛选与组织→媒体与功能选择→用户界面设计→方案编制→方案评价与修订→方案形成这八个步骤。（设计流程见图2.7）

1. 设计团队组成

数字化教材的设计是一个复杂的过程，需要以多学科的知识作为支撑，因此自然需要来自不同领域、不同文化背景、处于不同立场的社会各界的人参与其中，包括数字化教材开发的组织者、教材专家、一线教师、技术专家、家长代表、社会代表等等。

大到单位、机构，小到团队或者小组，都需要组织者来其进行管理与统合，才能使其中的人力资源与物力资源充分发挥效用，使其活动能够有计划、有组织的、按一定程序进行。数字化教材的设计作为一种需要具备科学性、程序性、组织性的活动，自然也需要一定的组织者在其中发挥组织与管理的作用，具体来说，数字化教材开发的组织者需要与团队中的所有人进行交谈并组织团队众人讨论，承担着统合团队中的各方意见、平衡不同取向的重要任务。其组织者可以是国家教育相关部门，可以是某一个研究机构或是出版商，也可以是具有管理能力的个人。

教材专家一般是处于各高校或研究机构中长时间从事教材研究与实践工作的人，他们通常在数十年的教材研究工作中形成了自己的教材设计方法，虽未必能系统的阐述成为一种设计模式，但往往会在具体的内容组织、方案编制等方面表现出独特的倾向。他们能够为数字化教材的设计提供其经过多年研究与实践后所积累科学的、一般的教材设计经验，这些经验是经过筛选与检验的一般性教材设计经验，在教材设计的多个环节中均能起到相应的影响。

先前的教材设计主要是"自上而下"的模式，由国家教育行政部门的领导者、教材专家等参与其中，教师只有使用教材权利，却不能直接参与到教材设计的工作中。这种教材设计者与教材使用者的相互脱节使得所设计的教材往往会出现与实际情况相背离、用词过于专业、不易于学生理解等问题。基于对这一问题的反思，现代教材设计的过程中往往会听取一线教师的意见甚至让一线教师直接参与其中。作为数字化教材的直接使用者与效果的直接感知者，教师既能够在学科目标的选择上出谋划策，在遵循国家所统一要求的培养目标的基础上提出一些切合实际教学需要的目标，也能够在教材内容的选择与组织上依据自己多年的教学经验提出见解，解决"什么样的内容最适合教学？""什么样的内容易为某一特定阶段的学生所接受？""如何组织内容才最符合学生的认知发展规律与学习习惯？""最受学生喜爱的呈现形式是什么？"等问题，这些问题也是数字化教材设计团队在编写方案时所要解决的问题，因此，教师应当处于团队中的核心地位。

数字化教材本身就是现代科学技术在教育领域中应用的产物，因此无论是设计还是编写，乃至出版发行后的维护与修订都需要技术人员参与其中，这些技术人员可以是用户界面的设计者、可以是能够为开发移动终端助力的硬件工程师，也可以是为数字化教材添加功能乃至设计数字化教材平台的软件工程师。他们的加入使得数字化教材设计团队中其他设计者所提出的种种构想变为可能，也可对设计方案中经费需求较高或难度较大的部分提出否定或调整意见。

教育具有相当程度的社会服务功能，而教材与这种功能的增强或削减有相当程度的关联度，一本理论性过强的教材自然无法满足社会对于学生实践能力和问题解决能力的需求，教材知识面过窄也无法培养出能够适应社会多样化需求的人才，而家长及社会代表所反映的恰恰是家庭和社会对于所培养的人的要求。因此，家长及社会代表的加入促使数字化教材在培养目标上能够与社会需求保持较高程度的一致性，在内容的选择上也实现了理论性知识与应用性技能的结合，使教育真正的与经济、政治、文化的发展相联结，充分发挥其社会服务功能。

2. 目标的选择与制定

任何理性的活动都是以目标为起点的，目标可以帮助活动的参与者明确的了解要做什么，进而围绕着目标来规划怎样做。相比于没有目标的行为而言，目标指引下的活动具有高效率性和显著的程序性与逻辑性，而数字化教材的设计活动自然也不例外。作为数字化教材的开发者，真正开始方案编制前，必须要明确两个问题，第一是要设计什么样的数字化教材？

二是该教材所对应的学科培养目标是什么？或者说是通过该数字化教材的使用学生所能达到的预期目标/基本素质是什么？之后以这两个目标为核心，开展后续的内容选择、功能筛选等工作。

所谓"设计什么样的数字化教材？"即明确所设计的数字化教材的类型。除了受到科学技术的发展水平的制约外，数字化教材的类型还与其适用对象、学科以及可用的经费有关，比如静态媒体数字化教材，虽然其功能较少、且基本是将传统教材一比一的还原到了电子屏上而不做过多改变，但是对于数字化教材的初期使用者而言，这种静态媒体数字教材更符合其阅读习惯，也更易操作，使之在数字化教材的使用上由简入繁，循序渐进，而经费对数字化教材类型的影响则更为明显，开发经费充足，则可开发富媒体数字化教材或者由更先进的技术所支持的数字化教材，若经费不足，则所开发的数字化教材可能在技术上有所欠缺。除此以外，还应考虑到数字化教材与传统纸质教材的不同，以实现其所应具备的交互功能及开放性等特征为目标来进行数字化教材的设计。

作为教材的一种全新的形式，数字化教材所要达成的学科培养目标首先应来源自不同阶段所要达成的整体课程目标，比如通过高中课程的学习学生应当具有科学文化素养和终身学习的能力，这些目标处于数字化教材所要达成的目标中的第一层次；第二层次的目标应该来源于课程标准中所规定的目标。各学科的课程标准是以纲要的形式编订的有关学科教学内容的指导性文件，对学科的教材范围、体系等内容进行了明确的规定，也对于课程的性质和目标进行了阐述，体现了国家对处于不同年龄阶段的学生在知识与技能、情感态度及价值观等方面统一的、基本的要求。但是课程标准中所规定的课程目标所采用的是一种较为笼统的阐述方式，比如在《普通高中语文课程标准（2017年版2020年修订）》中，对于"语言表达和交流"目标的表述中有"能凭借语感和对语言运用规律的把握，根据具体的语言情境和不同的对象，运用口头和书面语言文明得体地进行表达与交流"的要求，但具体如何达成这一目标，又如何具体对于学生是否达成这一目标进行评价，就需要对该目标进行进一步的解构与细化，将之转化成为具体的、可操作亦可评价的行为，比如通过作文语言的流畅度来进行评价，则为该学科所开发的数字化教材中的"任务栏"应当设计"写作"

任务。需要注意的是，对于目标的解构与细化并不是一蹴而就的，而是某一册的单元起至各章节中，且章节之间、单元也应围绕着目标进行联结，使之保持相对独立的基础上具有一定的连贯性，同时各科目间也应围绕着某一阶段的目标进行相互联结，促使学生的素质完整的、全面的发展。

3. 内容筛选与组织呈现

内容即组成数字化教材诸要素中的资源要素，也是构成数字化教材的核心要素。与传统的纸质版教材相比，数字化教材所能囊括的内容显然更为丰富，也更加符合知识膨胀时代对教材内容实时更新的需求，但这并不意味着数字化教材要不加选择地对内容"照单全收"，也不意味着这些内容可以零散地分布在数字化教材的各个章节或是资源库中。总的来说，数字化教材的内容应当是经过筛选的、对实现教育教学目标有所帮助的内容，其选择除了应当遵循科学性原则外，还应当遵循基础性与现代性并存、满足学生个性特征与符合社会需要并行的准则。

所谓基础性与现代性并存，即教材内容既应包括从人类文化遗产中精选出来的、优质的、最基本的知识与技能，也应当将一些落后于时代发展的、不符合社会未来需求的内容排除在外，适当地补充以人类科学技术发展的前沿成果与精神文明发展的新高度，使得数字化教材既有助于培养学生的基础知识，发展学生的基本技能，也有益于学生创新精神与实践能力的培养，让学生在对人类发展历史充分了解的基础上着眼于现代社会的发展状况与未来世界的发展趋势，使学生成为能够适应未来社会发展需要的合格的社会成员。而满足学生个性特征与符合社会需要并行则是指所选择的教材内容既要符合社会对于学生的一些共性的、普遍性的要求，以培养出合规格的人才，又要具有足够的弹性，以便在实际使用中满足每个学生个性发展的特征，给予一些可供学生依据自身兴趣、需要、能力、经验背景以及身心发展特征等而自由选择的知识，照顾到学生的独特性与差异，使学生充满活力。一般来说，数字化教材的内容可分为教科书内容和补充性内容两大类。

教科书内容即数字化教材应当将同版本的纸质教科书的内容囊括其中。数字化教材所承担的是与纸质版教材相同的、向学生传递系统的科学文化知识与培养学生基础技能的任务，因此，数字化教材应当将纸质版教科书的内容收录其中，但可以选择与纸质版教科书不同的形式进行呈现，比如将一些物理实验由插图演示变为视频演示，将一些乐谱由静态的变为可以点击弹奏的动态形式等，以充分发挥数字化教材的优势，让学生的学习与理解过程变得更为容易，记忆更为深刻持久。

而补充性内容则是出教科书内容之外的内容，大体可以分为理解教科书内容所需的补充内容与能够满足学生兴趣及爱好需要的内容两大类。虽然传统的纸质版教材也会围绕着主体内容添加一些补充性内容，但由于版面限制，因此并不能完整地将补充内容收录其中，更不能将学生感兴趣的内容一并纳入。而数字化教材则没有了版面的限制，既可以将补充内容置于各章节之中，也可以将其安放在数字化教材所连接的资源库中。但是这些补充性内容需要经过严格的筛选，既要防止不利于学生身心健康发展的内容混入其中，也要谨防内容冗余所造成的学习"无重点"的问题。

经过筛选后的内容应当在遵循一定准则的基础上，以一种有序的形式进行组织并呈现在数字化教材之中。如果内容的组织结构较为恰当且优良，则可以帮助学习者更好地处理信息，并使记忆更为长久。一般来说，内容的组织应当具有连续性，即对教材内容的主要部分在各阶段进行方式多样的重申或为学习者提供多种练习方式，以使学科所要传授的知识与技能真正成为学习者的一部分，也增强了学生在不同情境中对知识的迁移运用的能力。在此基础上，围绕着某一知识或技能应提供不同的拓展性资源，增加知识的广度与深度，给学生以选择所学内容的余地与全面发展的机会，注重学生达成社会基本要求的同时也使得学生能够深入探索社会与个人最感兴趣的问题。也有研究者认为，内容的组织有以下四方面要点，即内容必须具有连贯性、内容之间的关系线索必须清晰且明确、学生需要得到可以将概念和现象联系起来的支持，并认为强有力的联系能够使原本是信息的内容变成学生所能理解知识的概率进一步扩大，最常选用的结构有"绳形""星形""三角形"以及"蛛网形"（见图2.6）。其中，稳定性交叉的结构是"绳形"和"星形"，对于学生来说，以这种结构组织起来的知识在掌握和短期记忆方面较为容易，但很难将之存储在长期的记忆之中，而"三角形"与"蛛网型"虽然在结构上由于有了更多的相互联系而更为复杂，在掌握方面需要采用更为复杂的方法和更多的时间，但一旦学生掌握了以这两种形式进行组织的知识并把握其之间的联系，则其更容易贮存入长期记忆之中。①

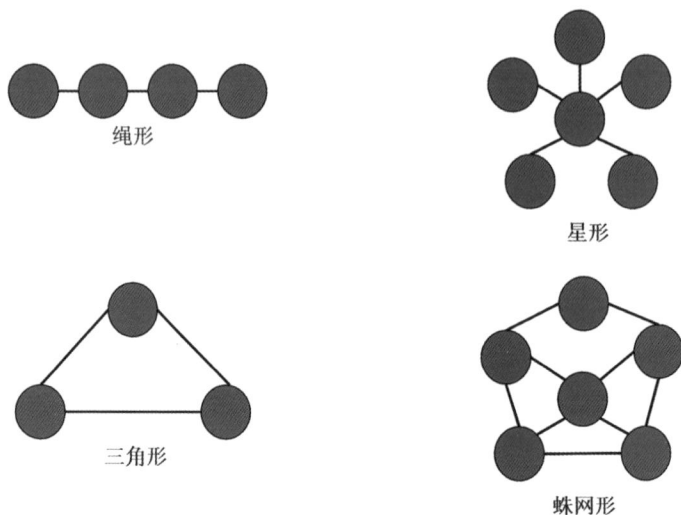

图2.6　四种典型的教材内容组织结构

4.媒体与功能选择

与普通的纸质版教材只能以静态媒体（文字和插图）的方式来呈现内容所不同的是，数字化教材可以用音频、视频、动画等多种形式对内容进行表述。由于数字化教材的目的之一是让学生掌握系统的基础知识、基本技能并在此基础上获得全面发展，因此媒体的安排也要有助于学生对知识的理解和长时的记忆与掌握，所以其设计首先应当以梅耶尔等研究者所提出的有关多媒体材料设计所应遵循的十二条原则为依据，对媒体的形式进行合理搭配，对媒体的数量进行合理安排，使之既能激发学生学习的积极性与探究的兴趣，为学生进一步的学习与发展奠定良好的基础，又不致因媒体选用过多而使学生眼花缭乱，使学生注意力涣散，不利于其对重点内容的掌握与记忆；再者，媒体素材的来源应较为广泛，不仅局限于对现有资源的筛选与翻新，也应当源源不断的录制、制作新的媒体素材，而制作

---

① Arno J. C. Reints. How to learn from digital textbooks: evaluating the quality [A] -The Digital textbook: what's new [C]: 2015: 210.

者可以是教师，也可以是出版商、有资质的社会代表乃至于学生、家长等等。其中，教师是数字化教材的直接使用者，学生则是数字化教材所直接面向的服务对象，因此，数字化教材的设计者应当给予二者媒体素材的制作权与选择权，是数字化教材的媒体选择贴合教学；第三，在媒体的格式上，数字化教材的媒体格式应当具有较广泛的适用性与可转换性，即数字化教材所选择的媒体素材不应是只能在数字化教材上使用的，而是应能使学生下载之后，能够直接或者经过转换后在具有不同系统的移动终端上进行播放；最后，应充分保障音频与视频的质量，避免出现因模糊不清而使学生错失重点内容的问题。以上种种，都应在设计阶段进行充分细致地考虑和规划。

　　功能的选择既与数字化教材所适用的移动终端和系统有关，也与学科以及适用对象有关。比如为kindle所开发的数字化教材其功能注定不可能太过复杂，只能添加一些诸如批注、高亮等功能，而为ipad所开发的数字化教材则可添加更多地功能，可实现资源的互通有无与师生、生生之间的交互；在学科方面，不同学科的数字化教材既都应拥有一些诸如"备注"一类的基础功能，也应有一些针对学科内容与活动所设计的特殊功能，比如物理、化学等一些科目需要进行实验才能充分地对晦涩的原理加以理解，而出于对安全的考虑以及时间的限制，往往不能让所有学生都进行实际操作，此时，就应在数字化教材中以"可交互动画"的形式来进行实验活动，即让学生可以通过对选项的选择乃至对于虚拟器材的控制来完成实验，而语文科目则不需添加这种功能；再者，适用对象的年级、年龄乃至性别的不同都应当被纳入数字化教材功能选择是所要考虑的因素范围中，比如有研究者发现，女孩在学习时更偏爱与他人协作，男孩则更喜欢独立自主地完成任务。在对功能进行选择时，应考虑到上述种种因素后再进行方案的编制。

　　5.用户界面设计

　　用户界面（User Interface，简称UI）得定义广泛，简单来说，用户界面即指系统和用户之间进行信息交换与交互的媒介，是介于用户和硬件之间的能够实现彼此交互沟通的软件，以"使用户能够便捷高效的去操作硬件以达成双向交互并完成用户希望借助硬件所完成的工作"为目的。通常来说，一个用户界面由界面主颜色、字体颜色及大小、界面布局、界面交互方式与功能分布等元素组成，其中，颜色、字体大小等是影响用户的系统认可度的关键要素，而用户界面设计的最终目的就是让用户能够利用硬件提高工作效率，因此，不论何种用户界面，其设计都应有一些需要遵循的一般的原则：

一是简易性原则。华而不实的装饰会让用户眼花缭乱，注意力分散，也不容易找到自己所需要的内容，好的用户界面应让用户便于使用和理解，减少用户出现错误选择的可能性。

二是关于用户界面所使用的语言应当贴近用户的实际生活用语习惯，尽量采用口语化或常规化的词语而不是过分专业的术语或过于华丽的辞藻，为各种交互行为提供一种清晰地、简明的标签，让用户感受到"友好"与人性化。

三是一致性原则，包括元素外观的一致性、交互行为的一致性、色调一致性等。

四是允许动作退回原则。无论用户界面的设计多么清晰简洁，用户都会在操作时不自觉的出现某种错误，而用户界面的设计应当允许用户对所犯的错误进行"撤销"，使用户不致因某一步出错而不得不重新开始。

五是提供反馈。用户界面要始终保持和用户的沟通，对用户行为的对错或者因其行为而出现的结果进行随时的提示与反馈，以使用户明确其是否达成预期目标。

六是系统响应时间不宜过长，以免使用户感到焦躁不安或是打乱用户的操作节奏。[1]

数字化教材的用户界面设计是指数字教科书的内容和多媒体资源的显示模式，包括排版布局、视觉设计、认知性设计和交互设计四个方面，从不同的角度对这四个方面进行论证，则可以提出一些不同的设计原则，比如有研究者基于认知负荷理论提出了数字化教材界面设计的原则。[2]（见表2.3）

---

① 白文涛，刘正捷. 用户界面的需求分析与设计原则 [J]. 大连海事大学学报，2004（04）：86-88.

② 程娇燕. 基于认知负荷的数字教材界面设计研究 [D]. 上海：上海师范大学，2019.

表2.3　基于认知负荷理论的数字化教材界面设计原则

项目	原则		
排版布局	符合视觉感知原则：视觉感知活动分为自上而下和自下而上两个过程，前者反映在界面中，即界面所呈现的内容，后者即用户任务与目标。对于界面布局设计而言，如何通过界面元素位置关系的合理排列来引起用户注意，从而有效感知并获取目标信息是其应重点关注的方面		
	符合视觉认知原则：人的视觉流程具备方向性，而人的关注点具备唯一性，因此应当通过合理的不拘形式，使得界面元素的呈现于视觉流程对应，促使学习者的关注点锁定在信息上。研究表明，一个界面中左上方的信息受到的关注较多，其视觉路径遵循从左到右，从上到下的顺序。因此，界面元素中关键信息应置于上方，同时也要善用最佳视域（头部静止而眼睛正常活动的状态下，水平方向25度，处置方向0-30度），并参考学习者习惯进行设计		
可辨性原则	形状和尺寸	形状：特殊的视觉说明性语言，具有简练、醒目等特征。利用形状并对其进行恰当的组织和安排，可以对界面中的元素加以区分并使界面呈现效果和谐稳定	
		尺寸：费茨法则是尺寸设计的基本法则，即用户击中目标所需时间是由目标的大小以及目标距离用户的远近所决定的，因此，在进行界面设计时，应将关键部分的尺寸放大，使用户能够迅速找到并进行点击或其他操作	
	色彩：色彩是对学习者影响最为直接和持久的因素。在进行数字化教材的界面设计时，可以充分利用色彩这一优势，既可以用色彩来划分信息，也可以利用恰当的主色调与辅色调的搭配来使界面更受欢迎，除此以外，背景色彩应柔和单一以使信息的呈现更为清晰等也是应注意的问题		
认知性设计原则	合理分配学习者的注意力资源，界面信息层次清晰，密度和强度恰当，将核心内容以简洁、有趣的方式凸显		
	信息组织符合学习者的认知特性，利用不同模块或不同颜色对信息加以区分归类，并以"高密度、低空间"的形式来组织与呈现信息		
	在单位时间内，人的记忆量十分有限，因此界面设计应当尽量使学习者的记忆量最小		

项目	原则
认知性设计原则	根据用户的思维模型（用户大脑内的知识表现方法）来设计信息呈现形式，提高用户界面的可用性
	合理使用认知隐喻，减轻用户认知负担的同时要注意隐喻的准确性与恰当性
	文本设计要遵循正确的视觉方向，选用合适的字形与字号，注意文本对齐方式以及文本色彩与背景色彩的对比度高低，追求配色和谐，使用户更易辨别和阅读内容
互动设计原则	在界面中添加简单的互动来增加用户的积极性。应遵循反馈原则与符合用户能力水平的原则，重视数字化教材的界面与学习者的交互性，来唤醒学习者的学习兴趣，为学习者提供良好的体验

从上述设计原则或理念中我们不难看出，用户界面设计与人的视觉特征与认知特征息息相关，准确把握数字化教材适用对象的视觉与认知特征，遵循用户界面设计的一般原则是促使数字化教材用户界面设计得到学习者认可的关键。

6.方案编制、修订与成型

在上述步骤结束后，数字化教材的设计正式进入了方案编制的阶段，即对上述所讨论的种种内容进行合理规划与整合的过程，是上述内容的程序化，也是设计团队中的各方进行意见交换并实现一定程度上的统一的过程。在这个过程中，数字化教材设计与开发的组织者首先充分发挥其作为组织者的调控功能，对各方意见进行汇总与整合，要注意在不同的方面以不同的团队成员为核心，使其他成员的观点与之配合。比如在用户界面设计方面应当以技术专家的意见为核心，其他人所提出来的种种观念都要由技术专家来确定能否将之转化为现实，以避免"想法与现实科技水平不相符合"的"天马星空"的情况出现，而在内容的选择上，则要以学科专家、教师为核心，而以家长或其他社会/社区代表的意见为辅。若出现分歧时，则应由团队共同讨论并进行意见表决，由此力促不同的价值立场在所编制的方案之中得到充分的展现。

初期方案定稿后，对方案的评价与修订工作显得尤为重要，这是衔接初期方案与最终方案的关键环节，是确保最终方案质量优良的重要保障。

评价可以由专家利用其自身所具有的大量的相关理论，以及其所掌握的丰富的指导教材设计的经验来进行，找出其中与常理或者经验不合的地方进行二次讨论，也可以根据初步编制好的方案来编写样章，选择具有代表性的试点学校进行试验性授课，并调查教师和学生使用后的反馈，最直观的比如学生使用样章学习后的成绩是否比未使用的学生更为优异，或者调查学生对数字化教材样张的认同度与满意度，询问教师在使用方面是否出现困难以及对目标的达成度；比较间接的方式比如向教师了解学生使用样章前后课堂上的学习状态的不同等。通过调查，设计者可以对依据初期方案所编写的数字化教材的不足，由此有针对性地进行新一轮的改进、修订，尽量使最后成型的方案趋于完善并适合一般的、普遍的使用者的情况。

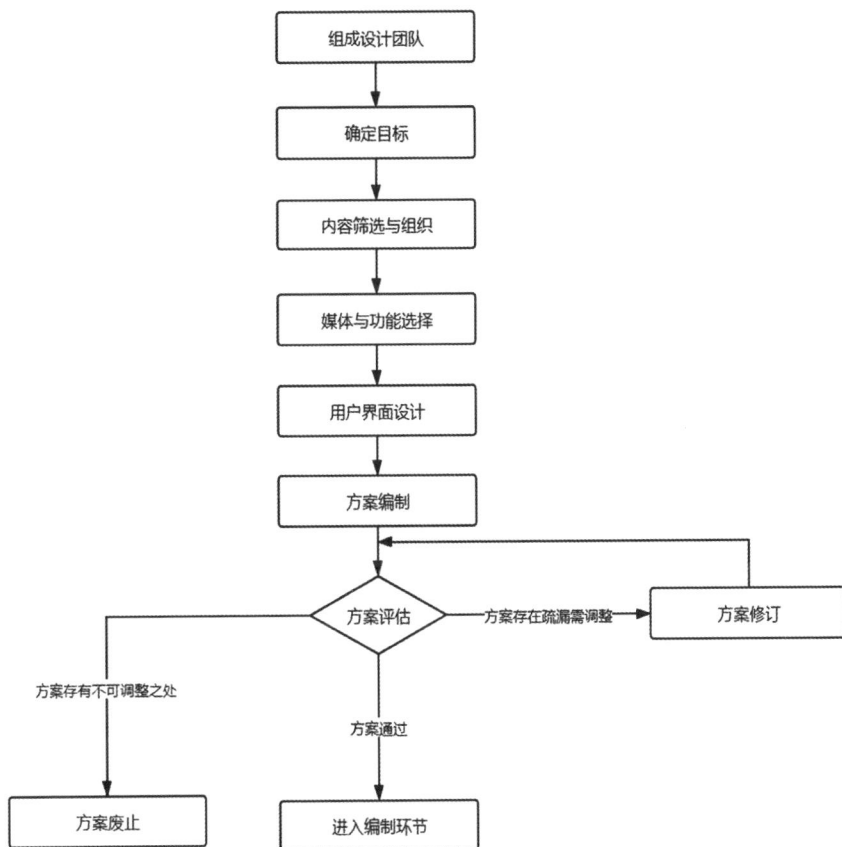

图2.7　数字化教材的设计流程图

上述程序是从教材设计程序拓展延伸而出的数字化教材的设计程序，而在国家广播电视总局所颁布的《中小学数字教材出版基本流程规范》中，则为数字化教材在设计起到最终发布为止而制定了一整套包含五个环节在内的操作程序[①]，即选题策划与论证、原型开发与验证、编辑制作、质量检测与产品发布五个环节，其中属于设计环节的是选题策划与论证及原型开发与验证。

在选题策划与论证中，首先要开展的是对选题进行科学策划的活动，即在对社会需求、教师需要和学生特征进行详细调研之后，以课程标准中所提出的课程目标、课程内容为基准，对数字化教材的使用目的、内容模型、功能要求、生产开发方式、应用模式、出版发行方式等方面进行全面的、系统的、合理的安排与规划并编制成为一个条理清晰的整体的框架，而后从课程教学设计的科学性、技术开发的可行性等方面对数字化教材的选题策划进行全面的考察，并基于多角度深入分析与理性探讨对选题策划提出决策性意见，即选题论证过程，该环节后，分支步骤出现，即若给出的意见是选题调整后在论证，则进入选题策划调整步骤，依据前一环节中所给出的论证意见，对选题策划中所出现的问题和纰漏进行适当调整，而后重新回到选题论证环节，而若在第一次论证时给出的意见为选题不通过，则无须进入选题策划调整步骤，而直接宣布选题中止。如此循环往复，直至形成合理恰当的选题（见图2.8）。

---

① CY/T 161-2017, 中小学数字教材出版基本流程规范 [S].

开始

选题策划

选题论证

选题不通过

调整后重新论证

选题策划调整

通过

中止选题

进入下一环节

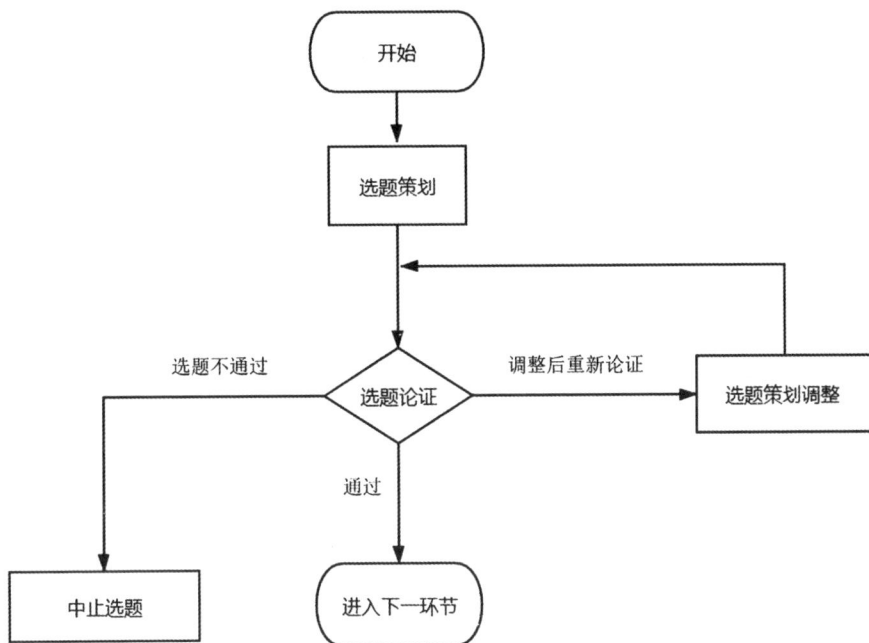

图2.8 选题策划与论证环节业务流程

选题结束后，设计者开始进入原型开发与验证环节。首先是要根据选题策划方案中的典型内容、重点功能技术架构以及应用模式等进行数字化教材原型设计与开发，这里所说的原型与第一种开发流程中的样章较为类似，而后依据选题策划所提出的要求以及原型的内容、技术特点等制定合理的版管理机制并对其进行验证，验证中要依据选题策划方案，对数字化教材原型在内容模型、功能要求、技术架构、应用模式等方面对选题策划要求的达成度进行检验与评价，必要时可利用原型进行典型的教学实验，记录并罗列出问题清单，随后依据清单进行再次调整与修改，形成新的数字教材原型并进行二次验证（见图2.9），如此循环往复，直至形成技术完善、功能齐全的数字化教材原型，而后就可以进入正式的数字化教材的编辑与制作阶段。

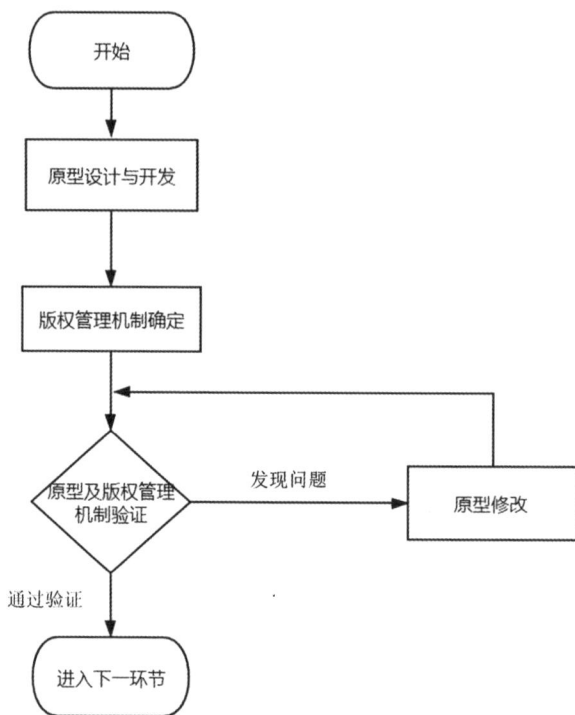

图2.9 原型开发与验证环节业务流程

不难看出，上述两种有关数字化教材设计的环节中有不少相似之处，且都并非是一种直线式前进的过程，而是都以一种循环往复的、采用理论和实际应用相结合的方式进行的，直至设计出合理的方案或原型机。比如在对方案的验证方面同样都可以选择让教师使用的方式进行质量评价，发现其中的不足并加以改进，且团队中的涉及成员往往有着多重的身份，由此避免了教材的开发者、使用者和评价者相互脱节严重的情况出现，摒弃了传统教材用语晦涩、学习活动僵化单一的弊端，使数字化教材真正成为贴近实际教学、贴合学生学习习惯与教师教学需要的实用型教材。但第一种流程是从传统纸质版教材的设计流程中衍生而出的，而第二种流程则更倾向于将数字化教材作为一种新型的、独立的教材体系进行设计，并考虑到数字化教材中所运用的现代通信技术而在用词方面更为规范并具有一定的科技感。

第三章　数字化教材的编制与出版发行

　　对数字化教材的编制方案进行查缺补漏、形成尽善尽美的教材编写计划且制造出功能完整、运行流畅、内容系统符合实际教学需要的数字化教材原型后，数字化教材的开发进入到正式的编制与出版发行阶段，即将在设计阶段所形成的方案由理论与小规模实践检测变为大规模的制作与整体核查修订，出版并发行正式版本的数字化教材，包括为数字化教材申领电子图书标识、素材制作、合成内测版本、内容的审查与修改，随后经过对数字化教材整体的质量检测与调整，进入最后的产品发行与出版环节。

一、数字化教材的编制

（一）申领电子图书标识

　　在电子图书出现之前，国际通用的标准图书编号即"ISBN"（International Standard Book Number），这是一种专门为了识别图书等文献、便于其分销而设计的，目前现行的"ISBN"编码由"978/979+国家、语言或区位代码+出版社代码（由各国家或地区的国际标准书号分配中心分配给各出版社。）+书序码（由出版社给出）+从0-9的一位校验码"五组号码段组成。

　　伴随着信息通信技术等科学技术的迅速发展，电子图书逐渐出现在公众的生活中并迅速普及，如何像识别和管理纸质版图书一样对电子图书进行辨识成为亟须解决的难题。美国书业研究集团（Book Industry Study Group，BISG）就此问题成立了专门的电子书标识码工作小组，在对相关问题进行实际调查研究后，该小组遵循规范化原则给出了一些关于电子书ISBN通用分配规则的建议，为全球电子书ISBN的制定提供了具有参考价值的文件。

当前，国际上通用的电子书标识码类型主要有ISBN、GTIN-13和专有标识符（Proprietary Identifier）三种，ISBN主要应用于印刷书、电子书和其他一些与图书相关的产品（如音像图书）在全球范围内的订购、清单、销售等方面；GTIN-13的前身是欧洲商品条码EAN-13，它并不是专用于图书的编码，而是用于对零售类商品进行编码，ISBN就是GTIN中一种以978/979为前缀的、专用于书业商品的编码，由于二者存在所属关系，因此标准上完全兼容，是目前使用较为广泛的编码；专有标识符的使用范围则远不如前两者广泛，作为一种特殊的产品标识符，它仅供参与者在供应链内部使用，因此并无统一的制定标准。

对于ISBN的分配来说，唯一正统的官方渠道国际ISBN中心，只有官方分配的ISBN才是全球范围内有效，且电子图书的ISBN与印刷版图书的ISBN均属统一分配体系，但若碰到下列情况，则仍应分配不同的ISBN，包括同一作品以纸质版和电子版的方式进行发行、一部完整的作品被拆分销售、同一部作品具有多种格式、以及同一作品具有不同的使用限制（比如免费开放或付费开放等等）。[1]

除了ISBN之外，ISSN（International Standard Serial Number，一种用于连续出版物的标识符）、DOI（Digital Object Identifier）数字对象等也是较为常见的标识码类型，多应用于学术领域之中，但并非学术研究领域专用标识码，美国出版商协会就曾基于电子图书日益普及的现状，建议结合ISBN或其他常见的电子图书编码，对所有的电子图书实施基于DOI的新的编码标准。该标准虽然并非官方标准，但也为出版商提供了可供参考的规范性建议。[2]

我国的电子图书标识是由一个完整的中国标准书号（ISBN）和数据格式代码两部分构成，前者遵循GB/T5795（《中国标准书号》）的相关规定，后者则以小写英文字母表示，由中国ISBN中心发布，二者之间的间隔为半个汉字空。

---

① 骆双丽, 徐丽芳. ISBN与电子书标识符 [J]. 出版参考, 2013（19）: 51+50.

② 杨海平. 电子图书技术问题研究 [J]. 图书馆理论与实践, 2005（01）: 36-38.

根据国家新闻出版广电总局所发布的CY/T 110-2015（《电子图书标识》）标准，在进行电子图书标识分配时，我国遵循下述五个原则。首先，电子图书标识的分配需遵守GB/T 5795的相关规定；其次，既然电子图书标识是为了对电子图书加以识别和管理，因此其标识必然具有唯一性；再者，对内容相同但产品形式不同的电子图书应分配不同的标识；第四，若将电子图书的内容进行节选后单独成册，也应为之分配不同的电子图书标识；最后，若电子图书内容改变较大，发行新版本，应为其重新分配电子图书标识。

电子图书标识既需分配，也需管理，其主要管理方式包括五种：

一是我国电子图书标识的管理机构为中国ISBN中心，具体负责电子图书标识的分配和管理。

二是出版者在申领电子图书标识时，应向中国ISBN中心提交电子图书的元数据，而电子图书的元数据应遵循CY/T 97（《电子图书元数据》）标准的相关规定。

三是若电子图书元数据有所变更，则应由出版者及时向中国ISBN中心申报。

四是中国ISBN中心应提供电子图书元数据的查询与服务。

五是电子图书数据格式代码表的维护与更新由中国ISBN中心负责。

电子图书标识的申领是数字化教材编制与出版发行的首要环节，有了电子图书标识之后，数字化教材才真正取得了合法的地位。

（二）素材制作

数字化教材的素材制作是将设计环节中所选择的内容、选定的媒体以及功能进行合理的搭配组合，并由不同的制作者对与数字化教材主体部分（教科书部分）相配的文本、图片、音视频等进行制作，并将之数字化，即经过模型转换才能输入计算机中，这一过程为数字化教材提供所需的多媒体素材，并为使用者编写《使用指南》提供参考。

多媒体素材的形式多种多样，常见的比如文本、图像、音频、视频、动画等。不同的媒体形式虽具备一些共同的基本特征，包括同一媒体类型的格式不同，如视频就可以有.MP4/.MPEG/.MOV等多种格式；多媒体素材之间的数据量不同且差异量较大，在采集与制作方法、程序以及所使用的软件方面也各不相同。①②

1.文本

作为一种最为常见的信息存储和传递形式，文本是教学资源众多素材中最基本的一种，也是制作方式较为简便的一种。主要类型包括教材文本、知识点叙述、优秀教师教案、补充资料等以文字为媒介的用于教育教学的各类参考资料。数字化教学资源的建设过程中，文字的输入与编辑是将纸质文本转换成为多媒体文本的最基本手段，普通的文本在文本量较小的情况下，可以在系统创作环境中直接输入，而若文本量较大，则可考虑利用外部文本编辑软件如Word、Windows记事本、WPS以及COOL3D等进行输入。其中，COOL3D它是一款用于制作网页文字的3D效果的软件，拥有组合文字和对象、添加特效等多种功能。利用该软件，用户可以制作出多样的3D文字，并对其动画效果、颜色等方面进行自定义。相比于其他文字制作软件来说，该软件更适合用于重点内容的突出，在一定程度上吸引学生注意力。

2.图像

图像是信息的重要呈现形式之一。利用文本呈现信息虽然具有简便易行、叙述清晰的特征，但是一些内容无法通过文字向学生进行直观的呈现，比如一些自然科学学科中的实验内容，若在无实验条件的情况下只用文字向学生叙述实验步骤，则学生只能记住实验步骤，却很难将之迁移到具体操作之中。而若将实验步骤以文字和图像搭配的形式进行呈现，则学生能够在脑海生成有关实验工具以及步骤的直观体验。简单来说，即在某种情况下，图像是一种更为具体、更为直观的内容呈现方式，帮助学生对相似事物进行区分辨别等方面颇有助益。

相比于文本而言，图像的获取方式多种多样，既可以由素材制作者利用绘图工具，如Windows画图等进行自主绘图，也可以从视频中利用截图软件进行截取，还可以从网页上直接下载相应的图片或利用扫描仪，将纸

---

① 虞光云. 多媒体素材采集与制作在数字化资源建立过程中的作用［J］. 数字技术与应用, 2015（04）：211.

② 王航伟，王文斌，潘喆. 多媒体信息素材的采集制作处理技术［J］. 数字技术与应用, 2015（10）：161+163.

质版的插图扫描成电子版本，而后利用Photo Shop等图片编辑软件进一步处理，形成.RAW/.BMP/.JPEG/.GIF/.TIFF等多种格式的彩色图像或灰度图像，每一种格式的图像各有优劣，所适用的系统也不相同。比如.BMP格式是Windows系统中最常用的格式，其使用范围广泛，但所占据的空间较大；而.JPEG格式凭借其先进的压缩技术，能够在保证图像品质的情况下占据最小的磁盘空间，是当前网络上最为流行的图像格式，但上述两种均只适用于静态图像，而动态图像的格式则多为.GIF，作为一种无损压缩的格式，一个GIF文件中可以存储多幅彩色图像，这些图像呈现在屏幕上，即可构成一种最简单的动画。

3.音频（声音）

常见的音频种类包括声音、音乐与音效三种形式。广义上的声音其实可以将音乐与音效包含其中，但这里所说的是一种狭义的声音，即由人所发出的对内容的朗读、解说等，比如对单词的示范性朗读，对视频内容的配音解说等都是声音，可以经由声音录入设备将声音信号转换成为数字信号并进行编码，以波形文件的格式（.wav）进行保存，该格式的音频文件声音质量高，能够清楚地重现录制者的声音，对于示范性朗读而言是一种较为优良的格式，也是数字化音频的主要格式；音乐主要是指用于搭配文本、烘托气氛等方面的背景音乐，可以从网络上获得，也可以根据使用者需要进行重新录制；而音效则是使用者进行操作时数字化教材所发出的声音，比如当使用者"点燃"虚拟酒精灯时，烧瓶中的液体模拟现实液体沸腾时所发出的"咕嘟"声即属于音效的一种，既可通过网络下载，也可利用音效合成软件加以合成。

除了.wav外，.mp3/.MIDI/.MPEG等也是常见的音频格式，相比于.wav的高保真大数据量而言，利用.mp3的格式来存储文件虽然音质相对会受到轻微损害，但依然具有文件尺寸小、音质较高的优势，然由于其缺乏版权保护技术，因此在版权问题上常有纷争。

4.视频

视频，泛指将一系列静态影像以电信号的方式加以捕捉、记录、处理、储存、传送与重现的各种技术。与动态图不同的是，视频是一种根据视觉暂留原理所制作的、连续的图像变化超过每秒24帧以上的画面。随着网络技术的发展，早期为了电视系统而制作的使用逐渐开始以串流媒体的形式存在并可被计算机接收、播放。相比于图像而言，视频在教学过程中是作为一种更为直观而生动的内容呈现方式而存在的。其素材来源大多为摄像机、录像机等设备。而数字化教材的编制者既可以从网络上直接下载已有视频，也可以根据教学内容自行进行视频制作，而后利用视频处理/剪辑软件等对视频进行裁剪、压缩等处理，保证在有限的时间内将重点内容呈现在学习者面前，注意压缩时不能一味地追求文件大小而忽视了视频的质量，也不能因一味地追求在有限时间内的知识传递效率而对视频进行过分剪辑，忽视了知识的关联性与完整性。目前来说，.AVI格式对于数字化教材而言是一种较为优良的格式，具有图像清晰、效果逼真、转换容易等优势，可以轻松地在不同的设备上进行播放。除此以外，.MPEG作为ISO（International Standardization Organization，国际标准化组织）与IEC（International Electrotechnical Commission，国际电工委员会）为音频、视频所确立的国际标准压缩格式因压缩率高、图像效果好而被广泛应用。

5.动画

动画即通过一系列彼此之间有所差别的单个画面的组合来形成运动画面的一种技术，各单个画面之间的素材所表现的内容既有细微差别，也有一定的连续性，常见的有二维动画和三维动画两种，前者是在二维空间上，如照片、纸张、计算机屏幕等上模拟真实的三维空间的效果，比如上文所提到的.GIF格式的动态图像就是一种二维动画，可利用Animator Pro和Director等软件加以制作；而后者又称3D动画，它不受时间、空间、地点、条件、对象的制约，能够运用各种表现形式将抽象的节目内容、科学原理、概念等用集中、简化、形象、生动的形式表现出来，可使用3D studio Max进行制作。常见的动画格式除了.GIF/之外，还有.Flash/.AVI/.FLI等等。[①]

素材制作完成之后，若想将之传输入该数字教材所选择的设备中，可通过模数转换的过程得以实现。理论上来说，素材制作本身也是一种模数转换的过程。通常来说，计算机将以数字量的方式将内容进行存储，而将素材输入计算机的过程可以视作是一种模拟量输入的过程，通过模数转换

---

① 彭绪富.多媒体素材制作［J］.湖北师范学院学报（自然科学版），2003（01）：44-47+51.

后，这些内容将以数字量的方式进行存储。以音频素材为例，计算机本身无法理解人类认知中的声音高低、音色音调，此时，需要让计算机用代表一种数字范围的模拟量来对音色、音量、音调等声音特点加以辨识，比如可以用模拟量的大小（一般来说是0-27648）来代表音量大小所带来的振幅波动范围，然后将这种模拟量转化成数字量（比如说二进制计算机中的数字量即"0"和"1"）存储在计算机中，形成数字化教材中的音频素材，而呈现时的过程则与输入过程相反，为模数转换的过程。

经过模数转换后，数字化教材的核心内容业已生成，为了帮助使用者对这些素材内容更为充分地利用，使数字化教材发挥更大的效益，数字化教材编制者完成素材的编制后，还应当依据数字化教材的内容与功能为使用者编写一本《使用指南》，指南中应包含承载数字化教材的移动终端的性能与基本操作，也应当有数字化教材内部各功能的使用方式及应用范围，还应加入对数字化教材各部分内容的解释（示例见图3.1），以便其使用者能够更快的熟练数字化教材的各种操作，达成利用数字化教材进行教学活动的目的，促进教学效率与质量双重提升。

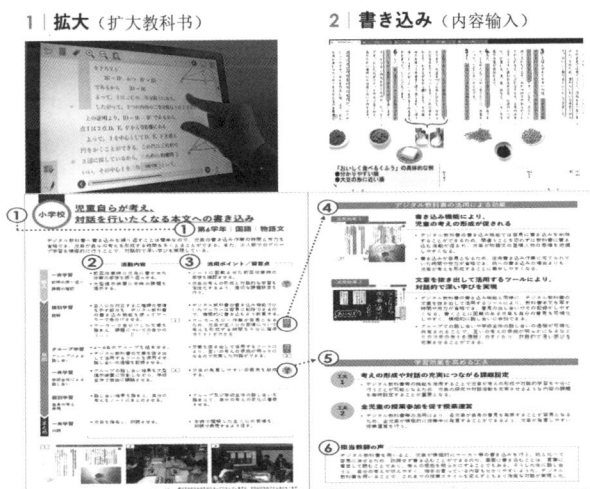

图3.1 日本学习者用数字化教材使用指南，
上图为基本操作功能指南，下图为教科书各部分所代表的内容[①]

---

① 学習者用デジタル教科書実践事例集［EB/OL］. https://www.mext.go.jp/a_menu/shotou/kyoukasho/seido/__icsFiles/afieldfile/2019/03/29/1414989_01.pdf.

（三）合成内测版本与内容的审查修改

内测版本，顾名思义，即内部测试版本，是在准备完数字化教材的素材之后，由数字化教材的开发者将数字化教材的主体部分（封面、版权记录、正文等静态文本）、拓展部分（既可独立运行，也可与主体配套使用的部分，比如教材中的课件、图片、音视频等等）等进行初步的组合与封装，形成数字化教材的内测版本，以供相关人员对数字化的内容进行审查与修改。审查过程中，最基础的是要对数字化教材内容的正确性进行核查，确保在标点符号、字音字形、语序语法、拼写、基本的科学原理与规律等方面没有常识性错误；在此基础上，要保证数字化教材的内容是真正经过精心筛选的而不是随意择捡的。尽管由于技术水平的发展，数字化教材的容量要远超传统的纸质版教材，甚至可以在云端存储而不受终端容量的限制，但是教与学的时间毕竟是有限制的，因此，要在有限的时间内让学生掌握系统的科学文化知识，构建完整的知识结构的同时还要形成对世界的完整性认识，就必须要为学生提供人类文化中最精髓、能代表先进知识与理念的部分，对于冗余的、陈旧的乃至可以称为糟粕的部分要坚决予以剔除，防止内容过繁过杂而给学生带来不必要的负担，也要避免学生所形成的价值观与社会所普遍认同的价值观念出现冲突；再者，还应审查内容的组织是否与学生的心理发展顺序一致，教材内容可以允许一定范围内的超越，难度恰当的内容可以激发学生学习的兴趣与求知欲，但大幅度的超越学生的现有水平只能导致学生因为内容过难而丧失学习的动机；除此以外，还要保障最终形成的数字化教材内容符合学科所要达成的目标。教材是沟通教师与学生之间的桥梁，学科内容的传授有很大一部分依赖于教材，因此，教材内容必须紧紧围绕学科所要达成的目标来进行筛选、组织与排列。

需要注意的是，内测版本的内容审核并不是一蹴而就的，而是需要进行反复审核与修改的。初次审核结束后，参与审核的人员应详细指出问题所在并列成条理清晰的文件，以供数字化教材的开发者进行修改，修改后的数字化教材应交由审核人员进行而二次审核，如此循环，直至符合数字化教材内容的相关标准。

（四）质量检测与调整

数字化教材作为一个完整的系统，是由教材内容、教学支持系统与管理平台、内置的操作系统与外在的移动终端共同构成的，因此，对于数字化教材内测版本的检测不能只停留在内容的审核与修改上，还应对其内外所有的部分进行全面的质量检测与调整，以保证所出版的数字化教材是合科学的、合教学需要的，也是品质优良的。

与数字化教材出版发行后的质量评价不同，对内测版本的数字化教材进行质量检测的主要目的在于保证数字化教材最基本的可使用性，即所出版的数字化教材应当是能为学生和教师所用的且能够达成教学目标的教材，谬误过多、系统卡顿、功能不全面或过于烦琐等都会造成数字化教材推广与使用上的困难。该阶段的检测者多为数字化教材开发团队中的人员，检测方法主要是团队内部人员的试用以及由试点的教师和学生进行试用后给出反馈意见，而后由数字化教材的开发者对有争议的地方进行再次讨论与调整，对于问题较为明显的地方则直接进行修改。按我国现行的《中小学数字教材质量要求与检测方法》，对数字化教材质量的检测应包括有效性、完整性、规范性和准确性四个方面。

有效本身是指能实现预期的目的，而数字化教材开发的最终目的就是让教师和学生在教学环境中能够利用数字化教材来完成教学目标，提升教育质量并达到理想的教学效果。因此，对数字化教材有效性的检测即是要检测数字化教材能否在其相应的教学情境中顺利使用，使用时是否会频繁出现卡顿、闪退、数据异常、操作无法进行等异常情况。由于具体实践中，这些异常既有可能会导致学生因频繁失误而丧失继续利用数字化教材学习的兴趣，甚至出现紧张等心理状况，也可能会使学习效率不涨反降，教学质量不增反减，因此，若在质量检测中发现这些情况，则应当及时的要求数字化教材的开发者及时找出出现这些问题的原因并进行整改。需要注意的是，同一问题可能会由于许多不同的原因导致，同一原因也可能会产生各种不同的问题，比如就闪退而言，既可能是由数字化教材的移动终端部分运行内存不足而无法同时支撑多个后台程序的运行所导致，也可能是由内部操作系统部分版本过低导致得兼容性较差所产生的，或与系统存储空间严重不足有所关联，而运行内存不足同样会导致卡顿的问题，且这些问题并不是一次性全部出现，而可能会在二次质检乃至日后使用的过程中逐步浮现。因此，若数字化教材在质量检测过程中出现问题而需要开发者进行调整时，开发者应对外部硬件、内部软件乃至内容的格式等多个方面进行全面系统的检查，尽可能确保该问题不会再次出现的同时也要尽力降低其他问题发生的概率。

数字化教材的有效性通过检测后，需要对其完整性进行核查，即检测数字化教材的必要或者说是基本的组成部分是否有所残缺，根据我国《中小学数字教材质量要求与检测方法》的规定，一个完整的数字化教材分为主体部分、组件（拓展部分）以及使用说明三部分构成，使用说明可以包含在主体内容之中。而完整性所要查验的是主体内容，其中，必备内容由封面、扉页、版权记录、目次、正文、使用环境说明和操作说明等构成。这些部分可以说是构成一本可以出版发行的数字化教材的必备要素。除此以外，一些数字化教材中还存在条件必备内容。即当数字化教材所对应的教科书版本中有前言、序、编者按、附录、索引或后记时，数字化教材中也应添加相应的部分才可以称之为完整。上述各部分中又包含不同的内容（详见表3.1）。

表3.1 数字化教材的主体部分

必备部分	封面	封面必备部分	对应的教科书封面的全部信息与题名 电子书标识符 出版单位
		封面可选部分	作者 数字版本教材标识 出版时间与制作单位
	扉页		包括对应教科书扉页的全部内容
	版权记录	版权记录必备信息	标识、题名、著作权人、著作权形式等（详见《电子图书版权记录》） 对应教科书题名、ISBN号、版次与印次以及出版单位
		版权记录可选信息	定价；版权声明 对应教科书的作者、责任编辑、出版地、开本、字数、图书在版编目数据
	目录		目录的章节结构应与对应教科书一致，但在页码上可有所出入，要包含对应教科书的全部内容
	正文		与对应教科书相同的单元结构、次序以及内容；超出对应教科书正文内容以外的内容也应当在结构上与对应教科书内容结构一致，且均应符合课程标准

续表

必备部分	使用说明	必备	使用环境说明：说明数字化教材使用应具备的软件与硬件条件，包括终端硬件、操作系统以及显示分辨率要求
			操作说明：说明数字化教材的操作方式，其中必须要说明的内容包括安装、卸载方式以及主体部分的操作，可以选择的说明内容包括组件的相关插件安装以及操作方式说明
		可选	内容说明：即阐述数字化教材的内容概要，包括其研发思路与适用范围、主体部分与组件部分的内容说明
			其他说明：用以说明除上述内容之外的与该版本数字化教材有关的重要信息
	封底		与封面相互呼应，应与对应教科书保持一致
条件必备（可选）部分	前言、序、编者按、附录、索引等		其内容均应与对应版本的教科书相一致，其中索引条目所对应的页码可根据数字化教材的具体情况来确定

　　上述表格中的内容既是数字化教材的主体部分，是数字化教材质量检测过程中验证其完整性所要审核的部分，也是审核数字化教材规范性时所要遵循的要求，除此以外，对数字化教材主体部分规范性的审核还包括主体部分所必备或可选择的功能规范性。（详见表3.2）

表3.2　数字化教材主体部分功能表

必备/可选	功能
必备	页面跳转功能：即可从当前页跳转至目标页，或点击目录、索引进行跳转
	文本中某一部分的文字或背景可以加亮，在浏览作品时，也可对其背景颜色、亮度进行适宜的调整
	文字/图像等扩大/缩小功能；文本的复制粘贴功能
	阅读位置记录与下次打开同一文档后的自动跳转功能
	同一文本中，可自定义的书签不少于20个，且可删除
	具有检索功能以及不少于20条的检索痕迹保存功能，以便重复检索
	可在任意位置进行批注的添加或删除功能
	笔记功能，支持用户记录个人想法

续表

必备/可选	功能
可选	可在线进行版本更新
	支持用户自行进行内容的添加或删除
	内容可导出，成为独立的教学资源
	主体部分可与组件部分相关联，热区（即网页中鼠标箭头变为手形的区域）、链接等可由用户进行个性化添加或删减
	以流式内容为主的数字化教材应可允许使用者更改字号、字体，支持仿宋等主流字体以及中英双语、简繁双体混排
	以流式内容为主的数字化教材应可调节行距与每行字数，可对页边距等进行调节
	可与各类符合《信息技术学习、教育和培训 学习对象元数据》标准的资源库相连接
	具有符合条件检索功能，使得检索更为精准
	支持关联检索与相关内容呈现
	可对检索结果进行多种排序，比如"按时间""按关联程度"等
	支持汉语拼音文字输入或手写输入
	可对用户使用数字化教材的行为习惯进行记录，据此生成更为个性化的数字化教材
	支持在线使用
	浏览数字化教材内容时，可显示当前页码与页码总数
	支持模拟翻页，即在数字化教材的屏幕上做出翻书的动作，可达成与真实翻书一样的效果
	支持使用者对各类快捷键功能进行自定义
	支持用户通过某种形式向内容提供者直接进行意见反馈，比如在网络上为数字化教材打分
	在网络环境中可对数字化教材进行下载，以便支持用户在无网络的环境中的学习活动
	网络环境下允许关闭音频、视频等流媒体下载
	内容下载可断点续传，即若内容下载时由于各种原因出现中断，则第二次下载时可从上次中断之处开始而无须重新下载
	可与外部设备连接进行数字化教材的打印，按需生成纸质版教学材料
	支持对数字化教材中全部或部分文字、图像、图形的导出
	支持一些少用的、常见的、利用普通输入法无法输入的文字
	所开发的数字化教材应支持多终端使用

在规范性检测中，除却对主体部分规范性的核查外，还应当对拓展部分中包括音视频等在内的各类组件进行审核，按组件的性质不同，可以分为功能组件与内容组件两部分，其中功能组件主要是包括虚拟计算器、数字词典、数字格尺等在内的虚拟学具，内容组件则包括文本、图片、音频、视频以及课件，其各部分均有相应的信息、功能以及技术要求。（见表3.3）

表3.3　数字化教材拓展部分规范性要求

内容组件	文本	信息要求	必备	题名与内容主题
			可选	内容摘要、作者、版权说明等
		技术要求		要符合《信息技术 中文编码字符集》中的相关规定 在《使用说明》所规定的分辨率以及使用相应终端设备的情况下，若无缩放，则文本应清晰 二年级的数字化教材中的中文文字均用楷体，其他年级可用宋体等常见字体；外文与数字使用Times New Roman字体即可
	文本	功能要求	必备	能完整的显示文本及相应插图 文字可缩放 浏览区域可缩放 文字可选中、拷贝
			可选	文本内容的编辑功能 由使用者为文本组件添加超链接
	图片	信息要求	必备	图片题目以及内容主题
			可选	内容描述、作者、版权说明等
		技术要求		文件可采用JPEG/GIF/PNG/SVG等多种格式存储 图片的扫描分辨率不低于132dpi 图片组件显示分辨率长宽均不低于480像素
		功能要求	必备	能完整的显示图片内容 图片可缩放 浏览区域可缩放 图片可选中、拷贝
			可选	内容可编辑 可为图片组件添加超链接

内容组件	音频	信息要求	必备	名称及内容主体
			可选	内容描述、作者、录音制品编码等
		技术要求		可采用WAV/MP3/WMA/MIDI等格式保存 音频采样率（录音设备在单位时间内对模拟信号采样的多少，与音频品质成正比）不得低于22KHz 音频量化位数（模拟信号的幅度轴进行数字化，它决定了模拟信号数字化以后的动态范围）在16位以上 音频声道数为双声道，两个声道的音量必须平衡，且若非内容需要，不得出现一个声道无信号或者时有时无的情况 幅频响应（信号通过系统之后的输出信号的幅度与它输入时的信号的幅度的比值）为20Hz–20KHz±3dB
		功能要求	必备	能完整的播放音频内容 具有播放、暂停以及停止功能 可调节音量，具备静音功能 可根据时间轴定位播放
			可选	音频内容可部分导出 语音识别及分析
	视频	信息要求	必备	名称以及内容主体
			可选	内容描述、作者、其他责任者、字幕等
		技术要求		视频编码需采用H.264（MPEG-4 AVC）/WMV系列等常见格式；视频封装格式需采用MP4/WAV/MOV等常见格式 视频码流率（指视频文件在单位时间内使用的数据流量，相同分辨率下，码流率越大，画面质量越高）不低于256Kbps，帧率（与视频的连贯性有关）不得低于24fps
				动画帧率不得低于15fps 对视频中所包含的音频技术参数的要求与音频组件一致 中文字幕每行字数≤15，英文字幕每行字数≤35（不包含标点符号） 视频画面与常见宽高比以及分辨率相符
		功能要求	必备	能完整播放视频内容 具有播放、暂停、停止及快进功能 音量可调节、可静音 可根据时间轴定位播放
			可选	可将字幕/字幕文本外挂（外挂字幕即独立于视频文件之外的字幕文件，常见的格式包括.srt/.ass） 可调整播放窗口大小，可小窗播放或全屏播放

内容组件	课件	信息要求	必备	名称及内容主体
			可选	作者、关联资源、使用说明等
		技术要求	课件中所包含的文本、视频、图片及音频应与上述技术标准相符合	
		功能要求	必备	完整呈现课件内容且可全屏展示
			可选	在课件组件中添加超链接 课件呈现窗口可按需调节大小 常用课件格式可相互转化、导入/导出
功能组件	虚拟学具	信息要求	必备	主体与题名
			可选	内容描述、关联资源、元数据文件等
		技术要求	同课件的技术要求	
		功能要求	虚拟学具参数应具有可控性 虚拟学具的过程参数与结果参数可导出 不同的虚拟学具之间可相互调用参数 满足《教育行业标准》中对所涉及学具的要求 虚拟计算机应符合《中华人民共和国教育行业标准 学生计算器》中对不同年段计算器相应功能的规定，年级越高，运算功能越复杂。除此以外，对虚拟计算器的规定还包括计算功能的操作顺序应与书写顺序基本一致、除信号和科学技术之外的显示字符应至少为四号字体等 虚拟地球仪的球体应为正圆形，地轴倾角为66.5°，并应与赤道面成90度夹角，且平面地球仪必须与地图出版社的新版地球仪相一致	

上表所描述的是拓展部分中各组件的相关要求，而各组件在整体上也有要遵循的必要要求或可根据实际情况进行选择的要求，必要要求功能包括可根据名称、类型、关键词进行检索以及若组件在主体部分呈现，则应对相关组件的标签加以显示，以明确相关组件的存在；可选要求一是要求组件可以单独导出并使用；二是可以将组件的相关使用说明以及元数据加以呈现；三是组件既可独立下载，亦可分章节下载。

在数字化教材的主体部分以及拓展部分中，最不可或缺的部分即数字化教材的元数据文件。所谓的元数据（Metadata），简单来说就是关于数据的数据，又称中介数据、中继数据，是用于描述数据属性的信息，主要可用于支持资源查找、文件记录、指示存储位置等功能。其使用目的在于对资源进行有效的识别与评价，并可对资源在使用过程中所发生的种种变化进行追踪，以简单高效的形式管理规模庞大、数量繁杂的网络数据等。而数字化教材中的元数据标引以及拓展部分的元数据则应符合《中小学数字教材元数据》标准中的有关规定，其中，既有对数字化教材元数据元素的拓展机制的规定，也对用以描述数字化教材整体特征所需要的18个必选元数据元素以及13个可选元数据元素进行了详细的阐释说明。

若上述所有部分均符合相应的规定及标准，则可进入数字化教材质量检测的最后一个部分，即对数字化教材的准确性进行检测，该阶段主要对数字化教材的文本、图片、音视频等部分的差错率进行检测，各部分的检测方法以及标准各不相同（见表3.4）。

表3.4 数字化教材的准确性要求

准确性要求	差错率≤万分之零点二五	
检测步骤	应对数字教材所有部分的文字、标点符号以及其他符号进行逐字检查，其检查范围应将图片及视频中的可分离文字囊括其中，检测过程中要对差错进行记录并按相应统计方法统计，而后计算差错率是否符合文字准确性要求，若不符合，则应进行修订	
文本 统计方法	文字	检测封底、版权页、目录、正文、索引等内容中的一般性错字、别字、漏字及倒字，每处都记为一个差错数 同一错字重复出现，每页按1个差错数统计，全书≤4个差错 若出现多字或漏字且区间在2-5之间时，按2个差错数统计，若大于5，则按3个差错数统计 出现于封面以及扉页上的差错均按2个差错计数 相关文字不一致，每项均计1个差错 外文等以单词为单位，同一单词中无论出现几处错误均按1个差错数统计 简繁混用时，每处按0.5个差错数计，但若全书出现差错数>3，则按1.5个差错数统计（内容本身需要或原版纸质图书简繁混用的情况除外）
	标点符号	多数错误如误用、错用、漏用等均按0.1个差错数计 若法定计量符号等固定的、一旦出现错误会造成误解符号出现差错，则按每处0.5个差错数统计，同页内相同差错不做额外统计，全书最多按1.5个差错数统计
	特殊情况	同一位置的文本差错在不同成品数据中重复出现的，统一按照1个差错数统计
差错率计算方法	文本差错率为差错数与所检测的全部字符数之间的比率	

续表

图片	准确性要求	差错率≤万分之五
	检测步骤	按相关要求对数字化教材各部分所使用的图片进行逐一排查并记录差错数，而后按公式对差错率进行计算，若差错率高于额定差错率，则应进行修订
	统计方法	图片出现差错时，均应按1个差错数统计，包括：图片长宽比例错误、不包含历史资料图片在内的其他图片有明显污点或颜色失真、图片水平倾斜度＞0.5°、图片中不可分离的文字有错误以及其他一切明显会对使用产生影响的差错
	差错率计算方法	图片差错率为差错数与所检测的全部图片数之间的比率
音频	准确性要求	差错率≤万分之五
	检测步骤	播放数字化教材中的各音频组件，逐个检查并记录，应当注意的是，音频的检查、统计与计算都是以秒为单位进行的
	统计方法	除文字误读或错读外，音频中出现的下述差错若在1秒内重复或持续出现，则计为1个差错，若超过1秒，则按秒计算差错数 音频中应当被检测的差错包括： 除历史资料性音频外，声音失真或不清晰、播放卡顿或有明显影响使用的噪音与断音 声道错位 除必要情况外的双声道声音不均衡 语音中的误读与错读 其他明显影响使用的错误
	差错率计算方法	音频差错率为音频差错数与所检测的音频总时长之间的比率
视频	准确性要求	差错率≤万分之五
	检测步骤	播放数字化教材中各视频并逐一检查，其统计依然以秒为单位进行计算
	统计方法	除字幕错误外，视频中的其他错误若出现时长≤1秒或在1秒内不断重复，则均计为1个差错数，若超过1秒，则按秒计算差错数，视频中不可分离的字幕错误按每错字/1个差错数计算，视频中应被计入差错数的错误如下： 除历史资料性视频外，视频出现图像不清晰或马赛克、播放不连续、图像及伴音失真或不同步 视频图像与字幕不同步 视频中不可分离的字幕有明显错别字 其他明显影响使用的错误
	差错率计算方法	视频差错率为视频差错数与所检测的视频总时长之间的比率

续表

样式	准确性要求	差错率≤万分之零点二五	
	检测步骤	对数字化教材各部分的样式进行检测，记录差错数并计算差错率，样本的差错数以字符为单位	
	统计方法	版式数字化教材	文字对位错误，即每个或每行文字未与其他文字平行 排版格式错误，即段落等不符合预先规定的要求 字体、字号等字体信息与要求不符 注音等行外信息与要求不符 除上述情况外，版式数字化教材中，若双层版式文件中的图像层与文字层偏差超出当前文字1/3个字符大小，需按0.2个差错数统计，单行文字最多按1个差错数统计
		流式数字化教材	若出现排版格式、字体信息以及行外信息错误，按1个差错数统计
	差错率计算方法	样式差错率为样式差错数与所检测的全部字符数之间的比率	
链接和引用关系	准确性要求	无差错	
	检测步骤	对所有目次、索引等的引用点与使用说明中的引用点及链接点进行逐次检测，记录差错数并计算差错率	
	统计方法	每个链接点或引用的关联缺失或指向错误均计为1个差错数，包括： 目录与正文章节之间的链接关系 扩展部分的组件标签与相关组件之间的链接关系 数字教材使用说明链接点与使用说明之间的链接关系 索引引用点与索引页码之间的引用关系 参考文献引用点与参考文献之间的引用关系	
交互内容	准确性要求	无差错	
	检测步骤	采用人工检测或软件检测的方式对数字化教材课件中具有用户操作或输入行为可穷尽特点的交互内容进行检测（比如能够自主判断对错的习题） 对于用户操作或输入行为不可穷尽的交互内容，则应按规则，通过典型操作或典型输入行为的方式来检测内容是否有误并记录	
	统计方法	若所呈现的内容与用户输入或操作行为之间不合逻辑或预期结果，则应计为一个差错	

应当注意的是，数字化教材的质量检测是阶段性循环过程，即在每一阶段检测完成后，若存在问题，则应立刻停止检测并填写检测报告单，而后要求数字化教材的开发者进行修订调整，直至该阶段符合相应规范后再进行下一阶段的检测。①②③④⑤⑥

上文所叙述的数字化教材编制与质量检测流程所要遵循的标准仅为我国现行的各类标准而非国际通用标准，事实上，在实际的实践之中，由于各国的社会背景不同以及科学技术的不断发展，数字化教材的编制与质量检测标准很难保持一个长期稳定的且在世界范围内统一的状态，因此，在实际编制与质量检测的过程中应在遵循标准的基础上，根据实际情况进行灵活地调整。

二、数字化教材的出版发行

伴随着各国教育信息化事业的蓬勃发展，以出版数字教材、开发相应的服务平台来代替传统纸质教材的出版俨然成为多数出版社所选择的转型方向，甚至不再只满足于产品印刷者与发行者的身份，而是力图在数字化教材的出版发行中承担内容提供者、产品发行者以及售后服务者"三合一"的角色。比如，美国的HMH公司就敏锐的把握了数字化教材出版正处于高速发展时期这一趋势，及时转型，并将教师、教育管理人员以及家长等视作其客户，构建了以客户为中心的团队，在及时了解客户现实需求与潜在需求的基础上，以美国中小学基础教育的"四大主线"学科（语文、数学、科学以及社会研究）为教育产品研发的核心，由此向四周拓展延伸，并根据美国教育部所认可的K-12教育阶段的三层次课程（核心课程、补充类内容与干预类内容）提供相应的学习解决方案，以切实满足各级各

---

① CY/T 161-2017,中小学数字教材出版基本流程规范[S].

② CY/T 114-2015,电子图书质量检测方法[S].

③ CY/T 125-2015,中小学数字教材加工规范[S].

④ CY/T 165-2017,中小学数字教材质量要求与检测方法[S].

⑤ CY/T 48.2-2008,音像制品质量技术要求 第2部分:数字音频光盘（CD-DA）[S].

⑥ CY/T 112-2015,电子图书版权记录[S].

类学习者的需要，提升学习者的学习效率。其所出版的数字化教材也并不是简单的纸质教材的电子版，而是能够与在线平台相互依托，实现定制化课程、有效评估、教学评测、学习者学习数据跟踪管理、线上互动等多重功能，以达成学习者的自我测评与计划或由教师根据实际情况安排进一步教学工作等目标。[①]

根据《2019-2020年中国数字出版产业年度报告》显示，数字化出版产业中在线教育部分的收入超过了相对发展时间较长的网络游戏的收入，成为继互联网广告与移动出版后的第三大数字化出版产业的重要收入来源，这其中固然有疫情下教材发放不及时、"停课不停学"而导致的线上教学兴起，但也能体现出我国数字化教材的出版以及相应的平台搭建等在数字化出版产业中的地位已然今非昔比[②]，成为数字化出版产业的"主力军"。

虽然当下，各出版社都在积极寻求转型的路径，探索数字化教材出版的完整体系，但数字化教材的版权保护问题也应运而生，盗版视频现成为了令各出版商头疼的问题，虽然国家对于盗版的打击力度日益增加，但依然无法全面禁止这种行为，由此，版权问题成为遏制数字化教材发展的主要问题，而这一问题主要需通过对数字版权管理技术（Digital Right Management，DRM）进行不断地更新迭代加以解决。

所谓的数字版权管理技术，即在数字化内容的生产、传播、销售与使用过程中对之进行权利的保护、使用控制和管理技术，包括柔性数字版权管理与刚性数字版权管理两种方式，前者即在数字化内容发行后，对已经发生的侵权问题进行处罚，以防止未来其他侵权问题的再次发生，而刚性数字版权管理则通过技术修复来解决侵权问题，即防患于未然，使侵权问题不可能发生，比如当一款游戏发行之后，若发行者通过法律维权的形式来处理盗版问题，则可以看作是一种柔性数字版权管理，若发行者通过技术上的修复使得盗版的游戏无法继续运行或更新，则属于一种刚性数字版权管理。一个典型的数字版权管理系统中包含内容服务器、权限证书服务

---

① 徐丽芳, 姚依蕾. 美国中小学数字教育出版产品与服务研究——以HMH公司为例[J]. 出版参考, 2021（01）：19-24.

② 中国数字出版产业年度报告课题组, 张立, 王飚, 李广宇. 步入高质量发展的中国数字出版——2019—2020年中国数字出版产业年度报告[J]. 出版发行研究, 2020（11）：20-25.

器与客户端三个部分，其基本结构如图3.2所示。

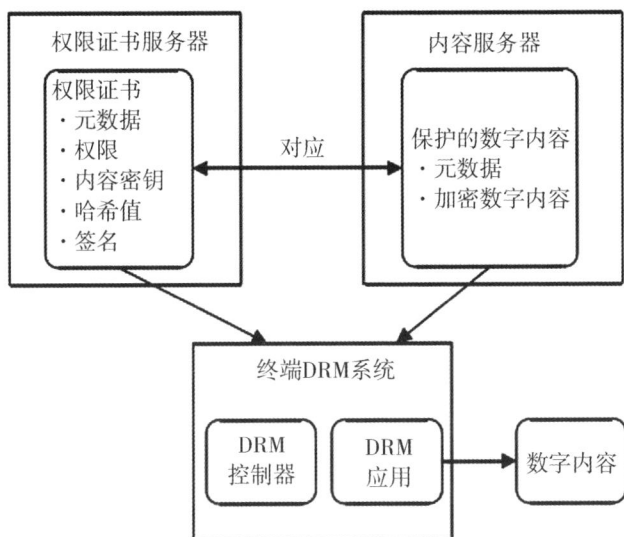

图3.2 数字版权管理的体系

在该体系结构中，内容服务器负责对数字内容进行打包后，生成一种受保护的数字内容并将之进行分发，权限证书服务器则主要承担了依据权限、内容密匙等来生成权限证书的工作，而客户端，也就是终端DRM系统，则由DRM控制器与DRM应用构成。当用户需要使用数字内容时，DRM应用通过提交处于保护下的数字内容以及相应的权限证书，来向DRM控制器申请使用权限，若权限证书不存在，则由DRM控制器向权限证书服务器申请来获取权限证书。权限通过后，可以进入由DRM控制器对受保护的数字内容进行解析并将之发送到DRM应用上的过程。[①]比如，日常使用各类音乐APP在线听歌或下载音乐时，有些音乐会需要用户有会员或付费下载，这也是一种数字版权管理。

自数字化教材产生之后，数字化教材版权的侵权现象就时有发生，比如将盗版的英语音像教材当成国家正版教材配发以从中牟利、利用解密的手段将原本需要注册账号密码或者购买后才能使用的数字化教材发布到未经授权的网络平台上，试图以单次下载的低廉价格来换取多次下载所带

---

① 方明伟. 基于可信计算的移动智能终端安全技术研究［D］. 武汉：华中科技大学，2012.

来的巨人利润。由于数字化教材可以不经实体而以虚拟网络为载体进行传播，所以一些先进的互联网技术比如云盘就成为非法传播未经授权的数字化教材的"基地"，基于互联网用户数量庞大且以云盘的形式传播又具有一定的隐秘性的事实，加之缺乏针对"数字化教材"的版权问题所制定的专门的法律法规[①]，因此"打擦边球"的问题屡屡发生，传播者通过改变文件名、多个文件层层叠加、对同一文件进行分解等形式来逃避检查，致使对数字化教材盗版行为的打击工作难以精确开展。除此以外，资源共享与版权保护之间的矛盾也是亟须解决的问题，数字化教材开发推行的初衷是想要降低家庭在教育方面的支出，让学生获取更多地学习资源，以促进学习质量的提升并推动学生的全面发展，然而若版权保护的方案过于严苛，需要较高的付费或较为复杂的解锁方式，则会与这一初衷相违背，无论多么优质的资源，在很难或不能为学生所用的情况下，就会变成毫无用处的内容。因此，需要在资源共享与版权保护之间寻求协调与平衡。[②]

要想切实为数字化教材建立保护机制，首先就应该清楚这种保护机制的服务对象。显而易见的，这种保护机制的主要服务对象首先是编撰数字化教材的人，尤其应保护数字化教材内容资源提供者，比如数字化教材的开发者在开发工作开始前，就应通过书面合同的形式向同版本纸质版教材的著作者获取内容的使用权限，并向其支付一定的劳动报酬；二是保护那些已经通过购买版权的形式来拥有合法的数字化教材出版与收益权限的出版社的权益；三是数字化教材的使用者与购买者，包括教师、学生与家长，提高他们的版权意识与警惕性，防止他们在通过不正规的或未授权的网络平台下载数字化教材后才发现其无法使用或持续更新、出现利益受损的情况。

---

① 祝梅.数字教材出版著作权侵权现象及对策研究[J].新闻传播，2020（15）：71-72.

② 孟祥鑫.浅谈数字出版的资源版权保护措施[A].国家新闻出版广电总局科技委员会战略专业委员会、中国新闻技术工作者联合会多媒体专业委员会、中国电子学会有线电视综合信息技术分会.第18届全国互联网与音视频广播发展研讨会暨第27届中国数字广播电视与网络发展年会论文集[C].国家新闻出版广电总局科技委员会战略专业委员会、中国新闻技术工作者联合会多媒体专业委员会、中国电子学会有线电视综合信息技术分会：国家新闻出版广电总局科学技术委员会秘书处，2019：3.

　　其次，数字化教材版权保护机制的建立还有赖于政策支持与法律保障，尤其是对数字化教材著作权方面的明晰。有研究者认为，数字化教材的著作权应当按数字化教材的不同类别进行区分，即该数字化教材的形成是对同版纸质教材的完全复刻还是对同版纸质教材的内容进行重新排列整理、改编、注释乃至再创作，如果是前者，则数字化教材的著作权应当归属于纸质版教材的原作者，若为后者，则数字化教材的著作权应当归属于数字化教材的开发者，但由于这种类型的数字化教材依然使用了同版纸质教材中的内容，因此应当遵循"著作权双重保护"原则，向同版纸质教材的作者支付一定的报酬。[①]除著作权外，相应的法律法规还应对在数字化教材生产、传播、使用过程中侵权行为与惩处方案进行认定，明晰诸如"使用者在下载数字化教材后，将数字化教材免费或有偿分享给他人的行为是否构成侵权？""利用传播盗版数字化教材获益多少才构成侵权？"等问题，使版权意识深入人心。

　　最后，国家和地方政府应根据实际情况，向数字化教材内容的编撰者、出版商等给予一定的财政保障。推动数字化教材公益化进程的同时也不能让数字化教材的开发者等因利益受到损害而导致其开发、出版以及维护数字化教材的积极性衰退，致使数字化教材数量的减少与质量的降低。

---

① 李杰. 数字化教材著作权归属探析 [J]. 怀化学院学报, 2011, 30（12）: 120-122.

第四章　数字化教材的质量评价

"评价"一词在日常生活中的使用十分广泛。在现实生活中，每个人都有可能是评价的主体，每个人也都有可能成为被评价的对象，这些评价可能是基于特定的、标准严格的指标体系的客观评价，具有相当程度的严谨性、科学性与客观性，也可能是依据个人在日常生活中所积累的经验、个人所拥有的价值观或是个人在使用某一事物的体验而产生的对被评价事物产生的主观印象，这些评价虽然在科学性方面不及前一种，所代表是可能的看法而非普遍性观点，但也并非是一无是处的，而是仍具有解释客观评价的结果、为评价报告所面向的对象提供新的思路的功能。

对某一事物的评价有助于人们明确事物的优点与缺陷，引发人们对于现存问题或困难及相应成因的讨论与分析，而后根据原因对未达目标之处予以方向明确、措施得当的改进，使得被评价事物突破桎梏，走出困境，取得长足的发展。

基于数字化教科书及其所内置的教学材料和链接的资源库应实时更新这一特征，数字化教材的出版并不意味着其开发者与出版商并未完成其全部的任务。事实上，在数字化教材完成出版发行与大面积推广之后，开发者和出版商应当与大学、地方实验室等机构的相关研究人员合作，对数字化教材的使用情况进行监测，倾听使用者对本书的意见及建议，找出在出版前的质量评估阶段未发现的问题并及时进行改进，同时对在数字化教材使用过程中所出现的、普遍反映的与学生情况、教师需求、课程标准及教育目的中不相符合的部分进行记录和调整，而后遵循数字化教材的更新与修订流程对所修改的部分进行再度测试，确认无误后以更新包的方式发送到客户端，让使用者得以在有网络支持的环境中进行下载更新，使用者最终得以利用到令其满意的、达标的数字化教材。

　　由于对投入使用的数字化教材的评价结果直接关乎数字化教材的进一步调整与未来发展，因此，这种评价必须是计划周密的、程序严谨的、指标体系科学的评价，是由专业的或非专业但经过一定的规范性培训的人员所进行的评价，也是一种应长期进行的、持续的评价。这些条件的达成度与对数字化教材进行的质量评价是否有效息息相关。若计划不周密、程序不严谨则有可能导致评价因为流程不明而中断，如因计划构思所要求的评价环境过于理想或与实际的实施条件不符而无法继续施行；指标体系的科学性与适宜性将会对最终的评价结果产生相当程度影响，若指标要求过高，则评价结果对数字化教材的开发者而言是"不友好的"，开发者很可能会因为技术上的难以攻克而气馁，而若指标要求过低，则所得出的评价结果很可能只是一种"表面繁荣"，则会造成使用者对数字化教材的失望，也会导致开发者的不思进取。

　　人员的专业化程度或接受培训的效果以及其对数字化教材的了解程度与评价的过程与结果紧密相连，若评价的实施主体是经验丰富的、能够将专业理论与评价中的实际问题结合起来的专家学者，且曾对所要评价的数字化教材有过充分地了解，则评价的实施相对来说会更为顺利，评价所得到的结果也更具科学性，而若评价的实施主体既不具备相关的评价经验，又没有经过相应的培训，对所要评价的数字化教材也无甚了解甚至根本没有接触过数字化教材，则其所给出的评价往往是基于主观臆断的，甚至是对个人体验乃至想象的杂乱无章的叙述，这将给评价结果的综合与分析带来相当程度的困难，前期大量的数据资料的收集工作劳而无功。

　　评价的时长与所进行的时间会影响评价结果的有效性和可信性。比如若是在推广初期、教师和学生尚未习惯数字化教材的使用时就进行评价，评价者所观察到的可能更多是学生由于操作不熟练而造成的心情烦闷，所得到的反馈也是负面的，如来源于使用者的抱怨，而若在推广进行一段时间后进行，则所得到的结果有可能是数字化教材的受益者所提供的正面评价，但同时也会使一些本应暴露却因"习惯"等原因而被掩盖的错误，比如所评价的数字化教材一直有卡顿的现象，但在长期使用过程中，师生习惯了这种卡顿，则对这种卡顿的注意程度可能出现下降，因此，明确数字化教材的评价应该在什么时间进行，每一次评价的持续时间的长度也是影响数字化教材质量评价结果的一个重要因素。因此，在数字化教材的质量评价开始前，需要评价的主导者在已有经验与对本次评价的对象以及进行评价的背景、环境都具有充分了解的基础上，考量本次评价中可能发生的各类情况，并为各种可能出现的状况进行大量且充足的准备工作，尤其要向评价小组中的各成员了解他们对于评价的看法，询问来自教育系统不同领域的评价者对于评价指标的意见，尽可能预先为成功的评价创设必要条件。

一、数字化教材质量评价的程序与原则

（一）数字化教材质量评价的程序

1.建立由多元化主体组成的评价小组

数字化教材出版发行的完成只能代表其符合出版的相应标准，承载国家课程标准所规定的内容与完成基本教育目标所必需的功能，换而言之，它符合一本想要出版的数字化教材所应达成的基本标准，但并不意味着它在实践中是完全合乎教师和学生需要的，也不能说它是与各级各类学校的基本教育理念和目的完全契合的，更不能根据出版发行前的质量检测结果就盲目地判定其是一本高质量的数字化教材。因此，对已经投入使用的数字化教材进行持续的质量监测与改进仍然是帮助教师和学生最终获得高质量数字化教材必不可少的环节。但此时的"质量"实际上已经脱离了在出版发行前的那种对数字化教材的内容、功能、技术等软硬件方面的客观衡量，也不再单纯的聚焦于文本的正确率与连贯性、图片的像素、音视频的清晰度、版式的规范性与系统的流畅性等方面，而是转向对数字化教材使用者及其他利益相关者的满意度调查，也可以说是转向对数字化教材实际使用价值的调查。即一本数字化教材质量的高低并不是单纯的由其内容与功能的丰富程度等本身的条件所决定的，即便其在出版发行前的质量检测中评分为满分，但是若其在实践过程中未能满足教师与学生的需要，未能实现其教育价值与社会价值，那么这本数字化教材就是低质量的甚至可以说是无用的。因此，在数字化教材发行后对其质量的评价必须考虑到各利益相关方的需求，倾听他们对于数字化教材的体验或看法，即其评价的实施主体必须是一个由来自多领域的、与数字化教材之间存在密切关联的利

益相关者所组成的质量评价小组。小组中各成员应密切配合、相互信任，运用自己在相关领域所具有的专业知识与已有经验，基于实际情况对数字化教材予以客观公正的评价。

首先，该评价小组中必不可少的成员就是教师和学生。作为数字化教材的实际使用者与直接体验者，数字化教材的质量对于二者教与学的活动过程及最终效果都会产生极大的影响。同时，教师和学生既是教育与课程的基本要素，也是教学活动中不可或缺的主体，且数字化教材设计的初衷之一就是为了提升课程质量、促进教育公平，因此，教师和学生应是数字化教材质量评价小组中的核心成员。从教师的角度而言，教师扮演着数字化教材的使用者、资源创建的参与者、资料的提供者、教学过程中学生的引导者与教学活动的管理者等多重身份，因此，合格的数字化教材应当能够为教师完成这些身份所对应的任务提供基本条件。具体包括：所选用的数字化教材能否为其提供完成基本教学目标的必要材料、能否为其完成思维拓展教学提供补充材料、是否允许其根据实际情况添加相应的个人材料、是否能够便捷地将根据班级学生的实际情况所检索的材料进行整合呈现、能否利用数字化教材生成一种良好且活跃的师生互动的教学情境、是否能帮助教师更为便捷的对学生的学习成果进行管理与评价、是否能够为教师反思个人教学行为及成果提供材料等，这些都会影响教师对于数字化教材质量的评判。

而从学生的角度而言，个体在完成某一阶段的学习后是否能取得一定程度的自我发展？是否满足基本生存所需与问题解决的能力？是否能够满足个人兴趣需要？最终所取得的成果是否比以往更为优异等是其尤为关注的重点。因此，所选用的数字化教材能否为其提供自主学习与探究的必要材料、能在没有教师的情况下帮助其完成自主学习、能否满足其自由成长与全面发展的需要、能否帮助其具备适应当下社会生活与未来社会生存所必需的素质等理所当然地成为学生可能用于评判数字化教材质量的指标。由于这些方面能在数字化教材的使用过程中直接为教师和学生所感知与体验，因此具有相当程度的真实度与可信度，对于数字化教材开发者对相应的数字化教材进行小范围调整修订或再版以及生产其他数字化教材而言都具有高参考价值。

其次，数字化教材的质量评价小组中必须有教材评价专家、课程专家等专业科研工作者的加入。上文曾说过，对数字化教材质量的评价应当是一个科学的、严谨的过程，必须要在相应理论知识与实践经验的指导下进行，而教材评价专家等科研工作者所扮演的就是数字化教材质量评价中的指导者角色。尤其是教材评价专家应在诸多研究人员中处于中心位置。他能够以自身所拥有的坚实的理论知识与丰富的实践经验为基础来指导数字化教材质量评价指标体系的制定，并成为主要的制定者与确定体系是否有效的审核者，比如提供以往评价实践中所践行过、被证实确实具备有效性的指标来作为本次评价指标体系构建的依据；能够根据实际情况，为评价不同的数字化教材选择最为恰当的方法，是侧重于同行审阅还是用户评价？是选择在虚拟世界里基于互联网的"众包激励法"还是在实际中深入各学校展开实际调查？这些都是数字化教材的质量评价所要考虑的问题。

同时，教材评价专家还能够为数字化教材质量评价小组中的其他成员提供相应的任务规划，承担划分成员工作范围的任务，最后的评价结果也会汇总至评价专家的手中，由其根据相应的指标判断数字化教材的实际使用状况以及对教学活动需要的满足程度并进行报告的撰写工作，所撰写的报告最终将为数字化教材的开发者对于数字化教材的不足之处进行修正指明方向，也为日后数字化教材的设计与编制提供了可参考的经验，可以说，教材评价专家的重要性贯穿于数字化教材质量评价的全过程之中，而评价小组中其他的专业科研人员所进行的工作均是为教育评价专家撰写最终的质量评价报告而服务的，比如课程专家可以对使用数字化教材后课堂上学生的积极性、教师教授某一课程的难易程度、课程是否达到国家所规定的标准等进行评价，教学专家可以对教师使用数字化教材前后在教学方法等方面的改进与表现做出调查，以作为数字化教材质量高低的间接证据进行提交。

再者，校长或者学校的管理者也应当在数字化教材质量评价小组之中占据一席之地。虽然校长并不是数字化教材的直接使用者，但却与数字化教材的使用具有密切联系。作为学校管理者，既可以从物质上为数字化教材在本校中的普及推广创造条件，也可以从精神上或者说是从教育理念上对数字化教材的使用给予支持，而管理者是否会对数字化教材进行物质与精神的双重支持以及支持的程度如何则与数字化教材的实际效用的发挥之间息息相关。若学校的管理者判定一本数字化教材是高质量的数字化教材，认为其使用能够切实促进学校教育质量的提升并使学校获益，则他们对于数字化教材会抱有积极的态度并进行大力支持，而有了强支持的数字化教材必然能够发挥更大的效用，反之，若一本数字化教材在学校管理者的眼中是乏善可陈的，则其会对数字化教材的价值持有怀疑的态度，自然也就不可能在物质和精神两方面给予过多的支持，而数字化教材的效用也会被削减。因此，学校管理者对于数字化教材质量的评价也应被纳入最终考量之中并为数字化教材的开发者所关注。

教育最终所培养的是具有适应终身发展与社会发展需要的必备素质的人，是社会问题的关注者与解决者，也是为社会发展服务的人，而教材是教育内容的载体，是教师与学生之间共同完成教学活动的桥梁，其好坏直接影响着教育的最终结果以及所培养的人才的规格与质量。因此，在对数字化教材进行质量评价时，还要考虑以家长为代表的社会成员的意见，即在条件充足且有必要的情况下，应将社会代表纳入评价小组之中。社会代表成员的加入既可以使对数字化教材的质量评价活动更为全面，又能促使家长等社会成员的代表在对数字化教材进行评价的过程中，对数字化教材加以充分地了解并认识到数字化教材设计的科学性所在，尤其是对曾经将电子产品视作洪水猛兽的人而言，让他们参与到数字化教材的评价过程中有助于加深其对数字化教材的了解并实现观念上的转变，另外也可以让那些对数字化教材心怀疑虑、认为它可能会损害学生身体或心理健康的人们看到数字化教材的优点，比如让家长看到数字化教材可以利用蓝光模式来保护学生的视力，以打消其顾虑，从中立乃至反对走向支持。但由于家长等社会代表未直接参与到数字化的开发与使用过程之中，也未有过参与科学评价的经验，因此若要让其参与到数字化教材的评价中，则需要先对他们进行一定程度的集中培训，将其所应当了解的内容进行讲解并答疑解惑，并在评价过程中为之配备相应的指导（如发放指导手册），尽量使其在评价过程中保持客观的立场而不是任其自由发挥，否则会使得所收集的评价结果杂乱无章或是过于主观，给最终评价结果的获得带来一定的困难。

应当注意的是，上述对评价小组人员的构想实际上是在理想状态（比如具备时间充裕、物质支持充足等条件）下的数字化教材质量评价小组的人员构成，多元化的人员构成可对数字化教材整体质量进行较为完整的、全面的评价，观点间的相互佐证可以使得评价的结果更为客观科学，代表多元价值观的评价结果也走出了"非高质量即低质量"的认识二元论误区，但这样的评价往往也需要耗费大量的人力、物力与财力，在时间上难以掌握，在成员所具备的素质上难以把控，比如若要让家长参与到评价过程中，则其前期的培训时间则相对来说会更长，培训难度也会有所增加，培训效果也只能在实际评价过程中进行检验。因此在实际研究过程中，最常见的是只基于某一立场而对某一数字化教材的质量的某一方面进行评价，如基于教师角度对数字化教材内容的合理性与适用性的评价、基于学生视角对数字化教材趣味性的评价等，评价小组成员的构成也根据所评价方面的不同而有所变化，比如若侧重点是数字化教材内容的教育性与科学性，则评价的实施主体往往由直接使用数字化教材的教师、学生以及具有丰富理论与实践经验的专家来担任，若侧重点是数字化教材的实用性或社会价值，则请家长与相应领域中的社会代表参与评价是较为合理的，若关注的是数字化教材对课程质量的影响，则课程专家就显得必不可少。

2.确定评价对象与指标

毋庸置疑，数字化教材质量评价的主体对象一定是数字化教材的质量，但具体对哪一方面的质量进行评价却是需要评价的组织者以及实施主体所考虑的问题，对不同方面的考核所采用的方法、所选用的指标、数据的来源以及所需的人力、物力、财力等外部支持等均不相同。比如同样是对数字化教材的内容进行评价，如果是要对数字化教材内容的教育性进行评价，则可以将内容与同版纸质教材是否一致、其中所蕴含的思想观念是否正确、与课程标准所规定的内容是否相符、价值导向是否与当前社会一般价值取向相一致等作为评价指标，主要工作是对教材内容与同版纸质教材以及课程标准之间的一致性进行评价，确定是否存在差异以及所存在的差异是否合理并切合实际，而若要对数字化教材内容的适用性进行评价，则需要考虑该数字化教材的适用范围是否广泛、教师与学生对该数字化教材的体验是否良好、教材能否满足教学需要以及满足程度、教材能否适应学生特征以及适应程度等方面，数据及资料主要是通过对直接使用教材的教师与学生进行调查、询问他们对于数字化教材的看法与建议而得出的。

　　指标选择方面，除了要确定具体的所需使用的指标外，还应当将指标依据其在评价数字化教材某一方面的重要程度进行给分，或者说是按照该指标与数字化教材某一方面的质量的关联性进行排序和给分，确定其重要性。常见的比如用层次分析法（AHP）来检验指标的重要性程度是否与实际情况相符，基本步骤如下：

　　第一步是通过文献阅读，以已有经验为依据，罗列评价数字化教材质量所需要的一级指标与二级指标，一级指标以A_1，A_2…，A_i来表示，二级指标以A_{11}，A_{12}…，A_{ij}来表示，其中i及一级指标数，j及每一项一级指标中所包含的第几个二级指标，如A_{33}即第三项一级指标中包含的第三个二级指标。

　　第二步则是以1—9来代表由低到高的指标重要性程度，1为不重要，9为极其重要，而其中的2，4，6，8所代表的则是指标的重要程度介于二者之间，而后分别计算一级指标与二级指标的权重系数，以表4.1为例：

表4.1　一级指标权重

一级指标	必修课	选修课
A_1	5	5
A_2	7	3
A_3	3	5
A_4	5	4

　　一级指标权重系数计算公式，

$$W_i = \frac{A_i}{\sum_{i=1}^{n}} \; (i = 1, \ldots, 4)$$

　　其中分母所代表的是一级指标和。利用上述公式，一级指标权重系数如表4.2所示：

表4.2 一级指标权重系数

一级指标	必修课	选修课
A_1	0.25	0.294
A_2	0.35	0.176
A_3	0.15	0.294
A_4	0.25	0.235

相比于一级权重指标而言，二级权重指标系数的计算较为复杂，以表4.3为例。

表4.3 二级指标权重

二级指标	必修课	选修课
A_{11}	3	5
A_{12}	5	3
A_{21}	3	4
A_{22}	7	6
A_{31}	6	5
A_{32}	3	5
A_{41}	5	7
A_{42}	7	3

二级指标权重计算公式，其中分母代表二级指标和：

$$W_{ij} = \frac{W_i A_{ij}}{\sum\limits_{ij} A_{ij}} \quad (i=1, 2, 3, 4, j=1, 2)$$

利用上述公式，二级指标权重系数如表4.4所示。

表4.4 二级指标权重系数

二级指标	必修课	选修课
A_{11}	0.0205	0.0387
A_{12}	0.0342	0.0232
A_{21}	0.0154	0.0185

续表

二级指标	必修课	选修课
A_{22}	0.0359	0.0278
A_{31}	0.0308	0.0387
A_{32}	0.0154	0.0387
A_{41}	0.0427	0.0433
A_{42}	0.0598	0.0186

第三步是在权重系数计算完毕之后，以公式来衡量指标系统的相容性与误差，即判断所给定的指标权重是否是合理的，或者说是判断指标的重要性是否与所给定的相一致，则需先建立指标判断矩阵，即将指标权重表进行简化，并建立指标判断矩阵，以必修课中的一级指标为例，其相容性与误差分析流程如图4.1与图4.2所示。

首先，根据必修课一级指标权重表建立一个矩阵，矩阵内容即按项目数对一级指标进行誊写，比如必修课内现有一级指标四项，则最终建立的就是一个4*4矩阵；

其次，将4*4矩阵内容进行化简，矩阵中$\{A_1，A_1\}$项必须为1，该矩阵记为A；

再其次，进行列向量归一化，即使每一列数字相加后均为1，其归一方法为以每一列数的和为分母，以每一列每一个数为分子；

而后，对所得到矩阵进行按行求和，并对新的矩阵再次进行列向量归一化，最后得到矩阵W；

再而后，将矩阵A与矩阵W相乘，最终得到一个新的矩阵，相乘方法为A矩阵第一列数值与W矩阵中第一个数相乘，以此类推；

接下来，按公式$\lambda_{max}=1/n\times（AW_1/W_1+\cdots\cdots+AW_n/W_n）$来计算$\lambda_{max}$的数值，其中$n$代表项目数，$AW_1$代表矩阵$A$和矩阵$w$相乘后的第一个值，$W_1$代表必修课一级指标权重系数中的第一个系数（也可以说是W矩阵里的第一个值）；

最后，按公式$CI=（\lambda_{max}-n）/（n-1）$，$CR=CI/RI$，计算CI与CR，若CR<0.1，则可说明必修课一级指标符合相容性与误差要求，即一级指标的

重要程度与事实相吻合，若CR>0.1，则说明一级指标的重要程度需被重新认定，其中RI为随机一致性指标，可通过查表获得。

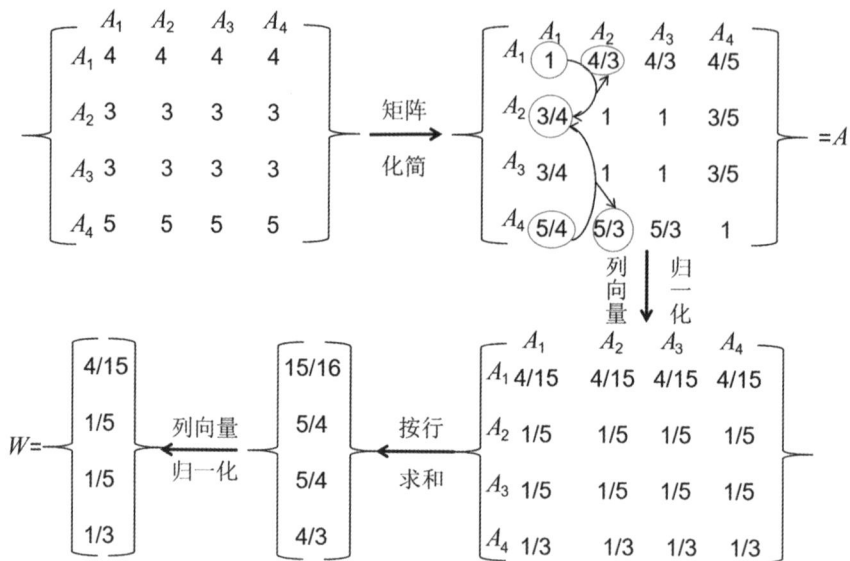

$$
\begin{bmatrix}
 & A_1 & A_2 & A_3 & A_4 \\
A_1 & 4 & 4 & 4 & 4 \\
A_2 & 3 & 3 & 3 & 3 \\
A_3 & 3 & 3 & 3 & 3 \\
A_4 & 5 & 5 & 5 & 5
\end{bmatrix}
\xrightarrow{\text{矩阵}\ \text{化简}}
\begin{bmatrix}
 & A_1 & A_2 & A_3 & A_4 \\
A_1 & 1 & 4/3 & 4/3 & 4/5 \\
A_2 & 3/4 & 1 & 1 & 3/5 \\
A_3 & 3/4 & 1 & 1 & 3/5 \\
A_4 & 5/4 & 5/3 & 5/3 & 1
\end{bmatrix}
= A
$$

$$
W =
\begin{bmatrix}
4/15 \\
1/5 \\
1/5 \\
1/3
\end{bmatrix}
\xleftarrow[\text{归一化}]{\text{列向量}}
\begin{bmatrix}
15/16 \\
5/4 \\
5/4 \\
4/3
\end{bmatrix}
\xleftarrow[\text{求和}]{\text{按行}}
\begin{bmatrix}
 & A_1 & A_2 & A_3 & A_4 \\
A_1 & 4/15 & 4/15 & 4/15 & 4/15 \\
A_2 & 1/5 & 1/5 & 1/5 & 1/5 \\
A_3 & 1/5 & 1/5 & 1/5 & 1/5 \\
A_4 & 1/3 & 1/3 & 1/3 & 1/3
\end{bmatrix}
$$

（列向量归一化）

图4.1　列向量归一化流程示例

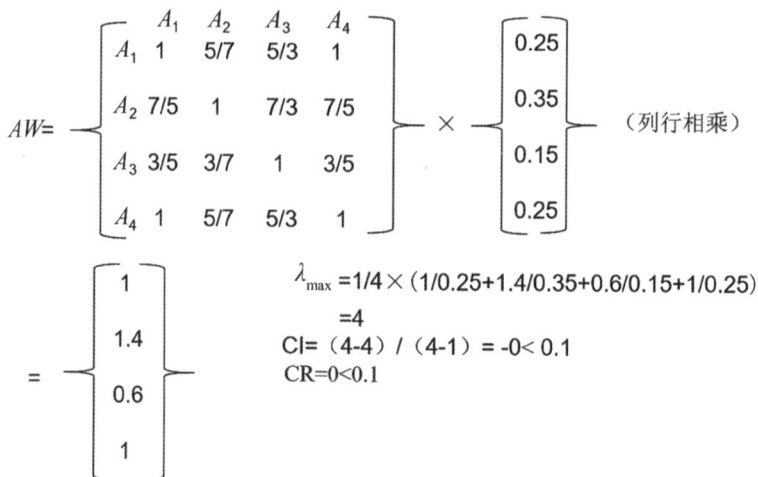

$$
AW =
\begin{bmatrix}
 & A_1 & A_2 & A_3 & A_4 \\
A_1 & 1 & 5/7 & 5/3 & 1 \\
A_2 & 7/5 & 1 & 7/3 & 7/5 \\
A_3 & 3/5 & 3/7 & 1 & 3/5 \\
A_4 & 1 & 5/7 & 5/3 & 1
\end{bmatrix}
\times
\begin{bmatrix}
0.25 \\
0.35 \\
0.15 \\
0.25
\end{bmatrix}
$$

（列行相乘）

$$
=
\begin{bmatrix}
1 \\
1.4 \\
0.6 \\
1
\end{bmatrix}
$$

$\lambda_{\max} = 1/4 \times (1/0.25 + 1.4/0.35 + 0.6/0.15 + 1/0.25)$
$\qquad = 4$
$CI = （4-4）/（4-1） = -0 < 0.1$
$CR = 0 < 0.1$

图4.2　指标相容性与误差判断流程示例

3.实施评价

确定了数字化教材质量评价的各项指标以及重要性程度后，就可以正式进入对数字化教材的质量进行评价的过程之中。该环节中，评价的实施主体需要依据拟定好的质量评价实施步骤与评价对象，通过各种途径收集客观的评价数据或主观的、直接的体验或行为表现等，包括向被调查群体进行问卷（或数字化教材质量打分表）分发与回收、按固定问题访谈、观察并记录等研究活动，或可到数字化教材所刊登的线上平台查看使用者的打分情况，并将最终所获得数据加以汇总整理。应注意的是，该阶段应由多位评价者选用复合方法在不同时间与空间对同一对象做调查研究，使所搜集的资料之间形成互补，比如在数字化教材投入使用后，在同一时段对处于不同水平的学校乃至同一年级不同班级的学生进行调查，或在不同时段对同一学校同一年级的学生进行调查，以确保所搜集资料的全面性、有效性和时效性，既要避免变量过多对结果造成的影响，也要防止因个人主观观念或外部客观环境导致所搜集的资料有失公允。

4.分析资料，撰写研究报告

数字化教材的质量问题是一个涉及多方面因素的、复杂的、综合的问题，小到教师的信息素养与教育背景、学生的年龄阶段与认知水平，大到家长的观念、使用环境等都有可能影响其对于数字化教材质量的主观体验与判断，由此可能会导致数字化教材质量评价的最终结果与实际情况存在误差。因此，在对数字化教材质量评价过程中所获得的资料进行分析时，应当充分考虑资料来源或者说是调查对象的特征，并且将所获取的资料进行交叉对比印证，以证实资料的有效性，保证质量评价结果的准确性。

在所撰写的数字化教材质量评价报告中，不仅应当明确展示评价的最终结果，还应当根据所收集的资料找出现有的数字化教材所能够达成的目标与初期设计目标之间的差异性，判断差异程度是否对教师和学生的使用造成影响并分析差异产生的原因是出自数字化教材本身还是客观使用环境，以为数字化教材设计者与编制者的改进工作服务，使其最终的调整结果与实际情况相符合，同时也可以作为新的数字化教材开发的重要参考。

（二）数字化教材质量评价原则

1.科学性原则

数字化教材的评价结果一方面可以使人们确定当前版本的数字化教材是否能够且真正在课堂教学中为教师和学生提供帮助，另一方面也为人们调整、修正数字化教材或开发新的数字化教材提供依据，因此，对数字化教材质量的评价是优化数字化教材内容、完善其功能、增强其实用性道路上不可或缺的环节，可谓是数字化教材质量提升的"指明灯"。因此，对于数字化教材质量的评价必须要是科学的、合理的、客观的，不能陷入经验主义的误区，将过去的评价结果完全照搬到本次评价，偏听偏信，不仅会导致评价过程困难重重，也对数字化教材的进一步改善无所助益，甚至还会使对数字化教材的调整与修订偏离正确的方向，导致教材质量不升反降。

一方面是评价计划的科学性。如上文所说，对数字化教材质量的评价要在程序清晰、目标明确的评价计划的指导下进行，明确要评价的对象以及用什么指标来对其进行评价，而后基于本次评价可调用的人力、物力与财力以及评价周期的长短，从调查内容的角度出发来考虑量化评价与质性评价的可行性，之后选用恰当的资料收集方法，比如若要了解数字化教材的实际使用价值，则需要与教师和学生进行深入交流，倾听他们的使用体验以及问题反馈，以防止重要信息缺失，而不能简单地用问卷上"满意""不满意"或者打分来衡量，但若要对数字化教材内容与课程标准之间的一致性加以评价，则单纯使用量化的评价方法也能完成本次评价。

另一方面是评价指标的科学性。数字化教材评价指标的科学性主要体现在其全面性与合理性上。所谓全面性，即所采用或制定的指标能够全面反映所要评价的内容的情况，无论评价的对象是数字化教材的部分还是整体质量，都不是采用单一指标或单级指标就能完成的任务，因此，在选用或制定数字化教材的评价指标时，应基于已有的经验与指标体系，充分考虑到与所评价的内容有关联的各方面因素，而后按关联性对指标加以排列，将关联较小的不重要的指标剔除，确保数字化教材质量评价指标体系完整的同时减少其复杂性；而合理性则是指数字化教材评价指标难易程度应该与当前技术水平等客观环境之间相适应，比如当前富媒体技术已然成熟，若仍使用从前评价静态媒体数字化教材的指标来评价富媒体数字化教材，则最终所得到的结果自然是"完美的"，但评价结果却并不能真实的反映富媒体数字化教材的情况。因此，评价指标的全面性应当是在评价指标合理的基础上存在的，以保证最终结果的全面合理。

2.多样性原则

所谓多样性原则，即指数字化教材质量评价应遵循信息搜集渠道的多样性以及评价方法的多样性原则。数字化教材的质量受多方面因素的影响，尤其是在完成开发过程、投入使用之后，其质量不再单纯受到开发过程中所投入的物力支持以及开发者本身的水平的影响，还需将使用环境、使用者的水平与阅读习惯、使用者对其的接受程度等方面考虑在内。因此，在评价时，要尽量避免只从单一渠道收集信息与资料，尤其是不能听信来自使用者的一面之词而不考虑使用者的自身特征以及外在的客观因素，比如若要评价数字化教材功能的实用程度，则需先考量其使用环境是否与使用说明上所规定的相一致、使用者在使用该数字化教材之前是否曾有过相应的使用经验以及其对于利用智能设备进行教学的看法，而后再调查使用者对功能的实用程度的反馈，若使用环境与使用说明上所规定的大相径庭或使用者对利用智能设备进行教学活动存有偏见，那么使用者可能会认为当前数字化教材的功能并不能满足其日常的教学工作甚至形成了阻碍，但实际上，这种偏颇的看法是由使用环境的区别以及使用者自身固有观念所导致的，因此，不能作为判断数字化教材功能实用程度的可信资料。

除此以外，评价方法的多样性对于保障评价结果的可信度也十分重要。在评价的发展史上，量化评价与质性评价之间曾经有过相当长的一段水火不容的时期，前者的优势在于能够以数据的方式来简明扼要的呈现最终结果，资料收集便捷的同时也能保证相当程度的客观性，但它只能反映出当下所存在的问题，但在对问题成因进行判断的方面则略显逊色，导致评价结果的受众只知结果却不知如何对问题进行修正，而后者的优点在于可以通过一种全程的跟踪、观察了解某种问题的成因，以为进一步的改进指明道路，但同时质性评价所带有的主观性使其结果易受周围环境及多方面因素的影响，导致评价的结果有所偏颇。二者的互补性决定了它们在发展的过程中必然会由敌对走向融合。因此，在对数字化教材的质量进行评价的过程中，应尽量使用量化与质性评价相结合的方式，采用多样化的评价方法来收集数据资料，甚至可以利用数字化教材能够与互联网相连接的特性来实现实时的评价，以实现信息间的相互印证，达成一种主观与客观的平衡。

3.公开性原则

数字化教材的设计初衷之一是为了提升师生教学工作的水平与效率，在某种程度上促进教育公平，而对于数字化教材质量评价的目的并不只是为了追求其本身的完美无缺，也不是只为了得到一个评价结果，而是要求其切实可用并为其修订与再版提供依据。可以说，对数字化教材质量评价，既是为了给数字化教材的开发者指明修正与改进的方向，也是为了让其使用者加深对当前所使用的数字化教材的了解，同时还可以向其他利益相关者比如出资人提供决策依据。因此，数字化教材质量评价的全过程应该保持相当程度的公开性，力求过程民主，结果透明。即评价的主导者应该在评价前主动向所有参评者说明本次评价的目的、意义、对象与方法，在制定评价指标时不能独断专行，既要通过科学的计算方法确定各指标重要程度，又要与评价小组中的所有成员进行沟通交流，基于他们的意见而进行反复的修改，尽量平衡来自各方面的价值观念；在评价进行中期，要有除评价小组之外的第三方监管者对评价过程进行监督，对所收集的资料信息亦享有查阅、复核的权利，以保证资料信息的准确性与完整性；而在评价完成之后，所撰写的报告应该向包括使用者在内的所有利益相关者进行全面公开，以使所有人对评价结果有充分的了解，并以此作为进一步决策的依据。

4.易操作性原则

所谓的易操作性，主要是指评价方案本身较为简洁且操作起来难度较低，即便没有受过长时间专业训练而只在评价开始前较短的时间内接受了一定培训的人也能操作自如。对数字化教材质量评价的过程由于涉及多方因素而显得烦琐复杂，这是客观存在的困难，不能为人的意志所改变，但却可以通过多种人为的方式进行改善。除了可以通过科学的评价方案使繁杂的过程变得程序明确、步骤清晰外，还应当注意评价指标的简洁性，包括评价指标描述的简洁明了以及评分标准的清晰可用，对评价指标的描述应当避免过于专业的语言，而采用概括性、通俗易懂的语言，而对于评分标准的表述则应采用一些在实际过程中可以观察到的行为或者是内容。比如若要评价数字化教材的教育性，则评分标准中可以有"学生使用数字化教材后的成绩是否有所提升""学生使用数字化教材后的自主学习能力是否有显著发展"等表述，这样的描述可以使评价主体抓住评价的关键内容并对这些方面进行有侧重的调查，如采用比较学生在数字化教材使用前后的成绩状况、观察学生在课堂中自主学习的主动性与积极性等方法作为资料收集的途径，最后综合考量，进行打分。

另外，一些外部力量的介入也可以使评价方案更易操作，比如增加评价者的数量并为每个评价者清晰的划分不同的工作内容、聘请有经验的评价者加入评价小组并对评价进行全方位的指导等。方案的易操作性不仅能够降低评价中断的风险，使得整个评价过程顺利进行，也有助于在评价开始前向参与评价的非专业人士，尤其是学生进行解释说明，避免因为评价方案的操作难度较高而产生误解，导致所收集的数据或资料方面有所偏误，谨防出现"事倍功半"的结果，确保评价结果的有效性。

二、数字化教材质量评价维度与指标体系

各国对于数字化教材进行研究的起步时间虽然较早，但相较于纸质版教材而言，数字化教材本身所具有的灵活性以及类型的多样性使其质量评价标准也无法完全保持长久不变的状态，用以评价静态媒体数字化教材的质量标准与评价富媒体类数字化教材质量的标准必然不同，后者相对而言或许会更为严苛，目前，尚未有一个为世界范围内大多数研究者所认可的统一标准，许多在数字化教材质量评价研究方面起步较早的国家根据本国国情制定了一系列与数字化教材相关的数字化学习资源或在线课程的标准，虽然这些标准并未直接或单纯指向数字化教材，但对这些标准的研究有助于立足我国国情与数字化教材的开发与使用情况来制定的数字化教材质量评价标准。我们借鉴开放教育资源质量保障框架TIPS2.0以及美国现有的数字化教学资源质量评价指标体系，尝试从整体视角出发，明确评价数

字化教材应涉及的基本维度与指标。

（一）开放教育资源质量保障框架——TIPS2.0

数字化教材是开放教育资源（OER）的重要组成部分。因此开放教育资源的质量保障同样也适用于数字化教材的质量保障。开放教育资源质量保障框架TIPS的构建源自保罗·川内（Paul Kawachi）受英联邦学习共同体亚洲教育媒体中心委托所开展的一项课题的研究成果，该框架通过"向来自世界各地的开放教育资源专家征集意见"+"多次交由国际研讨会的与会者进行探讨"两个步骤，最终生成了一份由四层次内容构成的65条必不可少的评价标准，即TIPS1.0，这四个字母分别代表：T，即教学和学习过程（Teaching and learning process）；I，即信息和材料内容（Information and material content）；P，呈现、产品和格式（Presentation，product and format）以及S，即系统、技术性的和技术（System，technical and technology）。该标准经由德尔菲法（又称专家调查法，本质上是一种反馈匿名函询法，即就所要预测的问题向领域内专家征询意见，而后经过归纳与统计后再以匿名的形式反馈给各专家，而后反复重复上述流程直至得到一致意见的方法）的检验，确认其中24条的内容效度指数大于0.80，因此可以作为评价开放教育资源质量的有效评价框架。[①]

基于TIPS1.0，从教师的视角出发，保罗·川内及其研究团队通过教师确认38个开放教育资源质量评价标准，形成了TIPS2.0，其内容如表4.5所示。

---

① 保罗·川内，肖俊洪. 开放教育资源TIPS质量保证框架的验证研究 [J]. 中国远程教育, 2014（11）: 15-19+95.

表4.5 开放教育资源质量保障框架——TIPS2.0[①]

维度	标准
T：教与学的过程	考虑如何为OER的使用者提供一个带有先行组织者和导航辅助工具的学习指南
	使用以学习者为中心的方法
	使用最新的适当且真实的教学方法
	清楚陈述使用OER的原因、目的、相关性和重要性
	应与本地的愿望、需求保持一致并对学生当前及未来需要进行预计
	牢记OER的目标是支持学习者的自主性、独立性、适应性以及自立性
	使用积极的表达，采用不分性别的、对用户友好的对话方式
	避免使用困难或复杂的语言，并对可读性进行检查以确保文本与用户的年龄/水平相符合
	说明为何要布置某任务以及该任务对学生而言的现实意义，牢记取得预期效果所必须采取的措施
	激发内在学习动机，如通过意想不到的轶事激发好奇心
	对完成率、学生满意度以及学生是否将资源推荐给他人进行监控
	包含多种多样的自测活动，如多选题、概念问题和阅读理解测试
	向其他教师与学生提供相应渠道，以帮助他们给出有关如何改进的反馈与建议
	将形成性自我评估与帮助机制相联系
	尽力提供学习支撑
I：信息及材料内容	确保你希望学生学习的内容是最新的、准确地和可靠的
	考虑向学科专家征询相关意见
	观点应支持平等与公平，能够促进社会和谐，并具有社会包容性，守法并具有非歧视性
	所有内容对于目标而言都是相关且恰当的，避免花哨导致注意力分散
	内容应具有真实性、内部一致性且适应本土化
	充分利用学生已有的学习经验及其本土性，鼓励学生参与创建适合情景化学习的本土化内容
	尽量精简开放教育资源，使之可单独作为一个学习资源，并考量其是否足够精简以便在其他学科中重新利用
	添加其他材料链接以充实内容

---

① Quality Assurance Guidelines for Open Educational Resources: TIPS Framework Version 2. 0［DB/OL］. http://oasis. col. org/handle/11599/562.

续表

维度	标准
P：呈现、产品与格式	确保开放许可协议清晰可见
	以清晰、简洁且连贯的方式呈现材料，注意音频的音质
	设身处地为学生设计一个令人愉快且颇具吸引力的环境，有效的对各种颜色和空白处加以利用，激发学习兴趣
	为随后添加经审核的学生反馈的内容预留部分空间
	考虑你的OER是否要被打印出来，是否能离线或适合移动使用
	使用开放格式发布开放教育资源，以最大限度的利用和重组
	考虑自愿学习的书序建议——某学习路径中哪个OER应优先于你的个人资源的学习？哪个应该在你个人资源之后学习
S：系统、技术性与技术	添加预计学习时间/难度水平、格式和大小的元数据标签
	考虑给OER添加内容的元数据标签，以便于今后查找
	尽量使用免费源代码/软件，便于跨平台传播
	确保你的OER便于改编
	确保你的OER便携且易于传播，能保存一个脱机副本
	你的OER和学生作业应易于转移到学生个人的电子学习档案中
	包含产品的创建日期以及下一次修改日期

从表4.5中可以看到，相较于TIPS1.0而言，TIPS2.0与其说是一个质量标准框架，不如说是为使用者尤其是教师参与开放教育资源的开发提供一个完整的指南，教师基于该框架，即可开发出满足普遍性要求的开放教育资源并成功地将其应用于教学过程之中。从某种意义上来说，数字化教材也是一种开放教育资源，或者说其内容有大量开放教育资源的成分在其中，因此，为开放教育资源质量所研究的保障框架也可以成为构建数字化教材质量评价指标体系的重要参考，这既有利于从使用者的视角出发来对数字化教材的实用价值做出评价，也有助于使用者根据该框架参与到高质量数字化教材的内容资源的开发过程之中。

（二）数字化教学资源质量评价指标体系

数字化教材内置或外链的用于教学活动的数字化教学资源是数字化教材的重要组成部分，其中既包括能够免费或付费获取的在线课程，也包括一些能够用于教学的各类习题、音视频等，其质量的高低对于数字化教材质量的影响是不容小觑的。美国是世界上最早实施数字化教材的国家之一，关于数字化教材质量评价的指标体系也有一定的探索。高质量的数字化教学资源应具有如下特征：首先，数字化教学的内容资源必须是经由为大众所广泛接受的评估工具测评后确认达标的、符合州、地方和学校的学习标准；其次，内容是"用户友好"的，即能够为用户轻松查找并加以学习的资源；最后，高质量的数字化教学资源应当是能为包括残障用户在内的各类学习者都无障碍获取的资源。①

作为一个分权制的国家，美国各州政府均拥有根据本州实际情况做出重大教育决策的权力，因此，在美国，国家统一标准更像是一种基准，但并不作为各州审核数字化教材的硬性标准，而是允许各州根据当地的具体情况，选用不同的方式来制定评价标准，多数州主要采取如下三种方式：一是从国家颁布的相关标准中选取出一些属于必要的、基本的、核心的指标，另外根据本州情况再添入1~3个当地特色指标，形成新的评价标准；二是直接套用现有的指标，比如美国的Achieve公司所制定的《开放教育资源（OER）对象的评估标准》（《Rubrics for Evaluating Open Education Resource（OER）Objects》）就是一套固定下来的、能够用于数字化教材或者说是开放式的数字化教学资源的评价标准；三是由州政府牵头，与大学或者是一些相关研究机构合作，制定适合本地区情况的评价标准体系。②

目前，美国较为常见的数字化教材质量审查或评估工具有两种，一种是上文所提到的，由美国华盛顿州的非营利性组织"Achieve公司"所开发的数字化教学资源评估工具——《开放教育资源对象的评估标准》，该标准包含"与标准的一致性程度""对主题解释的质量""为教学而生的材料的有效性""评估的质量""技术交互性质量""教学和实践练习的质量""深入学习的机会"以及"可访问性标准"八个维度，并为每个维度赋予了从0~3的评分标准（详见表4.6），而另一种则是由美国"学生成就合作伙伴"所开发的、基《共同州立核心标准》的全年级、全科课程资源评价标准，全文件由幼儿园至二年级（K2）以及3—12年级（3—12）两个部分构成，含"不可协商标准"（Non-Negotiable Criteria）与"一致性标

---

① 孙丽娜，陈晓慧. 数据地图引领美国K-12数字教学资源的变革——基于2017美国《数字教学资源在学习中的实施》报告解读与启示［J］. 外国中小学教育，2018（08）：30-40.
② 胡军. 外察与内省：数字教材与资源评价标准研究［J］. 课程. 教材. 教法，2021，41（05）：32-39.

准"（Alignment Criteria）两类，前者因其所罗列的每一项指标都是基本的、要求被评价的数字化教材必须达到的指标而被称作"不可协商"，且只有"达到标准"和"未达到标准"两个评分项，一旦"不可协商标准"中的任意指标被判定为"未达到标准"，则评价工作将立刻中止，该教材也会被列入"不予推荐的教材"的列表中，相比而言，"一致性标准"中的指标则更为"柔和"，提供了"达到标准""部分达到标准"和"未达到标准"三个等级，这种根据不同学科所制定的标准充分考虑到了学科特征，评分标准翔实，且包含了有关哪些信息可作为评价文本质量证据的指导，具有易操作性，对评价者而言十分友好。①②（详见表4.7）

除上述两种以外，美国国家教育技术总监会（State Educational Technology Directors Association，简称SETDA）发布的《由纸质向数字化：获得高质量教学资源的指南》中所提到的国际K-12在线学习协会（International Association for K-12 Online Learning，简称INACOL）将得克萨斯州所开发的评估工具分享给评价者以做范例，该工具分为内容、教学设计、学生评价、技术、课程评估与支持五个维度，虽未直接指向数字化教材，但仍对评价数字化教材质量有一定的借鉴意义。（详见表4.6）

表4.6 Achieve公司《开放教育资源对象的评估标准》③

一级指标	评分	评分标准
与标准的一致性程度（不适用于评价无建议标准的对象）	3	当同时满足如下两项标准时，才可说评价对象具有完全一致性： 一是评价对象与确定标准中所期望的内容与表现完全对应 二是评价对象以确定标准中所期望的内容与表现为重点，即便一些对象可能涉及一系列有可能被调整的部分，但一个优良的调整仍然要以内容和效用为中心，而不是将它们置于评价对象的外围部分

① 翟志峰，董蓓菲. 基于课程标准和证据：美国语文教材评价工具研究［J］. 外国中小学教育，2019（02）：68-76.

② 陈淑清. 美国数字化教材的质量保障举措：基于教科书审查的视角［J］. 吉林省教育学院学报，2019，35（08）：111-114.

③ Rubrics for Evaluating Open Education Resource（OER）Objects［DB/OL］. https：//files. eric. ed. gov/fulltext/ED527714. pdf

续表

一级指标	评分	评分标准
与标准的一致性程度（不适用于评价无建议标准的对象）	2	若评价对象满足下述两项标准之一，则可判定其有较强的一致性： 一是标准中有少量元素在评价对象中没有涉及 二是给定标准中所期望的内容和表现与评价对象的一小部分保持一致
	1	若给定标准中所期待的内容和表现的重要部分在评价对象中找不到相对应的内容，但评价对象对其所涉及的部分仍保有相当程度的"忠实"（即与所涉及的部分一致），则可以说评价对象的一致性有限
	0	若评价对象出现下述两项中任意一项所描述的情况，则可判定其缺乏一致性： 一是该对象与给定标准不匹配 二是评价对象只与标准中不重要的部分相匹配，这些对象通常对标准中所阐述的那些教学中的核心概念和表现没有丝毫帮助
对主题质量的解释（不适用于评价非设计用于解释的对象，如一张地图）	3	当评价对象达成下述所有要求时，该对象才会被评为"优等" 该项目能够相当有效地提供全方面的信息，促使对象的目标受众均可理解主题事项 评价对象能够将主题中的相关概念进行关联，比如一门分析作者如何将一个想法扩展成为一篇文本的课程可以与各种发展步骤及各种作者撰写文本的目的相联系 该对象无须增添额外的解释或材料（也能使受众明白其含义） 使学习者能够清楚地了解对象中所涉及的各主题的思想
	2	若一个对象对主题的解释能使技能、程序、概念和/或信息变得易懂，但并没有将主题中的重要概念相关联，则该对象在主题解释方面将被评为"强"，但未达到"优等"
	1	若评价对象正确的对主题进行了解释，但所采用的方式十分有限，解释较为粗略、不全面或不透彻，则被评为"有限"，因为对于初学者来说，这种解释显然无法帮助他们全面理解主题
	0	对评价对象对主题的解释是令人困惑的或包含一定的错误，则该对象将被评价为"完全无价值"或"几乎无价值"，因为该对象对理解主题几乎没有贡献

续表

一级指标	评分	评分标准
为支持教学而生的材料的有效性（不适用于评价非旨在支持教师计划或/和呈现主体的对象）	3	若评价对象满足以下所有情况，则可被评为"优"： 对象所提供的材料是全面的，且易于理解和使用 对象为不同类型的学生提供了材料的使用建议 所有的对象和组件均能按照预期或（使用说明）中所描述的那样提供帮助或发挥功能，比如课程计划对所需时间的估计是精准的 对于如单元一类的较大的对象，其所提供的材料应对使用混合教学法有所帮助
	2	若对象所提供的材料全面且易于理解与使用，但出现下述两种情况中的一种，则该对象的效用被评为"强"： 对象中未包含对不同类学生使用材料的建议 对象中的一些核心组件（如"说明"）存在不足
	11	若一个对象中包含了一个对教授某一重要主题有用的方法或者想法，但在支持教学方面仍被评为"实用性有限"，则是因为出现了下述两种情况之一： 该对象缺乏重要元素（如对某些课程的说明未包括在其中） 对象中所包含的重要元素并未按预期发挥其功能（比如习题缺失或不足），教师若要有效使用这些元素，则需要对其加以补充
	0	尽管评价对象在设计时被打算用作对教师的计划进行或教师准备（教学）提供支持，但由于对象中包含令人困惑的或错误的内容、缺失重要元素，或出于其他原因而缺乏效用，则该对象将被评为"缺乏价值"或"毫无价值"
评估质量（该对象适用于评价那些被设计用于了解学生在学习前后的不同水平，不适用于评价不具有评估组件的对象）	3	只有在下述所有情况都成立时，该对象才可被评为高质量评估： 所有的对技能和知识的评价均与对象中所阐述或暗示的那种预期内容和表现保持高度一致 除非该材料被列为拓展材料，否则任何不包含在预期材料范围内的内容都不会被评估 评估会瞄准那些期望中最重要的部分，并给予其恰当的关注与所占权重 评估的难度是由学科领域内容的复杂性、所期望的表现以及对认知要求的程度所决定的，而不是那些非相关问题所导致得结果（比如在数学语言中使用过于复杂的单词）

续表

一级指标	评分	评分标准
评估质量（该对象适用于评价那些被设计用于了解学生在学习前后的不同水平，不适用于评价不具有评估组件的对象）	2	若一个对象评估了所有预期的内容和表现，但由于其采用的评估模式并不能持续性地为学生提供证明其对预期概念/技能的熟练程度而被评为"强"
	1	若一个对象评估了部分预期内容与表现，但忽略了期望中的重要内容与表现且未能为学生提供证明其对概念/技能熟练程度的机会，则被评为"质量有限"
	0	若某一对象中含有明显错误，没有评估重要的内容和技能，以一种令学生困惑的方式呈现或由其他原因导致得不健全，则将被评为"无价值"或"缺乏价值"的评估
技术的交互性质量（不适用于评价不含有交互式技术元素的对象）	3	若下列内容全部属实，则对象或对象中的交互组件质量才能被评为"优等"： 对象能够对学生的操作做出反应并创造个性化学习体验，或允许学生在学习过程中进行一些灵活地或个性化调控 交互性元素有目的且直接与学习相关联 对象设计完善且操作便捷，能够鼓励学习者使用 该对象在预计的使用平台上是功能完善的
	2	若一个对象或其互动部分有目的的、直接的与学习相关联，且设计良好、易于使用，能在预定的平台上发挥其效用，但未提供个性化学习体验，且存在一些与内容没有直接关系但不影响学习体验的技术，则被评级为"强"
	1	若对象或对象中的交互组件与主题事项没有关联，且会影响学习体验，那么即便它在促进积极性方面有一定的作用，但由于其未能为理解包含在对象中的主题事项提供强有力的支持，因此仍会被评为"交互性质量较低"或"交互效用有限"
	0	若对象或其中的交互组件存在构思/执行不力，无法进行预期操作，分散用户精力或占据用户时间，则被评为"无价值"或"质量低下"

续表

一级指标	评分	评分标准
教学与实践练习的质量（不适用于评价未提供联系目标技能机会的对象）	3	若评价对象中的教学与实践练习质量达成下述所有标准，则被评为优等： 对象所提供的练习多于学生平均所需以促进目标技能的掌握 习题内容清晰，且附带准确的答案或评分指南作为支持 习题对应目标概念与技能提供了多种类型和/或格式，更为复杂的练习所使用的格式为学习者提供了整合（练习）各类技能的机会
	2	若对象中所包含的教学与实践练习的数量仅够用于促使目标技能的掌握，且内容清晰，附带准确答案或评分指南作为支持，但格式或类型变化较少，则被评为"强"
	1	若对象中的教学与实践练习的数量对掌握目标技能而言是数量较少（不充足的），既未附带准确答案，格式和种类也十分单一，则被评为"质量较差"
	0	若对象中所提供的教学与实践练习不能促进目标技能的掌握，且包含错误，或因其他原因而不健全，则被评为"几乎无价值"或"完全无价值"
深度学习机会（深度学习包括批判性思考；合作工作；有效沟通；学会学习；抽象推理；将互不关联的知识与技能应用于现实世界；构建、使用或分析模型）	3	若要使对象在提供深度学习机会方面被评为优秀，则必须符合下述所有标准： 对象中至少规定三项在列表中被定义的深度学习技能 对象提供了一系列与材料相适应且有支持作用的认知需求 对象提供了适当地脚手架（支撑）以及指导
	2	对象中包含了一或两个列表中的所定义的深度学习的技能则被评为"强"，比如对象中包含了一个复杂的问题，需要使用抽象推理技能才能获得答案
	1	对象中包含了一个列表中所定义的深度学习技能，但并未提供如何发掘深度学习技能各方面的明确指南，则被评为"有限"
	0	若一个对象看起来是被设计用于为深度学习技能的掌握提供机会，但实际上并未能提供这样的机会，则被评为"缺乏价值"或"毫无价值"
可访问性标准		该维度是为确保学生均能获得材料而设计的，包含患有身体障碍的学生，只包含"是"与"否"两项选择，前者即表示该对象所呈现的特征与标准、建议或指南相符合，后者表示该对象呈现的特征与标准、建议和指南不相符合，其中包含17个评价项，既有格式上的要求，也对内容的呈现形式等诸多方面做出规定

表4.7　《教学材料评价工具·ELA教材/读写能力（3-12年级）》[①]

	评价维度	具体指标
不可协商标准	锚文本（与超链接类似，将关键词形成链接，指向其他页面）是值得学生为之付出时间和关注的，文本质量较高且严谨，包含丰富的学术语言，且与每个年级的复杂性要求相适应	教材中的锚文本根据标准规定，经过定量和定性分析后，具有适当的复杂程度（属于系列文本的锚文本、为构建知识而存在的锚文本或者是为了让独立的学生阅读的锚文本，其复杂性应各有不同） 教材中的锚文本具有可出版质量，值得非常仔细阅读，包含信息性文本和文学文本
	材料以丰富且严谨的凭据为讨论和写作提供了机会，以建立强大的读写技能	教材中与文本相关的任务、作业和问题至少占比80%以上，要求学生利用文本中的证据来支持已明确的内容以及从文本中推论出来的内容，这其中绝大多数任务和问题都是针对文本的。教材中应当提供常态性的基于证据进行讨论和写作的机会
	教材通过听说读写和语言学习来构建知识系统	教材提供一系列文本，通过听说读写来构建知识和词汇系统，这些文本是围绕着每个年级不同的主题构建起来的 教材提供指导、清晰的设计和轻量级的学生问责制，以指导教师如何让学生定期在课堂内外参与大量的阅读，阅读内容包含与锚定文本相关的指定内容或由学生自己选择的内容
一致性标准	材料反映了标准所要求的文本类型及体裁的分布情况，且复杂性与对应的年级、学生水平以及任务相适应	在3-6年级，教材将教学时间与文本平衡在50%，包括50%的文学作品以及50%的高质量信息文本，而在6-12年级，ELA教材对非小说（非虚构类）的散文文学的关注度大幅提升；教材中包含大部分文本都能够反映每个年级标准特别要求的文本特征和类型；锚定文本的支持材料为学生提供了参与一系列的、大量阅读的机会，以实现根据基础技能标准所要求不同年级应达到的复杂文本阅读熟练性水平的目标

[①]　Instructional Materials Evaluation Tool（IMET）［DB/OL］. https://achievethecore. org/page/1946/instructional-materials-evaluation-tool.

续表

	评价维度	具体指标
一致性标准	材料在学生建立阅读理解能力、寻找和制作证据来支持他们的回答方面给予帮助，并发展该年级应有的学术语言水平	教材中普遍存在高质量的、与文本相关的问题序列，并建立起对文本内知识和核心思想的深刻理解
		教材的重点是按不同年级划分成不同比例的论证和大信息量写作，或以相似比例将两种形式加以混合
		教材为学生在本学年中发展写作能力提供支持，包含多样化的写作机会。
		教材中包含对应用于日益复杂语境中文法和惯例标准的指导，且携有在语境内外加以应用的机会
		教材通过研究学生的进展，针对基础技能的年级标准，在拼读、识词和流畅性方面给予指导与诊断性支持，以培养熟练的阅读
	教材通过主题和内容领域来构建学生知识	教材定期要求学生完成最终的任务以展示他们在某一主题方面的知识
		教材要求学生每年参与许多简短的、各有侧重的研究项目，以发展学生在一系列领域的知识以及独立进行研究的专业知识
	教材通过主题和内容领域来构建学生知识	教材包含一个有凝聚力的、为期一年的计划，让学生与之互动并构建词汇和越来越复杂的句法
	教材被设计为学生达到共同核心州立标准（ccss）提供全面的支持/支架	教师和学生可以在常规学年内合理的完成核心内容，使学生的学习效益最大化
		教材为所有学生，包括其听书读写水平在年级水准之下的、或第一语言并不是英语的学生定期提供工作及达到年级水平标准的大量机会
		教材定期为听说读写水平在年级水平以上的学生提供拓展/更高级的机会
		材料定期的、系统地建立，调整教学所需的时间、资源和建议，以便教师指导所有学生达到年级水平的标准
		教材定期系统地提供评估机会，以真正衡量学生的阅读理解和写作能力，并掌握年级标准水平的进展

表4.8 《高质量在线课程国家标准》[①]

维度	指标	本课程在多大程度上符合该领域标准	审查员注意事项
内容	学术内容标准与评估	宗旨与目标清楚地说明了参与者在课程结束时将指导或能够做什么，这些宗旨与目标可以用多种方式衡量	在学习管理系统中，课程的宗旨和目标将会被清晰地表述出来并便于学生寻找，学生的掌握水平需依据宗旨和目标来衡量。在阅读宗旨和目标列表之后，学生将了解他们在整个课程之中学习什么
		课程内容与作业应与本州州立标准、核心课程或其他被普遍接受的、为大学先修课程、技术、计算机科学或其他内容未包含在州立标准中的课程所设定的标准相一致	核心课程的内容和作业应十分明确且完全地与学分授予州的学术标准、课程框架和评估相一致。大学预修课程必须得到大学委员会的批准，其他选修课应符合其他国家接受的内容标准，如计算机科学、技术课程等
		课程内容及作业具有足够的严谨性、深度与广度，以教授对应标准	课程的组成部分（目标、评估、教学策略、内容、作业和技术）严谨，有足够的广度和深度，使成功的学生在完成课程后将具备标准所要求的知识和技能
		信息素养与沟通技巧作为组成部分之一被纳入课程并进行教授	包括数字化流畅度在内的信息素养与沟通技巧被作为课程不可或缺的一部分
		课程开始前，学生可以获得多种学习资源和材料来提高其成功概率	课程开始之前，学生们可以获得多种学习资源，为他们的在线课程做好准备。这些资源可能包括教科书、能够链接到浏览器插件的教学教材以及学生必须安装的软件。此外，还提供了与完成在线课程的成功策略相关的其他材料、教程、指导以及先决知识和技能列表

---

① National Standards for Quality Online Courses［DB/OL］. https：//files. eric. ed. gov/fulltext/ED537339. pdf.

维度	指标	本课程在多大程度上符合该领域标准	审查员注意事项
内容	课程概述和介绍	课程中包含一个清晰完整的课程概述以及教学大纲	课程概述和教学大纲包括：课程目标和学生学习成果；作业；学生期望；时间要求；所需材料；评分政策；师生、教师-家长联系政策；预期受众；内容范围和顺序
		课程要求与课程目标相一致，能够代表课程的范围并进行清晰的说明	课程要求包括：参与的时间框架、个人活动所需的大约时间以及对沟通的期望
		为学生、家长以及导师提供如何与线上教师及课程提供者进行交流的信息	教师信息提供给学生的联系、可用性和传记信息。联系信息中提供了关于如何通过电话、电子邮件和/或在线信息工具联系讲师的信息。如果定期联系是课程不可或缺的部分，课程中会公布对满足这一要求的明确期望
	合法与可接受的使用政策	课程反映多元文化教育，内容及时且准确，不含有偏见或广告	课程为不同种族/民族、文化群体以及社会阶层提供平等的教育机会，其内容应实时更新且准确，并不包含任何偏见
		对学术诚信、使用受版权保护的材料、剽窃以及关于课程活动、讨论和电子邮件通信的"网络礼仪"方面期望均有明确规定	提供了一个含"网络礼仪"标准、版权和学术诚信期望的行为准则
		明确表述隐私政策	课程提供者网站和/或学习管理系统中发布政策声明，公开该组织的信息收集以及传播情况
	指导者资源	在线教师资源与笔记被包括在其中	帮助在线教师进行教学和提升课程的资源和笔记均包含在学习管理系统中
		评估与作业（任务）的答案及解释被包含在其中	提供内置课程评估，并包含可获取答案、解释以及/或衡量标准

续表

维度	指标	本课程在多大程度上符合该领域标准	审查员注意事项
教学设计	课程、单元及课的设计	课程设计反映了对所有学生需求的清晰解读，并吸收了许多学习和掌握课程的方法	包含众多教学和评估方法，材料与评估贯穿教学始终，以使学生展示他们在课程宗旨和目的方面的成就
		课程由同属一个逻辑序列的单元和课组成，每一单元和课都包含一个用以描述目标的概述、活动、任务、评估以及资源，以为学生掌握课程内容提供多个学习机会	课程由同属一个逻辑顺序的单元和课组织。在每个单元或课开始时，会发布一个概述，描述可使用和要完成的目标、活动、任务、评估和资源。各种活动、作业、评估和资源用来为学生提供掌握内容的不同路径
	教学策略与活动教学策略与活动	课程教学中包含着能吸引学生积极学习的活动	课程为学生提供了积极参与包含有意义的和真实学习体验的内容的众多机会，如合作学习、小组合作学习、学生主导的复习课、游戏、对视频的分析或反应、讨论、概念图，案例分析研究等
		课程及其指导者给予学生需要为其提供多种学习路径，让学生以丰富多彩的方式参与其中	学生被给予多样化的活动、任务、评估以及资源，以帮助他们成功的掌握内容。若学生未能成功掌握某一特殊概念，则课程内容为教师提供了可供其使用的建议，以提供额外的补救活动或替代作业；若学生在整个课程过程中未受到挑战，则教师可以对内容加以调整，以增加丰富的活动，更好地满足学生的才能
		课程为学生提供参与高阶思维、批判性推理活动以及用越来越复杂的方式进行思考的机会	作业、活动与评估为学生提供将其思考能力提升至超越知识与理解范畴，进入情况分析领域的机会，整合信息或评说一个论点。活动应包含一个开放性问题并鼓励学生对信息进行分门别类地整理。除此以外，课程中还应包含小组活动、做出决策和寻找模式的机会
		课程为教师提供了适应学生需求调整教学活动的机会	应向教师提供用以补救和丰富课程的额外任务、资源或活动，通过此途径来回应学生需要而调整课程
		可读性水平、书面语言作业和数学要求与课程内容和年级水平的期望相适应	课程内容的可读性水平应与学生的年级水平相适应，年级水平应在课程描述中做显著解释

维度	指标	本课程在多大程度上符合该领域标准	审查员注意事项
教学设计	沟通与互动	课程设计为学生提供了适当的师生互动的机会，包括及时和经常性地反馈学生进度的机会	创设学习活动和其他机会以帮助师生互动，学生及时且经常性地收到有关他们进展的反馈，反馈中强调对学习者学习结果的预期。反馈是高度个性化的、具有详细说明的，并建议进行具体的个性化改进，以及鼓励学习者向继续掌握内容前进的策略
		课程设计包括明确的沟通/活动（在课程前和第一周），以确认学生是否参与并在课程中取得进展。教师将遵循项目指导方针来应付无反应的学生	师生互动需尽早开始以确认是否所有学生都积极参与到课程中
		课程提供与师生互动和生生互动相适应的机会，以帮助掌握和应用材料	为师生互动和生生互动创设学习活动及学习机会。技术和课程内容鼓励教师和学生通过电子邮件、讨论、同步聊天、模拟、实验室活动和其他小组项目进行交流。评分政策中，提供了如何确定学生参与其中的方针以及期望指南 主题/同步讨论，可用于建构团体、询问并寻找有关课程、围绕内容的答案，基于活动目的的小组或个人均可进入团体。讨论的规则、角色与期望均是明确的且张贴在讨论区中
	资源与材料	学生可获取丰富课程内容的资源	各种各样的补充工具和资源可清楚辨识，并可随时在学习管理中使用
学生评估	评估策略	学生评价策略与课程宗旨及目标相一致，代表了课程的范围，并进行明确说明	贯穿课程始终的、用以评估学生的策略与课程中所公布的课程目标及宗旨的文件内容相一致
		课程结构包括足够和适当的方法和程序来评估学生对内容的掌握程度	评估类型与被测试的知识水平相匹配。形成性评估和总结性评估同属课程结构的一部分。有可供学生选择的评估选项，学习者能够以不同的方式展示掌握

续表

维度	指标	本课程在多大程度上符合该领域标准	审查员注意事项
学生评估	反馈	在整个课程中正在进行持续、多样和经常性的评估，为教师指导提供信息	课程提供持续的、经常性的形成性评估来检查学生的理解程度并确保他们为下一课做好准备，可在课程的初始阶段进行预测以检测其准备情况
		评估策略及工具能够让学生清楚地认识到他们在课堂中的进展及对内容的掌握情况	课程内置的反馈工具与程序允许学生定期自我监控他们的学习进展
	评估资源与材料	评估材料为教师提供灵活评估学生的各种方式	提供支持替代评价方法的考试、测试库以及其他可用评价资源
		为教师提供或许可与学生共享的评分规则	每项评分作业都提供了评分标准、理由和/或特点
		评分政策与实践便于理解	评分政策和做法都有明确规定，可能包含对成绩和/或额外学分进行评估机会
技术	课程体系结构	课程体系结构允许线上教师添加内容、活动与评估以拓展学习机会	课程录制教师可通过课程管理系统添加内容。访问权限应允许教师添加适当地内容、活动与评估，来自原始基础课程的内容保持不变
		课程可容纳多个校历	创建课程是为了适应多个校历。作业和截止日期易于根据提供课程时间表的计划进行调整和更新
	用户界面	清晰一致的导航贯穿整个课程	课程采用一致的、可预测的导航方法学生可在课程各领域轻松且有逻辑的移动；贯穿课程的颜色、图形与图表被用于引导学生；整个课程具有一致性外观和感觉；学生只需接受最少量的训练就可浏览课程
		提供便于使用和访问的多格式富媒体文件以满足不同学生的需求	程最大限度地利用了在线媒体的强大功能，并通过其他方式提供这些资源

维度	指标	本课程在多大程度上符合该领域标准	审查员注意事项
技术	用户界面	详细规定所有技术要求	所有技术要求都在课程描述或学生注册过程中明确，并在课程开始前就向学生具体说明
		明确使用技术的先决技能	特定课程所需的所有先决技术都要在课程描述或注册过程中明确，并在开始课程前与学生分享
		适当使用特定内容的工具和软件	在线课程中适当使用各软件及在线工具。工具应易于使用必要于教学和/或丰富课程，是跨平台且免费提供给学生的；这些工具应在课程内链接，或在课程开始时作为软件与其他课程材料一起发送
	技术需求与互通性	课程设计与国际认同的互通性标准相符	互通性技术标准允许在不同的课程管理系统之间分享内容，并确保可向他人分享问题、评估与结果
		对版权及其许可状况，包括在何种情况下可共享内容的许可均做明确声明，且易于查找	课程开发者与出版者对所有内容的版权及其许可状况做明确声明，包括何种情况下可分享的许可。版权及许可信息应易于获得、理解并以标准化方式呈现
	可访问性	课程材料及活动旨在为所有学生提供适当地学习机会，本课程遵循通用设计原则，符合美国第504节和第508节关于电子和信息技术的规定，以及W3C的Web内容可访问性指南	通过使用web可访问性评估工具，学生参与在线教育所需的所有网页都经过验证，以符合可访问性标准。NIMAS用于确保视障人士能够获得教科书和其他教学材料
	数据安全	根据《家庭教育权利和隐私法》（FERPA）的要求，学生信息仍然保密	所阐明的旨在报告成绩和学生信息的课程程序符合课程中公示的家庭教育权利和隐私法案

续表

维度	指标	本课程在多大程度上符合该领域标准	审查员注意事项
课程评估与支持	访问课程的有效性	课程为使用者提供多种方式来评估课程的有效性	一个由学生、教师、内容专家、教学设计者以及外部审查员构成的组合可用于评估课程的有效性。除国家或州的评估之外，还有多种方法可用以评价课程有效性，包括课程评估、学生完成率、满意度调查、同行评审、教师和学生的反馈以及学生在课堂中的表现。鼓励大学研究者对课程的有效性进行研究
		利用持续改进周期对课程的有效性进行评估，并将评估结果作为改进的基础	评价提供者对课程评估效率、审查是在外部还是在内部进行以及提供者如何使用评价来改进课程进行指示
	课程更新	课程会定期更新以保证内容的实效性	该课程最后更新的日期被公布。课程应至少每三年审查一次，以保持内容的最新、吸引力和相关性
	认证	线上或线下教师，都是经过认证的且是高资格。在线课程教师拥有来自国家许可机构的教学证书，并具有ESEA定义的"高资格"	这一标准只能在已经确定了具体教员的情况下进行评估。认定教授该课程的具体教师。在线课程教师拥有州政府许可机构颁发的教学证书，并根据ESEA的定义是"高度合格"的
	教师和学生支持	有关在线课程交付系统的专业发展由提供者给予，以确保有效使用教学软件以及各种可用的教学媒体	包含使用本课程特有技术工具在内的专业发展对教师而言是可用的，恰当的证明包括培训时间表、材料、教程或外部链接，以及对培训频率和年度培训时间的预期
		课程提供者为学生、课程讲师和学校协调员提供技术支持和课程管理协助	在线技术帮助与支持应当随时可用。如果支持无法实现全年无休，则可用时间应清楚地被公示在课程中或课程网站上，并注明最长响应时间。协助可采用常规问答、培训资源、导师或同行支持来实现
		线上或线下课程教师均在行为、社交、必要时间、情感以及课堂环境的各方面被提供专业发展	本标准只能在已确定本课程教师的背景下进行评估。在线教师被提供了专业发展的机会，以确定和应对在线环境如何增强和/或阻碍学习体验，并对书面在线语言的感知有敏感性
		课程教师，无论线上线下，都要接受教师的专业发展培训，其中包括支持和使用各种交流模式来刺激学生的在线参与	本标准只能在已确定本课程教师的背景下进行评估。专业发展为教师准备好使用多种不同的交流方式来刺激在线学生的参与。模式包括但不仅限于电子邮件、线程讨论、实时聊天/白板会议、文档共享等

纵观上述三个由不同组织开发的标准，可以看到，它们之间区别显著，但亦有相同之处，即都是基于相关权威标准开发的、致力于在与被普遍认可的、数字化教材或相应的数字化教学材料所应达到的基础标准对齐的基础上发展各自特色，提出更高水准的要求，力促数字化教材在达到基本标准的基础上实现高质量发展。

在上述三个标准中，由"学生成就伙伴"所开发的评估工具"IMET"专注于对材料本身质量的评价，该标准虽不是专门针对数字化教材文本所开发的评价工作，在材料的呈现方式、实效性等方面有所缺失，但仍是评价数字化教材内容的有效工具，尤其是在回答材料结构是否合理、材料难度是否恰当、材料与对应年级水平/对应学生发展阶段的适应程度、任务安排是否妥当乃至是否帮助学生达到平均水平、是否能充分满足不同水平学生的要求、对教师教学的帮助程度如何等问题上具有相当程度的意义和有效性。

而由Achieve公司所开发的《开放教育资源对象的评估标准》更侧重于评价开放资源对于学生的意义，或者说是评价开放资源的实用价值，可以清楚地看到，在大部分能够被评为"优等"（3分）的指标中，几乎都涉及该开放教育资源在每一维度上应该为或能够为学生做什么，所反映的是开放教育资源对学生而言的实际价值，比如在"主题解释的质量"维度中，"使学习者能够清楚地了解对象中所涉及的各主题的思想"被列为3分指标中的一项，而若使学生难以理解，则对该主题解释的质量评分会骤然下降。由于该评分工具对各维度进行了全面而充分的解释，且既与标准对齐，又照顾到学生的体验，兼之在部分维度中考虑到了开放资源对教学的支持程度，因此在评价中，既可对照标准对开放教育资源本身的完美程度做出判断，又可查看该开放教育资源的实用程度；既可通过与客观的、量化的标准进行比较来获取有关开放教育资源的客观质量结果，也可通过质性评价方法，或与使用者进行交流，或对使用者加以观察，以获得对于结果的分析与解释。若以此标准来作为构建数字化教材质量评价指标体系的参考，则最终所形成报告主要是对数字化教材内容实用性的分析，符合我们所要求的或所期待的数字化教材质量评价活动的目标。

为了确保所有学生均能获得高质量的在线课程，利用在线课程为其完满的未来生活以及终身学习的信念奠定基础，由INACOL主导，由来自多地不同组织、不同身份、在数字化教材评价方面有不同经验或数字化教材的使用者协同开发的《高质量在线课程国家标准》（以下简称《标准》）为各州、地区及试图开发或利用在线课程的其他组织、个人提供了一套可供参详或直接使用的指导方针。从《标准》中可以看到，其所要评价的对象并非仅仅是在线课程资源本身，而是一套包含视频资源、直播功能、线上交互、自主评估等多项功能在内的完整在线教学系统，与我们理想中的数字化教材所具备的功能以及所能达成的效果非常相似，且其指标所涉及的诸多方面，几乎覆盖了本文所说的数字化教材的方方面面，因此可作为构建用于全方位评价数字化教材的指标体系的重要参考。

（三）我国数字化教材质量评价指标体系

我国数字化教材的研究、开发与普及工作虽始于世纪之初，也有诸多出版社或企业投入到了数字化教材的研发之中，推出了种类繁多、形式多样、可在给定设备或通用智能设备上使用的数字化教材，这些数字化教材虽都能与国定的出版标准相符合，也尝试在各地区进行了试点工作，但却并未在试点工作中形成可供参详的、具有一般意义的质量评价指标体系，出现了"实践先行，制度落后，理论研究未跟进"的问题，这对我国推动数字化教材的稳步前进与有序发展、最终达成总体实现教育现代化、建设智能校园的目标而言是一主要阻碍。因此，应立足于国际视野，借鉴他国构建相关质量评价体系的经验，基于本国国情与先前已有的试点经验，从国家层面上建设数字化教材质量评价指标体系，其内容应是符合我国发展平均情况的、是所有想要对数字化教材进行评价的组织和个人都必须遵守的基础性指标，是所有想要参与到数字化教材开发中的开发者在考量出版标准的基础上所必须参考的实用性指标，也是一本能被称为"教材"的书所应拥有的所有特性，在此基础上，基于我国幅员辽阔、各省市经济文化状况发展不一、东南沿海城市与西北内陆地区间差距较大的状况，应允许各省市及有资质的利益相关组织基于实际情况，建立层次分明、维度全面完整、要求更高的质量评价指标体系，促使有条件的省市先行拥有建设与推行高质量数字化教材的经验，以为其他省市提供具有一定参考价值的研究结果。

鉴于数字化教材是一个复杂的系统，因此应秉持抽丝剥茧，层层递进，从部分到整体的理念来构建能对数字化教材质量进行全面评价指标体系。

首先，想要对数字化教材展开全面的评价，就应先明确数字化教材的基本结构，依据基本结构确定可观测的指标点。

在第一章中，我们基于其定义以及各国研究者的相关研究，对基于当前科学技术发展水平的理想的数字化教材的基本结构进行了剖析，认为其应该包括内容、教学支持系统与管理平台、移动终端以及操作系统四个方面。也就是说，一个能够完整地对数字化教材质量进行评价的指标体系应将这四个方面全部包含在内，它们合在一起，构成了数字化教材评价指标体系的基本维度。

有别于一般的教材，数字化教材具有资源丰富且实时更新、开放性高、交互性强、个性化显著、经济便携等诸多优势，若开发者忽视了这些优势，那么所开发的数字化教材必然质量较低甚至与无异于电子版教科书，其作用也将与传统的纸质版教科书无甚差别。这些优势并不都是专属于数字化教材某一基本构成方面的优势，而是体现在其方方面面，因此，在建设指标体系时，应将这些优势分配到数字化教材的各基本结构中，成为各个维度下的一级指标。

我们所说的"理想的"数字化教材，并不是在意追求数字化教材的完美无缺，事实上，由于教材需根据社会变迁以及教育变革而不断发展，且面向的使用者是性格迥异、习惯不同的，因此，没有任何一种类别的教材对于所有的使用者而言都是完美的，即便相比于传统的纸质版教材而言，数字化教材在追求个性化方面卓有成效，但依然不能说是"完美的"，因此，所谓"理想的"数字化教材是指其在实际教学过程中具有高适用性与实用性，前者是指所使用的数字化教材与当前教学情境、学生情况相适配，即"适合的"数字化教材，后者是指数字化教材能够帮助教师与学生有序高效地完成教学目标，并达成更深层次的学习与能力养成，为学生成为"未来公民"提供丰富的知识与技能，为其参与到社会建设中奠定坚实的基础素养，即"有用的"数字化教材。因此应将"实用性"与"适用性"转化为可观察、可测量的、能明确表述的行为目标，即描述数字化教材每一基本结构的每一优势能够帮助教师做什么、能够为学生提供何种服务或有益于学生达成何种目标，这些目标包括基础性与拓展性两个方面，前者是基于课程标准而确定的，学生在完成某一科目学习后应达到的共同的、普遍的、基本的标准，后者则是在前者的基础上，为一些能较为轻易或迅速完成基础性目标的学生所提供的层次更高、超越某一阶段学生平均发展水平或某一级学校应达到的平均水平的标准。除此以外，由于教学是一种教师和学生双方相互作用或交往的动态过程，因此在制定行为目标时也应将教师的行为囊括其中。

行为目标确定后，可将每一维度每一指标的符合程度按从低到高划分为1-4分四个等级，其中1分表示评价对象与所描述的行为目标间的符合程度最低或完全不符合，由此递增，直至能代表评价对象与所描述的行为目标之间高度一致的4分。由此，我们可以开始逐级分类构建我国数字化教材质量评价体系。（详见表4.9-4.13）

表4.9 中小学数字化教材内容质量评价标准

维度	指标		可观测指标	评分
内容	必备	内容的正确性	所表述的内容应准确无误且连贯，没有或罕有错字、别字、病句及错用标点符号	
		内容与标准的一致性	内容高度符合我国课程标准中所传达的基本理念以及所期望或要求的目标，不含有与国家课程标准相悖的内容	
		内容的可理解性	内容的广度与深度同当前教材所对应阶段的学生认知发展的平均水平一致，多数内容在教师的引导下，学生通过阅读和资料查询自主进行理解	4
			内容的广度与深度略高丁当前教材所对应的学生认知发展的平均水平，学生经由教师简单引导后能够理解并能精准的补充有关资料并提出自己的理解	3
			内容的广度与深度高于当前教材所对应的学生认知发展平均水平，经由教师简单引导后学生仍无法理解，需教师采用多种形式反复讲解	2
			内容的广度与深度过分超出当前教材所对应的学生认知发展的平均水平，经教师反复讲解后学生仍无法理解	1

维度	指标		可观测指标	评分
内容	必备	内容的教学性	内容可毫无阻碍的应用于教学过程中，帮助学生顺利达其被期望的以及个人所期望的学习结果，同时为教师提供教学所必需的充足资源支持，在能明确反映教学的目的、意图的基础上有助于目标结果的达成	4
			内容可应用于教学中，能帮助学生达成其被期望的全部学习结果以及个人所期望部分学习结果，为教师所提供的资源支持不充分，无法进行拓展教学，但仍能达成基本教学结果，也能明确反映教学的目的与意图	3
			内容可应用于教学中，能帮助学生达成其被期望的全部的基础性的学习结果，但无法支持个人所期望的学习成就或者说是拓展性的学习成果出现，可为教师达成基本的教学结果提供支持，能反映教学的目的与意图，但其中的某一部分可能有所偏差	2
			内容有缺损，无法直接应用于教学中，无法支持学生达成被期望的全部学习结果和/或无法为教师达成基本教学结果提供支持，也未将教学的目的和意图呈现其中	1
		内容呈现多样性	内容呈现方式多样且适当，为学生多感官学习提供充足条件的同时不妨碍学生集中注意力于所需学习的核心内容	4
			内容呈现方式多样但稍有不当（如将应用视频呈现的内容改用音频呈现等），有可能使学生在学习过程中产生困惑（比如无法建构某一画面），但数量适宜，能支持学生的多感官学习且不妨碍学生的注意力	3
			内容的呈现方式较少，与传统的配备了光盘或磁带的纸质教科书之间差别较小，对学生多感官学习的支持较弱	2
			内容的呈现方式选用不当，或者是数量不适宜，前者导致学生在学习时产生一些困惑，后者则有转移学生注意力之嫌或与传统纸质教科书之间无所差别	1

续表

维度	指标		可观测指标	评分
内容	可选	内容的开放性	所含内容可免费获取进行非商用的改编及分享，内容及相应资源充分满足师生拓展学习以及交流借鉴的需要（改变针对非真理性内容）	4
			所含内容可免费获取并进行非商用的改编，但在分享上受到一定限制（如只能在同学之间分享）	3
			除主体教科书外的多数内容可免费获取，但在获取、改编以及分享上受限（如需要身份注册才能获取相应内容）	2
			除主体教科书内容外的多数内容不可免费获取，且无法改编和分享	1
		内容的时效性	内容迭代速度较快，具有相当程度的前瞻性和时代性，既能反映相关领域的新成果，又能满足当前社会发展的新要求	4
			内容迭代更新略滞后于时代发展，但总体上仍能反应相关领域的新成果并满足社会对人才培养规格的新要求。	3
			主体教科书内容保持长时间不变，但所链接的资源数据库中的内容能做到缓慢更新	2
			所有内容均保持长时间不变，无法发挥数字化教材的优势	1
		内容的民族性	内容能显著凸显、传承并弘扬中国优秀传统文化，将优秀的民族传统文化完全融于各部分内容中而非独立存在，能激发学生的家国情怀	4
			内容能凸显、传承并弘扬中国优秀传统文化，能与各部分内容融合并激发学生的家国情怀	3
			只有部分内容包含中国优秀传统文化，且未能与各部分内容融合，而是独立于其之外，略显生硬	2
			内容不反应或未明显反映中国优秀传统文化	1

　　在上述评分标准中，必备指标内的"不可打分项"（标识为右斜杠）属于数字化教材内容质量评价的基础性标准，即若数字化教材不满足"不可打分项"的指标，就可认为是无法应用于教学过程中的不合格教材。其

中，其准确性虽然在出版前就已进行了评估，但一是其出版标准中对部分内容的准确性属可商议的，二是单纯的由一部分人员进行评估难免有所疏漏，因此在实践后的评估中，可将该项交由使用者评价，以备出版商进行及时的纠错与更新，使所出版的数字化教材日臻完善，直至无误。除此以外，内容的可理解性与数字化教材的实用程度高度关联，若数字化教材中所承载的内容是某一阶段的学生所无法理解或难以理解的，那么无论其所述的内容如何先进或深奥，对于该阶段的学生而言，该版本数字化教材的实用性都是极差的，而数字化教材内容的教学性是评判其"是否适用"与"是否实用"的基础，即不管其内容是否可被称作"妙趣横生"，是否对学生有极强的吸引力，但只要其对达成教学目标没有帮助，那么它就不可能是一本合格的数字化教材，自然也就无从谈起其实用性与适用性。另外，内容呈现的多样性与开放性是可用于判断数字化教材与传统纸质版教材的重要标志之一，若内容的呈现形式只为"炫技"或吸引学生兴趣而过于多样且随意，则可能会导致学生注意力的转移，但若内容的呈现形式单一，则又与传统纸质版教材中单调乏味的呈现形式无甚区别，若学生在获取、使用或者分享、改编内容方面受限，则数字化教材的"个性化"会大打折扣，也很难实现"跨时空的学习心得交流"与"个人的"数字化教材的生成，因此也应成为数字化教材开发者所关注的方面。

虽然内容的时效性与民族性出现在可选项中，但这并不能影响二者的重要地位。其中，内容的时效性是学生能够跟进甚至领先于时代发展的重要保障，是培养学生前瞻意识的重要支持，但在实际开发与修订数字化教材的过程中，开发者也不能一味地追求"先进"而忽视"实用"，可以适度添加基于现实畅想未来的内容，但却不能毫无根据的求更新，导致理论与实践的脱节，让学生所学无处可用，徒增学生困惑。而内容的民族性则是教材作为承载国家意志的载体的重要体现，尤其是一些涉及意识形态的比如语文、历史、政治等课程，其内容势必应有助于激发学生的民族自豪感与家国情怀，以培养学生的国家意识与社会责任感，满足我国培养德智体美劳全面发展的社会主义建设者和接班人的教育目的。但由于上述标准是针对中小学所有学科数字化教材而言的，而在一些用于传达科学知识与培养学生追求真理、献身科学、为人类造福的科学精神如数学、物理等学科中，这样具有典型民族性特征的内容存量较少，因此将之作为可选指标列入评价标准之中，在实际评价操作中，应根据所评价学科的实际情况进行选择。

其次，重视教学支持系统的质量。我们认为，若要充分彰显数字化教材的个性化特征，发挥数字化教材的开放性优势，就应重视对教学支持系统质量的提升，尤其是根据不同学科的独特特征以及教学目标，在考虑到不同学生所处学习阶段不同以及水平不同的前提下，基于深层次学习的需要来设计虚拟学具以及学习活动，以备不时之需，而不能只依据学生的平均水平或较低水平来开展研发活动，或将所有学科的数字化教材设计成为工具过于简单、活动千篇一律的状态，谨防"学生想学无工具""想要提升无活动"等问题的产生，以真正设计出个性化特征明显、满足不同学科、不同学生特征与不同教师需要的数字化教材。

在数字化教材中，作为教师教和学生学都必须使用的手段，虚拟学具对教师和学生的作用不言而喻。应当注意的是，随着信息技术的不断发展，学具与学习工具之间并不是简称与全称的关系。有研究者认为，学具的概念侧重于物理材质的实体工具，旨在通过探索与操作来激发学生的学习兴趣，而学习工具则被认为是一种创建或向他人传递学习内容和学习方案，用于个人或专业学习的工具，而虚拟学具的概念则是二者的重叠相加。[1]当前，虽未形成独立的对虚拟学具质量的评价标准，但在已有相关标准中，对虚拟学具的要求并不严苛，比如在《信息技术学习、教育和培训、电子书包终端规范》当中，只将阅读器、多媒体功能以及电子查阅列为通用学习工具[2]，而在《信息技术 学习、教育和培训 电子书包总体框架》中，将虚拟学具分为教师端和学生端，前者是能够帮助教师根据不同场合或不同学科，选择不同的教具工具集，后者是能够使学生根据不同场合或不同学科，选择不同的学习工具集。[3]但二者都未对虚拟学具做详细解释说明，由此导致开发者因产生歧义而无法完整的将教师教和学生学所需

①　郁晓华，雷云鹤，祝智庭，吴永和. 变革理念下虚拟学具标准研制现状梳理与体系框架[J]. 现代远程教育研究，2013（02）：68-75.

②　GB T 36095-2018，信息技术 学习、教育和培训电子书包终端规范[S].

③　GB T 37957-2019，信息技术 学习、教育和培训电子书包总体框架[S].

的全部工具安装入数字化教材中。同时，在注意虚拟学具充足性的同时应将虚拟学具的实时性作为高质量数字化教材开发的可选项目来考虑，利用技术的发展不断对虚拟学具进行从功能到样式的迭代，满足与时俱进的教学内容所需，以充分彰显数字化教材的时效性优势。

表4.10　中小学数字化教材教学支持系统质量评价标准

维度	指标		可观测指标	评分
教学支持系统	必备	虚拟学具的标准性	所搭载的虚拟学具应当满足相应国家标准、地方标准或相关文件中的标准。	
		虚拟学具的充足性与适配性	所搭载的虚拟学具数量对支持课堂内外教师教学与学生学习所需而言绰绰有余，不仅能够满足教学的基础功能如书写、橡皮、笔记本等，还具备能够帮助学生进行拓展学习的工具，且在不同设备和系统中没有缺损或无法运行的情况	4
			所搭载的虚拟学具数量能够支持课堂内外教师教学与学生学习，但对拓展学习的帮助稍显逊色，可在不同设备和系统中完整运行	3
			所搭载的虚拟学具数量仅能支持课堂内和/或外教师教学与学生学习，对拓展性学习无所帮助，且存在于不同系统或设备中无法完整运行的情况	2
			所搭载的虚拟学具仅适用于特定设备和系统，且无法支持教师和学生完成日常教学工作	1
		学习活动的适宜程度	学习活动能与当前单元/课程的教学目的高度契合，难度与当前学生水平一致或具有适当地挑战性，数量充足，知识点配比得当，能够帮助学生反复演练、掌握知识与技能并加以提升	4
			学习活动与当前单元/课程的教学目的契合，数量充足，知识点配比得当，能帮助学生演练、掌握知识与技能，难度略高于或不高于当前水平，但在提升性方面有所缺失	3
			学习活动略偏离当前单元/课程的教学目的，其难度对当前学生而言可能或高或低，数量可能不足，且在知识点配比上出现失衡，但总体上仍有助于学生达成基本教育目标	2
			学习活动完全偏离当前单元/课程的教学目的，难度过高或过低，数量缺失，配比随心所欲，导致学生丧失学习的信心或因过于轻松地完成学习活动而无法掌握知识	1

续表

维度	指标		可观测指标	评分
教学支持系统	必备	学习活动的实用性	所提供的学习活动以学生为中心，与社会现实问题相结合，注重认识与实践的统一，帮助学生将所学知识应用到实际问题的解决之中，使学生在完成学习活动之后能将所学内容全部转化为现实可用的技能	4
			所提供的学习活动以学生为中心，与社会现实问题相结合，但相比于知识记忆而言，目的在于解决社会问题的学习活动所占比例略低，且存在情境创设与现实脱节的问题	3
			所提供的学习活动不完全以学生为中心，多数以知识记忆为目的，少数应用所创设的情境均与现实不符	2
			所提供的学习活动完全以机械的知识记忆为目的，不支持学生将所学知识向能实际应用的技能转化	1
		学习活动的可理解性	学习活动所用描述语言简洁清晰，其复杂程度与当前学生的水平相一致，且配有相应的与实际相联系的学习建议、提示。比如在虚拟化学实验旁提示学生要注意操作安全	4
			学习活动基本能做到用语清晰，但部分活动描述用语冗余，需经学生配合所给的提示研读才能准确的了解其意	3
			大部分学习活动描述用语烦琐，但配有相应的学习建议与提示，以供学生反复研读后理解	2
			学习活动描述用语烦琐，学习建议与提示不明确，无法为学生提供必要的帮助，导致学生在阅读数次仍无法理解活动本意后放弃活动	1
	可选	虚拟学具的创新性	数字化教材中的虚拟学具能够随着相关科学技术的发展而不断实时更新变化，比如利用虚拟现实（VR）技术构造的3D实验室[1]	4
			数字化教材中的虚拟学具在创新方面存在滞后，但仍能在某一阶段后做出更新	3
			虚拟学具创新性不足，多数时候只搭载常见学具，只能满足基本教学需要，对于一些特定的如科学等需演示的科目无所帮助	2
			数字化教材中的已有学具的制作技术落后于时代发展甚至为时代所淘汰	1

[1] Shyr WenJye et al. Assess the Engagement with 3D Virtual Learning Tools during the COVID-19 Pandemic [J]. Sustainability, 2021, 13（15）: 8632-8632.

维度	指标		可观测指标	评分
教学支持系统	可选	虚拟学具的个性化	所提供的全部虚拟学具可按使用者个人的学习习惯与喜好定制且与实际学具相符合,比如书写笔尖粗细按实际分为0.38/0.5/0.7、记事本纸张颜色与样式、便签安放位置是否可以任意调整等,并支持身患残疾的使用者做无障碍调整	4
			所提供的部分虚拟学具支持的按需定制,支持残障使用者做无障碍调整	3
			所提供的部分虚拟学具支持有限的定制,比如记事本样式仅可调整为有横线与无横线两种,且可能会对残障使用者造成一定的困扰	2
			所提供的虚拟学具不支持定制,也无法调整为无障碍模式,比如无法将手写输入调整为语音输入	1
		学习活动的层次性	所设计的学习活动层次分明,在横向(即同一知识点上)循序渐进,在纵向上(即按学生所有的学习水平)既设置了用于支持学习状况低于平均水平的学生弥补基础的活动,又为学习状况高于平均水平的学生提供具有挑战性的活动以支持其进行拓展性的深层次学习	4
			所设计的学习活动有层次,但界限稍显不明,在横向上能循序渐进,而在纵向上多数情况下支持学生按需选择,但有可能出现基础性或挑战性不足的情况	3
			虽然提供不同层次的学习活动,但循序渐进性不强,可能出现难度断层(比如直接从基础概念明晰跳跃到应用解答)由于所设计的学习活动层次不明显而不易于学生按个人水平进行选择	2
			所设计的学习活动无层次,横向上只提供了难度统一的练习,纵向上要求处于所有学习状况的学生必须完成同一水平的学习活动,使基础不足的学生丧失自信或感到困惑,或使水平处于平均水准之上的学生易因为活动过于简单而体验不佳	1

维度	指标		可观测指标	评分
教学支持系统	可选	学习活动的开放性	所设计的学习活动形式多样，若为任务类/问题类活动，则在回答上无统一确定的标准（答案的非唯一性），允许学生选用不同的作答方式各抒己见并全方面地展现自己所学的相关知识与技能	4
			所设计的学习活动形式多样，任务类/问题类活动的答案具有非唯一性，但在作答方式上有所限制，学生可以各抒己见但无法全方面地展现自己所学的相关知识与技能	3
			所设计的学习活动类型较少，且任务类/问题类活动的答案有可选性（即提供数量一定的答案标准以供参考），作答方式有限，评价者依据答案评判做答情况	2
			学习活动形式单一且答案唯一，且只允许学生以规定的方式回答，无法全方位的展现所学知识和技能	1

　　数字化教材中的学习活动是另一能够帮助学生掌握知识技能、实现长期记忆的必要工具，或者可以说是教学支持系统中的必要内容，存在于学习的全过程中。在对新知进行学习的过程开始前，教师可利用一定的学习活动来复习旧知，学生亦可进行诸如小组讨论、自主探索等活动并记录自己的所思所感；在新知学习过程中，教师利用学习活动向学生生动有趣的传递而不只是机械式的将知识灌输给学生，学生可选择自己喜欢的学习活动来探索并直接体验，以由单纯的被动"听讲者"变为主动地"学习者"，构建起个人的知识体系；在新知学习过程结束后，学生可利用任务类/问题类活动来检验自己的学习成果，并通过难度上循序渐进的问题来提升自己的水平，引发新的思考，达成深层次的拓展学习，我们前面所说的游戏化教学材料主要就是通过教学活动在数字化教材中进行展示的。适当地借用游戏化教学材料，可使学习活动更为生动有趣，激发学生对不同难度进行挑战的欲望，使所有学生都得以向更高水平发展。

　　再次，重视教学管理平台指标体系的构建。对达成数字化教材所要达成的"跨时空的教"与"无限制的学"的目标而言，课堂内外学习管理的作用不容忽视，它能覆盖课堂内外学生学习的整个过程，将学习过程中所需的诸多要素与活动统合在一处，存储教师与学生的教学资料，为教师和学生实现有序的教学活动提供帮助。它所具备的"课堂内外学习管理"功能，可以说是集"档案袋评价""学前或学期末测验"教师评语、答疑解惑、学习状态自测、学习结果自评及他评等诸多教与学的活动为一体的功能，在利用云端存储等技术无限量贮存学生学习资料、基于互联网的学生成就实时分享与学生状态及时反馈等方面具有传统纸质教科书所不能比拟的优势。教师可利用这一功能全面、准确的了解学生状况，针对不同的学生情况调整教学计划，生成个性化的教学方案，学生可基于此功能了解其在班级中所处的相对位置与个人当前学习状况、学习成就，并在听取他人意见的基础上对自己的学习进度进行反思、对个人的学习目标做出调整。当学生认知发展达到一定水平并可熟练使用该功能时，若评分标准明确清晰，则学生甚至可实现无教师状态下的自主学习、自我管理与自我评价，为培养具有自我调节学习能力的学生提供了可能。除此以外，教学资源管理的有序性与使用者的使用感受之间成正相关，若其所呈现给使用者的资源呈现出一种无序状态，则可能会导致使用者因长时间无法找到个人所需资源而放弃寻找，不利于保持教学的积极性，而其时效性则与所培养的未来公民是否能真正符合未来社会的需要息息相关，若更新延迟落后，则学生会因所获取信息与时代发展需求的不对称而落后于社会发展。

与"课堂内外的学习管理"对学生而言的作用相似，"课堂内外的教学管理"对教师教学水平的提升也具有相当程度的作用，该功能的主要目的是为教师在一堂课、一单元或一学年结束之后的教学反思提供支持，以文本和影响为主要形式来记录教师教学过程中的一言一行，为教师回归教学过程，反思得失与疏漏、与同时探讨分析以及学生外评提供充分地证据，也可以说是为教师提供了一种针对其言行的多形式、多层次、全方位的及时评价，使教师能够做到"课课反思，随时调整，及时更正"，最终达成增进教师专业素养、提升教师专业水平的目的，实现教学效率与教学质量的"齐驱并进"。但在已有研究中，教师是否能在利用数字化教材自带的录音录像功能进行言行记录的情况下，会不会让教师感觉受到"监视"以至于无法呈现真实教学状态这一问题仍有待商榷。除此以外。利用该系统进行反思反省是否会增加教师的工作量让教师感到压力等问题仍需进行进一步的深入调查研究，且该系统并不需要装配于学习者所使用的数字化教材之中，因此，该项暂且置于可选项中。

表4.11　中小学数字化教材教学管理平台质量评价标准

维度	指标		可观测指标	评分
教学管理平台	必备	教学资源的管理的有序性	能按照一定标准（比如按学科、按年级等），将使用者已有的教学资源（包括教科书、个人笔记以及所内置或外链的资源库）进行整理排列，并提供条目清晰的可链接列表，帮助使用者能够轻易找到所需教学资源之所在，并允许使用者按个人教、学习惯对资源进行整理（比如可随意将资源进行拖动存放）	4
			能按一定标准将使用者已有的教学资源进行整理排列，并提供条目清晰的可链接列表，帮助使用者快速找到所需的教学资源，并提供一定的可选择的整理标准，但无法全然按照使用者个人的习惯来定制	3
			能按照一定标准将使用者已有的教学资源进行整理排列，并提供条目清晰的列表，但列表不可通过点击的方式链接到相应资源，并且不提供可选择的整理标准	2
			已有教学资源排列标准模糊，无清晰的列表可供学生参考	1
		教学资源管理的时效性	能为使用者及时提供相应的更新资源，并对每一更新资源从大小、内容、特性等方面做清晰描述，由使用者根据实际情况决定是否对资源做更新操作	4
			能为使用者及时提供相应的更新资源，并对每一更新资源进行全方位描述，但在更新上存在强制性，不能按需更新	3
			更新资源的提供具有滞后性，描述过于简单，可能无法帮助使用者做出是否更新的决定	2
			更新迟缓或不提供更新，对迟缓的更新未配备相应描述	1

续表

维度	指标		可观测指标	评分
教学管理平台	必备	课堂内外学习管理	为教师与学生提供多样化的、能够覆盖课堂内外学习全过程的管理模式，实现诊断性评价、形成性评价以及总结性评价的统一，并能通过相应的资料存储系统与交互系统实现学习成果的及时分享与反馈，做到学生自评、生生互评以及教师评价结合，以帮助教师了解学生情况以及学生明晰自身情况	4
			为使用户提供多样化的、能够覆盖课堂内外学习全过程的管理模式，结合三种评价，为教师和学生提供有关学习进程、学习结果以及学习成就方面的信息，但多数信息均反馈给教师，在自评与互评方面较差，不利于学生了解自己当前所处的相对位置	3
			能够提供多样化的、覆盖课堂内外学习全过程的管理模式，结合三种评价，但在反馈的时效性方面较差	2
			管理模式单一，只能进行某一种评价且使用时空受限，所提供的反馈不具有时效性，参考价值不高	1
	可选	课堂内外教学管理	通过各种方式记录教师的教学资料，包括教师的教学计划、教师在教学过程中的表现，支持学生、同事对教师评价以及教师自评，所有反思资料也应以各种形式加以贮存，方便教师在结束某一时段的教学之后做内省与改进之用	4
			能够记录教师的教学资料，但所用方式较少，支持学生、同事对教师的评价以及教师自评，所有反思资料均可以某一形式存储，以备自查与改进	3
			只支持以文字的形式记录教学资料，且评价上只支持同事评价以及教师自评，可贮存能够用于反省与改进的反思资料	2
			只支持以文字的形式记录教学资料以及教师自评，资料记录不全面，无法为日后的反省与改进提供充足的依据	1

表4.12 中小学数字化教材教学管理平台——移动终端评价标准

维度	指标		可观察指标	评分
移动终端	必备	移动终端的便携性	数字化教材所适配的移动终端轻薄小巧，携带便捷，支持无线/4G/5G等形式网络连接	4
			数字化教材所适配的移动终端重量与体积适中，携带起来略有难度，支持无线/4G/5G等形式的网络连接	3
			数字化教材所适配的移动终端重量或体积上不适宜，且仅支持某一类型的网络连接	2
			数字化教材所适配的移动终端在重量与体积上均不适宜，需使用专门外包装携带，只支持某一类型的网络连接	1
		移动终端的耐用性	移动终端坚实，其振动适应性、冲击适应性、碰撞适应性、自由跌落适应性以及电池寿命与气候环境适应性等均符合甚至高于标准GBT 36095-2018中的相应规定，在相当长的使用年限中无须更换（至少应支持学生完成某一阶段比如小学阶段的学习）且需维修次数较少	4
			移动终端坚实，其振动适应性、冲击适应性、碰撞适应性、自由跌落适应性以及电池寿命气候环境适应性等均符合标准GB T 36095-2018中的相应规定，在相当长的使用年限中无须更换，但维修频率较高	3
			移动终端的耐久性略差，其振动适应性、冲击适应性、碰撞适应性、自由跌落适应性以及电池寿命与气候环境适应性等均符合标准GB T 36095-2018中的相应规定，但使用年限较短，且维修频率较高并对使用者造成困扰	2
			移动终端不耐用，其振动适应性、冲击适应性、碰撞适应性、自由跌落适应性以及电池寿命与气候环境适应性均低于标准GB T 36095-2018中的相应规定，易因跌落、撞击或温度不适宜等原因出现无法修复的损坏，在某一阶段的学习中需进行多次更换且经常出现各种类型的问题	1
		移动终端的安全性	其一般安全应符合或高于《信息技术设备安全》（GB 4939.1-2011）中的相关标准，电池安全符合或高于《便携式电子产品用锂离子电池和电池组安全要求》（GB 31241-2014）中的有关标准，该项为不可评分项，以确保学生使用产品过程的中的安全性	

维度	指标	可观察指标	评分
移动终端	必备	所使用终端本身的运行内存应大于等于2GB，存储内存应大于等于64GB，可同时支持多软同时运行或较大应用运行不卡顿，且支持用云端或插入内存卡的方式进行扩容，以为学生存储海量资源	4
	移动终端的内存	所使用的移动终端本身的运行内存大于等于2GB，存储内存大于等于64GB，支持多软件或较大应用运行不卡顿，但只支持云端存储，而不支持以内存卡的方式进行扩容	3
		所使用的移动终端本身的运行内存等于2GB，存储内存等于64GB，但在2个及以上的软件或较大应用运行时由轻微卡顿，不支持扩容	2
		所使用的移动终端本身得运行内存不足2GB，存储内存小于64GB，无法支持多软件同时运行或较大应用运行，否则会出现严重卡顿甚至死机的现象，且不支持扩容	1
	移动终端的性价比	移动终端价格低廉、附赠长时间内的限期免费保修，且产品质量不低于或高于国家标准	4
		移动终端价格低廉，产品质量不低于国家标准，支持短时间内的限期免费维修	3
		移动终端价格略高，但产品质量不低于国家标准，且支持短时间内的限期免费质保	2
		产品质量虽高，但价格昂贵且不支持限期免费质保，大多数学生处于义务教育阶段的家庭无法承受	1
	可选	所选用的移动终端适应性强，能够在相当长的时间内适应更迭的技术并兼容以新技术开发的所有应用	4
	移动终端对新技术的适应性	所选用的移动终端适应性强，能够在相当长的时间内适应更迭的技术并兼容以新技术开发的大部分应用，偶尔会发生不兼容的情况，但可通过更换部件的方式进行调整	3
		所选用的移动终端有一定的适应性，能够适应短时间内更迭的技术并兼容以新技术开发的部分应用，发生不兼容情况则只能以更换设备来解决	2
		所选用的移动终端适应性差，不能适应技术的更迭，一旦技术更迭，就必须以更换设备的方式来适应新技术	1

数字化教材的开发的本意之一就是减轻学生负担，使学生能够实现"一本通用"的学习方式，因此其便携性应是开发者重点关注的内容。所谓便携，即指学生可以轻易地将数字化教材随身携带并能随时随地进行使用，因此，这种便携不仅体现在外在上，还体现在其能兼容多种网络连接模式上，以便支持学生在不同的网络环境下进行使用，若只能支持单一的网络连接模式，则有可能会发生学生携带了数字化教材却无法使用的情况，其"便携性"也就大打折扣。

终端的耐用性与其性价比之间息息相关。数字化教材本身能够让优质教育资源通过网络的方式传递给身处五湖四海的学生，但若数字化教材的耐用性较低且需多次维护或更换，则对于学生来说，学习的成本不降反增，导致一部分学生不愿使用或不能使用数字化教材，也无法实时共享优质的资源，有违其公平的宗旨。此外，耐用性中的电池寿命应能达到充放电循环次数（即当连续三次放电容量低于其标称容量的80%时记录的充放电次数）大于等于500次这一标准。[①]

数字化教材的便携、长久耐用与高性价比固然是开发者所应该着力关注并着力达成的，但这一切都是基于数字化教材的安全性而存在的。对数字化教材的使用者而言，若所使用的数字化教材有可能发生易燃、爆炸等危险情况，那么数字化教材使用者的使用意愿就会大幅度降低，同时，不安全的数字化教材也会对学生的身心发展造成危害，因此其安全性必须与国家标准相符，为学生营造一个安全的学习环境。

移动终端的运行内存会直接影响使用者对数字化教材的使用体验，若运行内存过低，无法支持多软件同时运行或出现多频次卡顿乃至死机，则可能会引发使用者出现烦躁等情绪，不利于教学过程的继续进行。而存储内存是否受限则会对数字化教材的开放性造成影响，若存储内存过低且不允许以其他方式进行扩容，则数字化教材所能呈现的内容便极为有限，既无法支持使用者按需将资源整合入内，生成"个人的"数字化教材，也无法存储个人作品，对学习过程回归与自省及他评不利。

对于数字化教材而言，其所适配的移动终端对新技术的适应性与使用

---

① GB T 36095-2018,信息技术 学习、教育和培训电子书包终端规范［S］.

者是否能利用其进行与时俱进的教学之间有所关联，对新技术的高度适应性可以让学生随时体验新的技术及利用此所开发的应用，提升所培养的人才质量规格。同时，若数字化教材因无法适应新技术而需要经常更换新设备，则会导致学习成本提升，增加家庭负担。

表4.13 中小学数字化教材技术设计与操作系统及安全质量评价标准

维度	指标		可观测指标	评分
技术设计与操作系统	必备	用户界面	用户界面色彩搭配舒适、各功能图标排列清晰有序，给使用者以视觉上的舒适感，帮助用户轻松找到学习过程中所需的各项功能与工具，支持使用者按个人使用习惯自主定制界面，比如调节界面颜色、字体大小、图标排列顺序等，以使用户能更为迅速地熟练掌握数字化教材的使用，提升数字化教材的接受程度与普及的广泛度	4
			用户界面色彩搭配舒适、各功能图标排列清晰有序，能够帮助用户轻松找到学习过程中所需的各项功能与工具，有限的支持使用者按个人使用习惯自主定制界面	3
			用户界面色彩搭配舒适、各功能图标排列清晰有序，能够帮助用户轻松找到学习过程中所需各项功能与工具，但不支持使用者的个人定制	2
			用户界面在色彩搭配、图标排列等方面存在问题，比如界面底色与文字颜色反差过小或过大导致文字模糊、图标排列凌乱不易于查找等，且不支持使用者个人定制，用户体验较差，可能造成数字化教材的流通受阻	11
技术设计与操作系统及安全	必备	技术的交互性	交互性优良，不仅能对使用者的操作行为做出迅速反馈，也含有促进师生交流、生生讨论的功能，并能够实现跨时空的交往与互动	4
			交互性较强，能对使用者的操作行为做出反馈，但偶有卡顿等也含有促进师生交流、生生讨论的功能，但交流的流畅性有待改进，能够实现跨时空的交往与互动	3
			交互性较差，无法对使用者的全部操作行为作出反馈，能够实现师生交流、生生讨论，但其反馈的时效性与流畅度有待调整，能实现跨时空的交往与互动	2
			交互性差，对使用者的操作行为的反馈非常迟缓，或根本无法做出反馈，也不支持师生或生生间的交流探讨以及跨时空互动	1

续表

维度	指标		可观测指标	评分
技术设计与操作系统及安全	必备	系统的流畅性与更新	所选择的系统本身不卡顿，且能够保证教学所需所有软件运行流畅，且对不当之处能够及时通过提供补丁包的方式进行调节与修正	4
			所选择系统本身不存在卡顿等情况，运行教学所需软件时可能会出现偶然性的卡顿，但不影响正常的教学进程以及使用者的感受，能够利用补丁包对不当之处进行调节与修正	3
			所选择系统本身不存在卡顿等情况，但运行教学所需软件时出现卡顿频率较高，影响使用者的使用体验及教学进程，补丁包发放不及时或无补丁包	2
			所选择系统本身卡顿，且运行教学软件时卡顿更为严重，影响使用者的使用体验及教学进程，且长时间不或从不利用补丁包进行修复	1
		安全	系统安全程度高，对使用者的使用数据进行全方位保护，需经使用者同意才可实现数据共享，其内置与外链接内容全部符合标准，没有暴力、血腥等不良信息或广告画面植入，使用者进入个人系统需至少两重验证，方式可包括输入密钥、人脸识别、指纹锁等	4
			系统安全程度较高，在大部分情况下能对使用者数据进行全方位保护，须经使用者同意才可实现数据共享且所有资源全部符合标准，使用者进入个人系统需经验证，但验证方式单一，可能存在密钥被盗取的情况发生	3
			系统安全程度较低，在大部分情况下能对使用者数据做部分保护，但数据共享上存在未经许可被他人擅自使用的情况，所有资源全部符合标准，使用者进入个人系统的验证方式单一，存在安全漏洞，但不影响正常使用	22
			系统安全程度低，无法对使用者数据形成有效保护，且所提供的各类资源中常因安全漏洞而出现广告弹窗等不利于学生身心发展状况的内容，使用者进入个人系统的验证方式单一甚至无须验证，对正常使用产生影响	1

维度	指标		可观测指标	评分
技术设计与操作系统及安全	可选	系统的通用性	所选择的系统通用性高，能够兼容当前市面上所流通的所有版本的教材且运行无缺陷	4
			所选系统通用性较高，能够兼容当前市面上所流通的多数版本的教材且能运行无缺陷	3
			所选系统通用性弱，可呈现当前市面上所流通的多数版本的教材，但在功能运行等方面存在缺失或不流畅等现象	2
			所选系统通用性差，只能呈现当前市面上所流通的少数版本的教材或只能兼容某一版本的教材，且无法运行其他版本教材的功能	1
		技术设计的创新性	在技术设计上立足国际视野，与当前国内外先进科技衔接，将新的科学技术融入数字化教材之中（比如利用5G+大数据以及人工智能技术，来构建学生的学情"画像"，以提升对学生情况分析的精准度），并随着技术手段的发展而不断更新，且能实现全面普及	4
			在技术设计上立足国际视野，实现与当前国内外先进科技的部分衔接，但融合程度与利用率较低，无法实现全面普及，但能随着科学技术的发展而不断更新	3
			技术设计视野有所局限，无法把握国际科学技术发展新动态，也因性价比等问题无法实现全面普及，更新有所滞后	2
			长时间使用同一技术，出现明显的技术落后情况，因研发成本低而价格低廉，可以实现全面普及	1

　　数字化教材的技术设计、操作系统与安全是数字化教材发挥其功能的"软保障"。其用户界面的视觉舒适程度影响用户的使用体验并与用户的接受率息息相关，若用户界面的视觉舒适程度高，且可根据使用者的个人习惯做自由调整，则用户使用时能较为轻松地掌握使用方法，避免因视觉舒适度低而产生烦躁等抗拒心理，提升数字化教材的接受程度。而交互性是数字化教材有别于纸质版本教材的重要特征之一，对"跨时空学习"与"无限制教学"而言有相当程度的助益，可以将教与学的行为延伸至课堂

外，为终身学习提供可能。同时，技术交互性中的人机交互的灵敏程度也会对用户的使用体验产生影响，若人机交互灵敏度低，则用户可能会因长时间得不到反馈而产生厌烦等情绪，降低用户的使用体验与对数字化教材的好感度。

在日常智能设备的使用过程中，常常会出现系统更新以及利用补丁包做优化调整的情况，所谓补丁包，即系统的开发者在系统发布后，通过搜集用户的反馈信息等途径来发现系统中所存在的"bug"（计算机领域内的漏洞），而后对系统bug进行调整修正，并直接发放给用户或可在相应网站上进行下载的一种小程序，其目的就是修复系统bug，以防止其成为病毒攻击对象，而数字化教材作为一种强调系统流畅度与安全性的教材而言，其漏洞修缮是开发者应关注的重点问题，不能将数字化教材的投入使用等同于"万事大吉"，而应实时了解用户的使用情况及其反馈意见，并通过后台对系统进行严密监控，若发现漏洞，则应及时进行修补，以保证系统运行的流畅性。

中小学数字化教材所面向的是身心尚未完全成熟发展的学生，因此其所提供的内容以及系统的安全程度应当为开发者所关注，以尽力为学生提供一个安全的学习环境为宗旨来开发或选用安全系统，谨防使用者数据在未经使用者许可的情况下遭受泄露，或使学生在学习过程中获取与学习活动无关的不良信息，保障学生身心的健康发展。

系统的通用性是有效降低数字化教材推广及使用成本的必要手段，随着学生年级的升高，数字化教材的版本可能出现差异，此时，若所用系统通用性低或者说是兼容程度低，则当面临不同年级不同版本的数字化教材时，可能需要学生更换系统乃至直接更换整个设备，导致家庭教育成本提升。另外，若所用系统通用性较差或有诸多下载限制，则需要学生全部采用同一版本的数字化教材，灵活性较差。尤其是学生在课外想要使用不同版本的教材做拓展学习时，则极有可能会出现功能无法正常使用甚至是内容无法读取的情况，影响课后自学及终身学习能力的培养，对学生信息素养的提升也有所阻碍。但之所以将系统通用性作为可选项，是因为当前市面上所流通的主流系统都并不能做到完全兼容，甚至在一些软件功能上存在排斥的状况，因此需要基于技术的发展做进一步的研发。

各国开启数字化教材研究与普及的重要目的之一就是为培养与时俱进的、具备信息化素养的人才做准备，这种培养不仅可以通过数字化教材向学生直接传递相关内容，也可以通过在数字化教材中内置与先进科学成果相互衔接的技术来间接实现，学生通过使用与切身体验这些由当前先进科学成果转化而来的技术，在技巧上掌握技术的基本使用方法，在认识上感受现代科学技术所带来的便利及其优势，从而产生内在动机，更加愿意去了解、学习和掌握各类信息通信技术，最终成为具备信息化素养的人才。

总而言之，从系统论的角度来说，数字化教材可被看作是一个有机整体，其作用的发挥有赖于各部分之间的相互配合。因此，若想对某一数字化教材的质量做出客观、全面、公正的评价，就必须要关注到组成数字化教材的各个方面，尤其要重视数字化教材的各方面能为使用者做什么或者帮助使用者达成怎样的目标，以提升数字化教材的实用性，谨防开发者"炫技"而使数字化教材变得华而不实。

三、数字化教材的质量评价方法

作为一种构造复杂的现代科学应用于教育领域的产物，对数字化教材的评价显然比对传统纸质版教材的评价更为复杂，或者说数字化教材能与网络相连接、能从系统后台获取用户数据特性为其质量评价与改进提供了新的契机。如前文所说，由于数字化教材具有不断更新等诸多独有特性，因此"在何时采取评价？""由谁来评价？"以及"评价所进行地时长与频率？"等显然是评价前急需解决的重要的问题，若评价时长过短，则数字化教材的功用尚未显现，若评价频次过低，则无法与时俱进的对数字化教材的更新做出评价，反之，若评价时间过长又或评价频次过高，则又会造成大量人力、物力与财力的浪费。而所选择的评价者特征与数字化教材评价结果也存在一定的关联。在一项针对审稿人特征与开放式教科书质量评级之间的关系的研究中，在对评价者按国籍、所担任的职位进行分类之后，研究者发现，评价者的自我效能感、评价者是否使用过数字化教材甚至于评价者的国籍差异都会对数字化教材的评价结果产生影响，比如来自加拿大的评审员对数字化教材的打分显著低于美国的评审员，这可能是因为前者拥有更高的评分标准，也可能是由不同地区的文化背景不同所导致的，即评审者特征的复杂性导致了对数字化教材进行质量评价活动的复杂性。①除此以外，数字化教材质量的评估结果并不面向单一的对象提供。因此，对数字化教材质量的评价，尤其是对数字化教材整体的质量评价，绝不应单纯地用向使用者发放量表、与使用者进行交谈或观察使用者行为的方法进行，或者说上述传统的方法所得到的数据不能成为判断数字化教材质量标准的唯一手段，因此，在数字化教材的质量评价活动中，一些特殊方法的采用显然对保障质量评价结果的公正性有所助益。

（一）用于分析数字化教材的特殊框架

受成本、时间以及范围所限，利用传统的调查教科书使用情况的方法所收集的数据的真实性与时效性有待考量，尤其是在受"监控"的情况下，用户所表现的状态是否是一种"自然且真实的状态"尚有待考证，若用户行为是非自然的甚至是接受过刻意训练的，则所获取的数据必然也是非真实的或者说是非普遍的。且对数字化教材进行质量评价的最终目的并不在于单纯的对数字化教材的质量做出判断，而是要为其利益相关者提供信息，尤其是向数字化教材的开发者提供有关用户行为的数据与行为产生原因的分析，以促使数字化教材质量的改进，为学习者提供更有利于提升学习效率、促进自主学习与终身学习的数字化教材。由此可见，数字化教材质量评价与改进所围绕的核心即用户，应当是一个"自面向调查用户数据起、经查探用户行为、至指向用户体验提升止"的过程，因此，对数字化教材质量的评估离不开对用户自然状态下使用行为的数据搜集与分析。

有研究者曾尝试以学生行为为主要的数据搜集内容，构建了基于EPUB格式的开放式教科书的分析框架（详见图4.3）。作为"电子教科书市场"的一项重要发展，"开放式教科书"以"开放"为原则来构建和发布任何人都可以免费使用且多数情况下允许个人按需调整的课程支持内容，将互联网当作是共享各类学习资源的便捷廉价的渠道，其内容的监测、维护、

① Fischer L, Ernst D, Mason S L. Rating the quality of open textbooks: How reviewer and text characteristics predict ratings[J]. International Review of Research in Open and Distributed Learning, 2017, 18(4): 142-154.

史新与撰写均由资源的作者所组成的"社区"来完成。[①]有研究者认为，开放式教科书是教育资源的一个子集，在内容上与传统教科书相似，但以具备免费获得各种数字格式和低成本的打印副本为特征，具有数字化性质，这为开发一个用于追踪用户在自然状态下与开放式教科书互动行为的学习分析系统（或平台）提供了可能性。该版本教科书由数字内容文件、可用于读取文件的软件以及用于呈现内容的阅读设备构成，与我们所说的数字化教材的主体结构类似，可分别与数字化教材的内容、操作系统以及移动终端相对应，而上文所提到的学习分析系统的作用之一就是为教师提供学习者的用户数据以及分析报告，即提供了数字化教材中学习管理系统的功能，因此可借鉴该框架来对数字化教材做出评价。其数字内容文件可存在于PDF、EPUB以及MOBL等多种格式的文件之中，而EPUB作为最常见的一种自由开放的电子图书文件标准，内含XHTML/CSS/SVG/图像等多种资源，这些资源被压缩入一个文件扩展名为".epub"格式的文件之中，其功能与网站相类似，这就为网络活动日志的生成、存储与查阅提供了可能。该框架的构建以"将建立一个支持分析的EPUB阅读器应用程序作为开发教科书分析系统的第一步"为前提，以搜集学生与开放式教科书的互动行为为核心，经过数据搜集→数据分析→数据报告三个步骤，对利用程序、脚本及其他方法搜集而来的结构化的（如服务器日志）数据或是非结构化的数据（如注释）进行定量与定性相结合的分析，并将分析结果与传统调查方法所获取的数据相结合，以为所有利益相关者提供一份学习者学习过程分析报告，了解和优化用户学习及其所发生的环境。为了确保数据分析结果的可视化，该报告将以表格、图标和其他类型的信息显示方式的组合来加以呈现。

　　显而易见的，在该分析框架最初阶段，基于网络的EPUB阅读器应用被开发。该阅读器应用提供在线和/或离线访问两种形式，前者的文本被放置于分析平台的服务器上，学生可通过URL（Uniform Resource Locator，统一资源定位器，指网络地址）来访问教科书，学生使用行为数据直接被记录在服务器上，后者则是从学习分析平台上下载离线版本的公开课本，使学

---

① Chesser W D. The e-textbook revolution [J]. Library technology reports, 2011, 47 (8): 28-40.

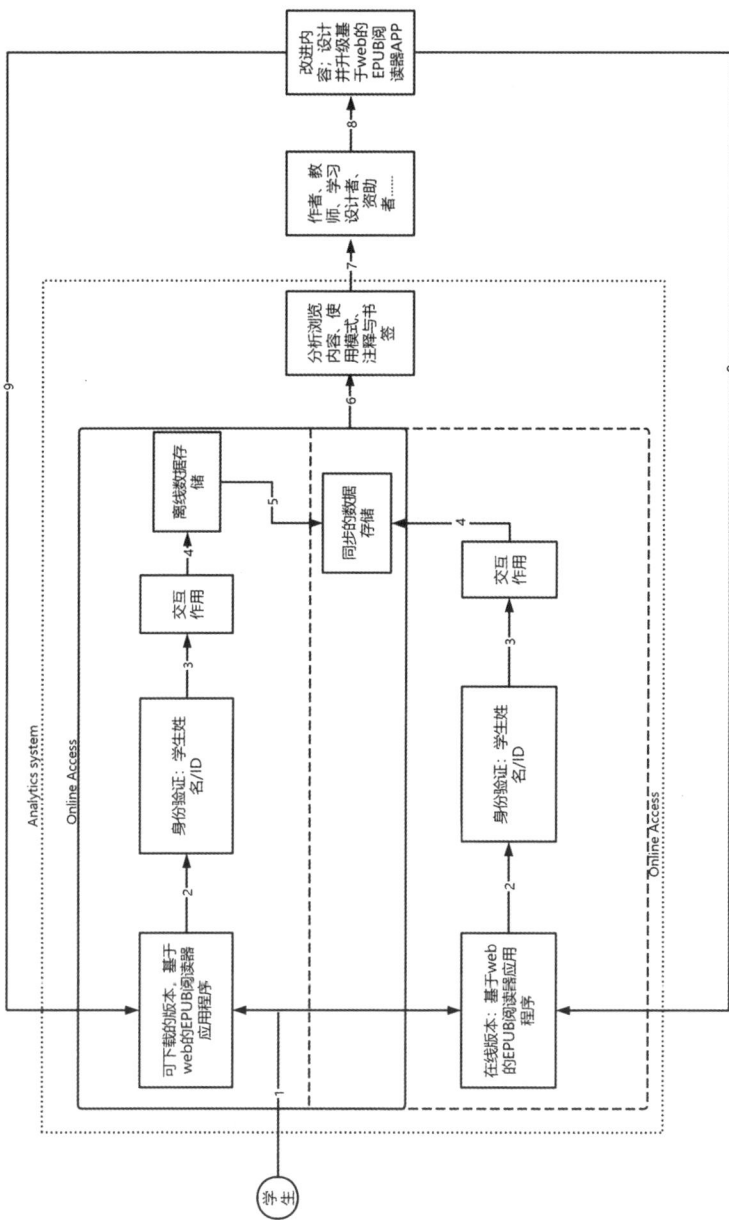

图4.3　开放式教科书分析系统框架①

① Prasad D, Totaram R, Usagawa T. A Framework for Open Textbooks Analytics System [J]. Techtrends, 2016, 60（4）: 1-6.

生得以在离线（无网络支持的环境下）二次访问教科书，而学生使用行为数据则暂时被存储在用户浏览器中。应当强调的是，在该阶段，开放式教科书必须为EPUB格式，并且含有一个能识别该教科书的独特编码，且由于不同阅读器应用程序所提供的功能不同，所搜集的数据类型也有所差异，因此，为了实现标准化的数据搜集，保证数据的一致性与最终结果的有效性，该EPUB文件必须被嵌入一个基于网络的EPUB阅读器程序，以便让所有学生都能使用相同的基于网络的EPUB阅读器程序来查看教科书。

在EPUB阅读器应用被开发完成后，学生可通过认证来访问开放式教科书。该认证一是用于对学生身份进行识别，二是让利益相关者得以使用该功能来分析个别学生参数。但若该功能仅用作集体分析且担心有关隐私的问题时，则该阶段可随机生成一个唯一的ID号码来"跟踪"学生。为了保证学生知情权以及隐私安全，在认证之前，要向学生提供信息页面，页面内容包括对分析该项目目的的概述并告知学生其互动信息将会被记录、存储以及分析，而后给出相应的同意书链接让学生进行选择，若学生选择不同意提供个人信息，则系统将自动向学生分配一个随机生成且唯一的ID供学生登录，以保障学生的个人隐私不受侵害。

认证结束后，学生即可进入EPUB阅读应用程序，在该程序中，学生与开放式教科书之间所进行的一切互动行为如点击链接、跳转页面、添加注释等将被全程实时记录，并根据网络环境被分别存储于分析数据库或暂存于浏览器之中，被暂存于浏览器中的信息将在检测到网络连接之后自动上传至分析数据库中，实现在线与离线数据同步，以确保数据的完整性。

当在线与离线数据同步完成后，可根据不同的目标，针对存储在中央数据库中的原始交互数据，选择定时或定期进行分析，其方式可包括：在线/离线模式下访问教科书的次数；使用何种设备访问以及访问时长与频率；每一章节的总浏览量、花费时间、总书签数量、总注视数量以及每一章节的注释笔记；访问的超文本链接等。通过对上述数据的分析，来回答如所做标记的数量与内容领域及其难度的相关性、在哪些内容领域有所反馈以及反馈的内容、花费时间与内容清晰度之间的关联以及什么样的学生行为、内容构成和学习设计原则能产生预期的学习效果等问题，由此获得由学生行为产生的反馈并将分析结果提供给各开放式教科书的利益相关者，以供他们采取不同的适当行动和决策。

其中，开放式教科书的作者可以独自或与教师一起利用分析数据，对开放式教科书中的不恰当内容加以变更与改进，以供下一批学生使用并构建更为优良的学习环境、给予用户更好的使用体验；教师可以对模糊内容进行识别，并根据行为数据与使用过程中表现不活跃的学生进行讨论，以更为精确地了解他们在使用开放式教科书中的行为以及心理状态，便于采取额外的、精准的措施，以帮助在使用开放式教科书时表现不活跃的学生变得活跃且积极，取得学习上的成功，并促使已经能够完全适应开放式教科书的使用、在学习过程中表现积极良好的学生达成更高的目标，实现因材施教、据实而教；学习设计者可依据学生行为数据及相关分析，可对学习内容、活动等做适当修改，以改善学生的学习环境，增强学生学习的积极性，而开放式教科书开发的资助者则可根据报告来确证项目的价值并预测其未来发展状况，以决定是否继续为该项目的改善追加投资款项，除此以外，政策的制定者可对开放式教科书政策的相关结果做进一步理解与评估，促使开放式教科书政策的完整性进一步加强。

报告发布的完成与利益相关者行动的实施将会生成更新与修订后的教科书及与之相适应的基于web的EPUB阅读器应用程序，二者将在一同被打包后提供给未来的学生使用。

可以看到，借鉴该框架对数字化教材评估，其显著优点之一就是所获得的数据的真实性与自然性。传统评估方式中评价者的介入导致用户日常的学习环境被改变，在评价者的"注视"下，用户会尽力表现得尽善尽美，由此隐藏了一些自然状态下可能会暴露的问题，导致结果的偏差。而在该评估框架中，尽管用户了解自己的使用行为数据将被存储和用于分析，但并不易产生被人观察所导致的"受监视感"，用户依旧是在与平日无异的学习环境中进行与日常相同的学习活动，这种活动即可以称作一种自然活动，对这种活动进行数据搜集与分析活动，所得到的是一种自然就是一种较为真实的、可以作为数字化教材改进依据的结果。

除了自然性之外，该框架的另一优点就是对人力、物力、财力以及时间的节省，在传统的数字化教材的评价活动中，数据搜集阶段往往需要耗费诸多人力、时间与经费，为了保障所搜集数据的客观性与全面性，评价者需要经过长时间的观察、与多人进行对话，或者向数量众多的样本在不同时间发放问卷并进行问卷回收与资料整理工作，造成评价活动时间过长，且评价者很难对学生的课外使用数据进行搜集，导致数据缺失。而在该框架中，学生的行为数据被自然而然且实时的整合收录在分析数据库中，评价者只需从数据库中导出数据，即可对学生当时的行为进行分析工作，使评价者的评价活动更为便捷。

虽然该分析框架具有显著的优点，但是分析框架中所获得的报告仅是对学生行为的分析，而有一些结果比如内容的准确性、内容与标准的一致性等是无法通过对学生的使用行为进行分析而获得的。因此，若将由该框架所收集的数据进行分析后直接生成报告并发送给各利益相关者，则未免会导致结果单薄而片面。因此，更好的做法是将由该框架所获得的数据与用传统的评价方法所获得的数据相结合，或者将该框架所获得的行为数据作为用传统评价方法所获取的数据的支撑与佐证，以便使所撰写的报告更为合理，为数字化教材的各利益相关者的决策与行动提供更为全面的信息，促使数字化教材的改进与完善工作更加有效。

（二）旧法新用——星级评定与"标签"

上文曾提到，数字化教材开发的初衷之一就是致力于促成广义上的教育公平，即向来自不同文化背景、出自不同家庭、处于不同区域、不同年级以至于不同水平的学习者分发包括在线课程视频、拓展知识等在内的优质教育资源，达成优质教育资源"人人可获取""人人能使用"的目标，但这样的分发并不意味着要将所有资源强制性的发送给所有人，而是在分发基础性资源（即未来公民在接受基础教育后所要达到的基本素质所必须要学习的内容和掌握的技能）的基础上，允许学生根据自己的个性化学习目标与爱好需求来选择适当的资源，而这些被存储于某一资源库中的资源的数量可谓是浩如烟海，如果让学生通过逐条查看，或者仅通过搜索关键字来查找资源，那么不仅会浪费大量的时间和精力，最终还有可能无法获得所需资源，因此，让使用者对诸多资源的等级进行评定并按自己的感受与体验在有限制的选项中或无限制中为资源打上一个可供其他使用者查询的"标签"对用户寻找恰当资源以及数字化教材的质量提升而言十分重要。而由教育知识管理研究所（Institute for the Study of Knowledge

Management in Education，ISKME）于2007年所发起的OER Commons项目所采用的资源评价机制可以成为数字化教材质量评价方法的重要参考。

为了保证所纳入的资源都能达到"高质量、合需求"的水平，OER Commons项目将资源评价的目光集中在对机构和个人所提供的材料本身的质量评价上，而不考虑如材料提供者的工作背景、材料所使用的形式和语言等外在因素，在保障资料高质量的基础上，对针对同一问题而生成的不同资料进行广泛而全面的收纳，最大限度地保障有不同需求的学习者都能寻找到自己心仪的材料。

在OER Commons 项目的评价机制中，任何资源在被纳入OER Commons中之前，都需经过管理员的审核，这一审核过程是管理员根据给定的详细评价指标对资源进行认证的过程，也可以说是管理员根据一定的标准来预判资源是否对使用者具有较高利用价值的过程，以避免一部分低质量的、不具有普遍性意义的资源进入OER Commons之中，防止因资源冗杂给用户的查找造成阻碍或给用户带来不良的使用体验。资源通过管理员审核并评价标准并不是给定的、唯一的，并将资源的使用者即用户是评价主体之一。在对资料进行查询和使用的过程中，用户将会产生最为直观也是最为真实的使用体验，用户会将这种使用体验与个人所预想的或者所能接受的有关OER（开放教育资源）的标准进行比较，比如用户在查询资源时所预设的找到满意资源的时间为十分钟，但由于种种原因，用户最终查找到满意资源的时间增加为20分钟甚至更长，这就会导致用户的不满、烦躁等情绪产生，此时用户对该项资源乃至整个资源库的评价就会降低，出现"查询机制不良"等负面评价，反之，若用户查找到满意资源的时间比预计时间短且能精准查询到满意的资源，则用户在使用前就会先建立对资源的良好印象，对资源的评价也就会相对更高。

虽然对资源质量的评价与用户个人的直观感受息息相关，但若要求用户将每个人的直观感受全部写下来，则可能会产生用户疲于评价的问题，也会让需要依据评价来改进资源质量的资源提供者很难完全直观的了解用户的使用感受并做出有针对性的改进因此OER Commons为用户提供了星级评定、发表评论以及打上标签三种评价方式，这三种方式互相依存，最后形成相对公正全面且易于辨识的评价结果。

作为一种可以直观显示质量也是最为简单的评价方式，星级评定的应用非常广泛，比如我们在完成网络购物后，会根据购买及使用体验为该商品打分，以便之后的购买者可以直观的感受商品质量，也可供商家对产品质量做直观参考。而OER Commons所提供的星级评定也是如此，任何用户都可以在查询以及使用资源后为资源打分，五星即为最优资源，为了防止胡乱评价或恶意评价对下一用户造成困扰，系统会将各用户的评星计算为平均分，并表现在资源属性中。虽然星级评定是一种便捷易行的评价方式，能够为下一用户和资源的提供者最直接的展现资源质量的评价结果以供参考，但它既不能说明资源被评定为该星级的原因，也不能将用户的体验完全呈现，因此只是一种模糊而不全面的评价，而若想对资源质量做全面了解，则需要查看用户评论。

用户评论是一种无限制的用户评价方式，即用户可以在指定位置输入自己对于资源的使用体验，包括资源的使用方式以及注意事项；资源的适用场景和适用对象；资源总体的质量与具体各方面的质量，比如视频资源的清晰度、文本资源的连贯性、资源所表述的内容是否存在明显的、影响使用且使用者当场进行纠正的错误等；资源的交互性及其突出特征，比如当内容相同时，该资源的表述相比于其他资源而言有哪些优势或是推陈出新的方面；对于后续使用者的建议，如关于该资源应在何种场景下采用何种方式为学生呈现所取得的效果最好、某一资源与另一资源搭配使用是否效果更佳等方面的内容。这些用户评论与星级评定结合在一处，既能为资源的下一用户提供有关资源质量的详细描述，又将一些个人的使用心得通过网络的形式传递，为下一用户的使用提供了一些颇具参考价值的意见；既向资源的提供者传达了用户对于资源质量的看法，便于提供者有详细依据且有针对性地对资源进行改良，又将资源为何被评定为该星级的原因加以呈现，使得评价更为完整。

在经过星级评定和用户评论之后，资源质量的高低得以完整的呈现在资源的提供者、使用者以及管理员面前，而为了使用户更便捷的寻找到高质量资源，OER Commons允许访问者以关键词的形式将高质量的资源打上"标签"，将高质量资源与下一用户只需输入关键词，就可以找到心仪且高质量的资源，为用户节省了寻找资源的时间，提升用户的使用体验。[①②]

　　虽然这种评价机制是为促进OER质量得以提升所开发的，但OER与数字化教材之间本身就是难舍难分的，数字化教材若想为学生提供丰富海量的、与主题内容息息相关的资源，就离不开其内置或者外链接的OER的支持，因此，OER所使用的评价机制也可以为数字化教材质量评价所借鉴，即将数字化教材的主要使用者——教师和学生作为评价主体，在每一单元甚至每一课的学习完成之后，利用网络支持请教师和学生为数字化教材进行打分，并向教师和学生提供可以书写使用体验与建议的对话框，让他们得以将自己的建议以及使用心得通过网络支持向他人共享，一方面便于数字化教材的开发者在耗费较少人力物力的情况下就能通过后台直接获取有关数字化教材质量方面的反馈意见并进行修订调整，另一方面也能帮助身处不同时空的使用者相互交流使用心得，促进数字化教材的高效合理运用。这样的评价方式使得对数字化教材的质量评价活动常态化、及时化，以避免使用时间对于数字化教材质量评价结果的影响，并在向数字化教材的利益相关方提供有关教材总体质量评价结果的基础上，将评价精确至每一单元乃至每一课时，促使数字化教材的开发者有针对性地对某一单元、某一课乃至某一部分的内容做出调整、更改与修订，促使数字化教材质量逐步逐级的提升，最终实现总体质量的飞跃。

①　宫淑红, 胡贝贝, 盛欣. 共享开放教育资源的门户——ISKME组织的OER Commons项目评析 [J].
　　现代教育技术, 2011, 21（06）: 9-12.

②　D'Antoni S. Open Educational Resources: reviewing initiatives and issues [J]. Open Learning the
　　Journal of Open & Distance Learning, 2009, 24（1）: 3-10.

第五章 数字化教材发展状况及趋势

一、世界其他国家数字化教材的发展

世界其他国家的数字化教材建设的过程经历依据本国国情而各有不同，对这些国家在数字化教材建设过程中所实施的策略、取得的成就以及所经历的挑战的梳理，能够为我国数字化教材的发展提供一些启示。

（一）美国

美国是数字化教材建设的领先国家，其联邦政府和各州共同致力数字化教材开发和使用，取得了实效性进展。其中，佛罗里达州率先在全州自上而下推行数字化教材改革，特色鲜明、效果显著、认可度高，其数字化教材建设的举措可资借鉴。

数字化教材建设是美国教育信息化的一个重要组成部分。自2008年起，数字化教材开始进入美国教育领域，并且每年以80%的速度增长，逐渐形成势不可挡的局面。[①]从高等教育开始逐渐辐射影响到中小学教育。2012年，美国联邦政府督促各州修订教材选用制度并声明截至2017年底要将数字化教材带给每个学生。2016年，美国教育部发布了全美教育科技计划（NETP），该计划指出通过有效利用信息技术，改进课堂教学和学业成绩，并明确要求采用优质教育资源取代传统教科书。为了大力推进全美数字化教材的发展，美国成立了数字化教材组织协会（Digital Textbook Collaborative）。在各项政策的推动下，美国各州积极的推进数字化教材的应用，先后研发和推广数字化教材。例如，2008年密苏里州立大学首次尝试采用数字化教材，2009年加利福尼亚州在高中的数学、自然学科率先尝试

[①] 徐新逸，赖婷铃. 国际经验对台湾电子教科书发展之启示［J］. 教科书研究，2013，（6）：2-5.

了数字化教材，2015年佛罗里达州中小学全面推行数字化教材。美国在十余年的数字化教材建设征程中，教材信息化、现代化的程度和水平日益提高。但是，在美国数字化教材建设中也面临着教材质量低下、推广与州数字化教材建设体制不健全、运行机制不顺畅等矛盾和困境：

其一，数字化教材建设体制不完善。为推进全美教材数字化，2014年，美国联邦政府成立的数字化教材组织协会，为各州数字化教材建设提供组织保障和政策支持。但是，在教材编审选用上由于各州拥有很大的自主权。州缺少专门的数字化教材建设组织机构，导致政府、州、学校之间角色地位不清，责权关系不明，不同数字化教材建设主体之间协调不足，难以达到合力作用，这一定程度上制约了美国推进数字化教材建设的速度和力度。

其二，数字化教材开发模式单一，难以适应高质量数字化教材建设的需要。数字化教材旨在促进学生个性化学习，满足不同学习者的学习风格和水平。但是单一开发模式则会导致数字化教材质量参差不齐。例如，加利福尼亚州的一些数字化教材基本上是从纸版教材转化而来，只是增加了影音动画而已。针对于此，德州大学施密特（Schmidt）教授认为，小学科学教材大部分数字化内容与学生的实际水平不相符。[1]正是由于单一的数字化教材开发模式，导致数字化教材的使用效果差、推广难。

其三，数字化教材的运行机制不顺畅。一方面，数字化教材建设的经费投入不足。目前，美国各州的数字化教材开发经费主要来自联邦政府，尚未形成稳定的商业模式，数字化教材的可持续建设缺乏充足的资金保障。近几年来，美国联邦政府在数字化教材方面的投资约为20亿美元，但硬件设备和软件开发经费仍然显得不足。[2]另一方面，教师数字化教材培训机制缺乏。数字化教材是将信息技术融入教学，从而引起教与学的深刻变革的重要载体，这就需要教师具备驾驭数字化教材的能力。目前，教师

---

[1]　Gary, R. Allen. Implementing Digital Interactive Textbooks in the Science Classroom［M］. Walden University Press, 2014：80-85.

[2]　Kang, J. H. . The Leadership Role of School Librarians in the Adoption of Digital Textbooks：Evalu-ating School Librarians Stages of Concern in Florida and South Korea［EB/OL］.［2018-09-15］. http：//publishers. org/press/.

数字化教材能力低下，直接导致美国数字化教材使用方式简单、粗糙，效果低下。美国一些州数字化教材推广缓慢，"教师数字化教材应用能力不足"[①]，是其重要的制约因素。教师数字化教材能力提升有赖于必要的教材培训。由于美国教师数字化教材培训机制还不够完善，教师数字化教材使用能力的提升也就变得困难重重。为此，探索教师数字化教材使用素养的培训机制和策略，就成为美国各州数字化教材建设的攻坚任务。

破解数字化教材建设的瓶颈、补齐数字化教材建设的短板是美国数字化教材建设的攻坚工程。由此，美国一些州将目光投向数字化教材建设的体制机制改革上，期待高质量地开发和推广数字化教材。研究表明，佛罗里达州在推进数字化教材建设中处于先锋地位。目前，该州拥有美国最大的在线教育机构，其中最大的佛罗里达州虚拟学校（Florida Virtual School），为学生提供K-12在线教育，其注册人数逐年增加，每学年以25%的比例增加，目前已经突破124 000人。[②]该州州长杰布·布什（Jeb Bush）高度重视在线教育，旨在通过科技与教育的深度融合，推进在线教育实现数字化学习（digital learning），提高现行的教育质量。2010年，杰布·布什等发出倡议："信息化社会绝不让一个孩子掉线（no child left offline）。"[③]数字化学习的推进在很大程度上依赖于高质量的数字化教材，没有高质量的数字化教材作载体，就很难实现数字化学习目标。佛罗里达州为保障数字化教材建设的可持续发展，着力数字化教材建设体制机制短板，深度破解数字化教材建设的根源问题，将此作为州推进数字化教材改革的突破口。

佛罗里达州高度重视数字化教材建设，是美国首个将数字化教材全面引入公立学校的州。该州针对美国数字化教材建设中突出的共性问题，采取了出台强有力的数字化教材相关政策，构建政府、高校与出版社协同开发体系，强化教育平台的积极引领作用，提升教师数字化能力等多方面全

① Smith, R. . The Purpose, Design, and Evolution of Online Interactive Textbooks: The Digital Learning Interactive Mode [J]. History Computer Review, 2010,（2）: 43-59.

② Mardis, Everhart. From paper to pixel: Digital Textbooks and Florida's schools [J]. Florida State University Libraries, 2010,（2）: 3-7.

③ Stephanie Mencimer. No child left offline [J]. Mother Jones, 2001, 36（Nov/Dec）: 43-47.

新举措，加速了数字化教材的应用及推广。

1.立法驱动，完善数字化教材建设的制度设计

在美国，各州政府牵头的项目助力了数字化教材的传播与推广。佛罗里达州在推进数字化教材建设进程中，率先进行了试点工作，先后颁布了一系列的法律政策。该州是美国第一个通过立法在全州公立学校推进数字化教材建设的州。2009年，该州通过了关于数字化教材的立法，授权使用数字化教材并出台了实施数字化教材的指南，包括对开放教育资源、数字化教学资源，数字化教材等方面的指导与具体要求。同年，该州启动了为期5年的数字化教材改革计划，要求各区学校将至少一半的教学经费分配到国家指定的数字化资源；该州通过修订《教材法案》允许将学校的部分资金用于购买数字化学习内容和其他在线教育资源，这一举措促进了传统教材向数字化教材的顺利过渡。该州自2015至2016学年起，州内公立幼儿园到高中（K-12），所有的课程已经全面采用数字化教材。

为进一步贯彻落实州的指南精神，2010年，由该州州长杰·布什牵头成立的数字化学习委员会，要求州内所有学校采用科技驱动的、数字化教材来全面实现学生的数字化学习。由该委员会具体数字化教材推进的相关事宜。2011年，该州州长签署并通过了一项《数字化教材法案》（Digital Textbook Legislative Act），该法案明确提出，截至2015年底，州内所有公立学校全部采用数字化教材及数字化评估系统。《数字化教材法案》的颁布表明数字化教材在该州的全面推进。为了确保数字化教材实施的顺利推广，一方面，该法案要求对所选定的高质量的在线课程内容进行严格把关与审查。该法案集中关注了数字化教材内容的实施、改进、评价等具体方面。为此，佛罗里达州教育部颁布了《教学资源系列规范》（Instructional Materials Specification），这些规范为各学科采用数字化教材提供了指导框架；另一方面，严格控制专项资金的利用。法案明确指出将公共税收的一部分用于数字化教材专项支出，每年下拨给学校一定的专项资金，并且明确规定资金的使用权限。该法案对下拨给数字化教材的专项资金进行明确规定，要求该州下辖的所有学校董事会至少把专项资金的50%用于购买指定的高水平的数字化教材，并为学校提供数字化教材指定目录，要求本州下辖的所有学校采用。通过专项资金的支持，在一定程度上确保数字化教材

的可持续发展。可以说，一系列自上而下的政策与制度的出台为数字化教材实施提供了强有力的支持与保障，在一定程度上加速了数字化教材的利用与推广。

2.多元协同，创新政府、高校与出版社密切协作的数字化教材开发机制

通过政府、高校与出版社建立协同合作关系，为优质数字化教材的开发提供了多元的力量支持。在推进数字化教材建设的运动中，联邦政府支持鼓励出版社为学生提供各学科的数字化教材，并明确提出到2017年底要确保为每个学生提供优质足量的数字化教材，并要求大部分出版商都需要提供产品的相应数字化版本。佛罗里达州的很多相关数字化教材项目都是由州政府牵头行动并颁布数字化教材开发指南的。

数字化教材的开发为学术出版社提供了前所未有的发展契机，并承担了一些新型的任务。佛罗里达州在开发数字化教材的过程中，倡导高校与出版社建立一种新型独特合作的伙伴关系。这种新型的伙伴关系改变了以往高校与出版社之间单一的、线性的合作关系。优质的数字化教材开发在一定程度上取决于团队的参与合作，主要从合作的目标、合作的具体内容等两方面进行了变革与创新。

第一，构建了合作目标。佛罗里达州内的所属高校与出版社构建了主要的合作目标：共同致力于优质、低成本的数字化教材的开发与传播。这些目标同时也明确了合作的方向与具体任务。

第二，合作的具体任务分工。团队成员明确的分工，也是二者间独特的协同关系的重要内容。

首先，创建的内容材料需要经过同行评审和审查等严格的程序。这些程序主要包括确保在线课程内容与州标准一致、多端口接触课程内容、学生参与程度反馈等主要环节。出版社协同同行评审和编辑的过程，可以充分利用现行的网络评审员和编辑来指出创建数字化内容的改进之处，确保数字化教材的质量。

其次，加强技术顾问的全程指导。负责创建内容的高校教师在撰写手稿的整个过程中，都将得到高技能的出版技术顾问的全面指导。数字化教材的优势在于互动性。数字化教材的绝大部分内容基于学生互动、师生互

动与内容互动。大量研究表明，这些互动在增进学生学习方面作用巨大。[①]因此，在这一过程中将生成多样化的互动环节。一方面，重点指出扩充、解释数字化教材的手稿，另一方面，当手稿和互动环节完成后，将对初次形成的手稿进行再次审核。

最后，共同审核数字化教材。审核的宗旨在于确定生成的数字化教材版本是否与本州课程标准一致，对那些与州标准不一致的内容形成报告并进行补充调整。审核的主体由高校教师、出版社成员、学科专家、课程专家等组成，共同致力于优质的数字化教材开发工作。

数字化教材成为学生学习的主要工具与渠道，政府负责牵头行动，出版社负责生成数字化教材，高校负责构建采用、制定推进数字化教材的联盟关系，上述做法对数字化教材推进意义重大。一方面，出版社以合作者的身份将便于更直接地了解学校、了解学生，更易于数字化教材的全面推广，而不是孤立地、线性地完成出版任务；另一方面，出版社加入数字化教材开发可以确保创建、生成高质量的课程内容。

3.平台引领，搭建高校图书馆数字化教材资源共享平台

数字化教材为高校学术图书馆加强教学领导能力提供了重要机会，高校学术图书馆在推进数字化教材进程中起着重要的引领作用。图书馆的角色发生了很大的变化，其中一个重要的角色变化是赋予图书馆的教学数字化身份（teaching digital citizen ship）。[②]该数字化身份更加关注网络安全、信息素养等方面，图书馆的这一全新角色对数字化教材建设产生了积极的影响。佛罗里达州在数字化教材推进的过程中，充分重视发挥图书馆在教学方面的引领作用。图书馆选择、识别、发现资源以满足师生需求的传统职责将继续存在。随着数字化教材的引进，学校图书馆除完成原有的工作任务外，还将融入全新的工作任务。

（1）图书馆引领作用的核心是将数字化身份与课程相整合

数字化教材表征一个重要的教育转变。图书馆将发挥他们的专业知识

[①] Smith. Quality Counts 2014 State report cards: Florida [EB/OL]. 2018-10-07. http://www.edweek.org/media/ew/qc.pdf.

[②] Nancy Everhart. Digital Identity: An opportunity for leadership [J]. Florida School libraries Worldwide, 2014, (7): 2-8.

和专业经验，鉴别、收集、组织、编辑优质在线内容，以此来建构并实施开放的数字化学习资源。图书馆将与教师积极合作推进数字化教材建设，图书馆员作为教学的合作者，收集教师利用数字化教材的相关信息并形成相应的报告，共同推进数字化教材建设。例如，佛罗里达州立大学图书馆，在数字化教材采用的初期就积极融入其中，他们首先学会如何注册、如何下载、如何应用数字化内容，并对全校的教师进行培训，协助各学科的任课教师整合数字化内容。教师无法花费更多的时间搜集所需的数字化内容、并学习如何运用，他们需要一种整合的方法，这种方法图书馆可以创建。

（2）图书馆引领作用的关键是进行技术整合

数字化教材的顺利实施需要教师和学生具备一定的数字素养。但是，数字化教材对教师和学生来说都是新生事物。课堂教学中，师生把更多的时间花费在解决技术问题或数字素养问题上，而不是课程内容方面。美国学者利姆（Leem）等研究者指出，目前，数字化教材实施的最紧迫的问题仍然是技术问题。[①]为了更好地支持教师、学生采用数字化教材，需要开展针对教师和学生数字素养方面的教育。该州安排图书馆员作为助教在课堂上工作，主要协助解决与信息技术等方面的相关问题，无疑是一项重要创新举措。学校图书馆应协助教师和学生形成信息素养，使他们充分利用科技驱动的重要学习工具。赋予图书馆员助教角色，深入课堂教学。图书馆员作为助教深入课堂教学，这一举措可以凸显图书馆的作用，充分发挥图书馆在课堂教学中的技术引领作用。一方面，可以协助学生定位、组织、分析、评价、整合多样化的信息，另一方面，可以协助学生评估、选择基于特定学习任务的恰当的信息。

可见，在顺利推进数字化教材建设中，图书馆员的角色发生了重要的转变，图书馆员要从"守门人"的角色转变为教学过程的积极推动者、合作者和参与者。

---

① Leem. Teachers' beliefs and technology acceptance concerning smart mobile for SMART education in South Korea [J]. British Journal of Education Technology, 2019, 50（2）: 601-603.

4.培训保障，构建专业化数字化教材使用的培训体系

教师在顺利推进数字化教材中的作用不容忽视，在评价学生、引领学生参与、提供反馈、与学生互动等方面都起着至关重要的作用。因此，教师的培训是成功推进数字化教材的关键因素。美国各州高度重视对教师团队的专业培训。一些州在课堂教学中正逐步融入数字化教材，而一些州已经开始全部投入使用数字化教材。佛罗里达州格外重视教师的专业培训并牵头成立了专业培训团队。鉴于教师团队与学生的经验和知识，专业团队为各校的师生提供更加专业化的、针对性较强的培训，便于教师高效的利用数字化教材。

专业培训的一个重要内容任务是如何将信息技术与课程内容相融合。数字化内容与现行的课程整合是教师面临的普遍难题。一方面，专业团队的高度支持与全程跟踪指导。专业团队的全程跟踪指导包括深入教师的课堂教学的多个环节，包括课前准备、课堂教学及课后学生辅导等。例如，该州成立的专业督学努南（Noonan）团队，通过对教师课堂教学的全程跟踪指导，为教师提供关于数字化教材的全方位的服务。以数学课程为例，培训者对如何利用数学学科的数字化教材进行详细的解释说明，与数学教师一起探索如何利用数字化教材来建构课程内容。另一方面，教师可以定制属于自己的个性化教材。教师定制并生成属于自己的课程内容是数字化教材的独特之处，教师如何进行课程内容的定制与整合，也是教师充分利用数字化教材的重要体现。例如，佛罗里达州的一所公立学校，54%的9年级学生阅读水平相当低下，仅仅相当于4年级学生。针对这一情况，教师将通过在各门学科课程中融入相应的阅读材料。如在科学课程、数学课程中如何将一定的阅读内容进行整合，以此来全面提高学生的阅读素养与水平。因此，也需要开展针对教学内容定制的方法、方式、原则等方面的专业培训。

经过长达十三年的建设，美国的数字化教材进入了新的快速发展期，根据SETAD的报告显示，目前全美有29个州将数字化教学材料纳入教学材料的定义，26个州设立了州学习资源库，多数州甚至部分学区都有保有自己审核、采购数字化教材的权利并颁布有相应的法案。如路易斯安那州是由地方学校系统确定教学材料是否适合满足学生的教育需求，而加州则成

立了教学质量委员会（Instructional Quality Commission）监督教学材料的审核，并且组织受过州政府训练的志愿教师和行政人员在其他评估标准的基础上建立一个与加州政府所颁布的相关标准相一致的数字化教学材料清单以供当地教育机构择选。除此以外，有的学区还实现了学生与设备比率1∶1的目标，课堂上得以使用电子教科书来替代传统的纸质教科书。

尽管美国的电子教科书或者说是数字教材的推进事业蓬勃发展，但其中所存在的问题依然不容小觑。出身低收入家庭和处于农村地区的学生依然无法在课后享有数字化教材所需的设备与宽带；数字化教材的使用对教师提出了新的挑战，如何帮助教师更高质量的使用数字化教材的问题仍是各州政府亟须解决的问题；此外，不同的数字化教材供应商所开发的系统之间的互通性（即不同应用程序或系统之间共享内容、数据和服务）问题也应得到重视，这也是数字化教材能够成功实施、在网络间共享创新成果的必要条件。[①]

（二）日本

日本的数字化教材建设是由其对"资源稀缺性国家继续建设重工业的风险"的认识并以发展"知识密集型的高新技术产业"为导向进行产业结构转型而开始的。为了满足产业结构转型的需要，日本提出了"IT立国"的口号，将信息化教育体系建设提升到国家战略的高度，并以"使学生掌握电子通信技能、具备社会所需的信息化素养"为宗旨，开启了一系列以数字化教材建设与普及为核心的课程改革项目。

早期，日本对于教育信息化的关注集中于开展使学生能够适应信息化社会的教育并强调信息运用能力的重要性这两方面，在各学校开展了以计算机为中心的信息技术教育。[②]这一时期，数字化教材虽未见雏形，但是其为开展信息技术教育而在中小学所装备的计算机等先进的教育教学设备为日后数字化教材的开发与普及奠定了技术基础。

直至21世纪初，信息技术和多媒体的进一步发展使得日本政府目光由信息技术教育转向全国中小学实现"学习方法、课堂教学方法和学校管理方

---

① Navigating the Digital Shift 2018 Broadening Student Learning Opportunities［EB/OL］. https：//www.setda.org/master/wp-content/uploads/2018/05/Nav_ShiftIII_Accessible5.29.18-1.pdf.

② 易红郡. 日本中小学信息技术教育的发展及经验［J］. 教育探索, 2001（07）：90-92.

法的根本转变"这一目标上，开始致力于编写数字化教材的工作，并为此成立了专门机构来研究计算机教学软件制作等与数字化教材编写、使用等相关内容，与此同时，一些研究机构如计算机教育中心以及教科书公司的加入使得日本数字化教材的萌芽破土而出，以利用学校中已有的、不具备交互功能的白板对教学内容进行投影为主要形式，由于缺乏现代数字化教材的典型特征，因而所开发的更像是配备了音频与视频的教科书的电子版。

2009年，《原口设想》的发布成为日本数字化教材建设的分水岭，"2015年在全国中小学配备数字科书""2020年未来学校项目在全国全面展开"这两个目标的提出促使了以"2020年每个学生都拥有一台信息接收终端"为目标、以"加强数字教科书和教材等教育内容"为核心政策的"新信息技术通信战略"计划的提出。为此，总务省与文部科学省开展合作，前者负责以电子教科书相配的"硬件"建设，后者则着重于对数字教科书使用方法进行指导等方面的"软件"建设并将数字教科书内容的软件分为"指导者使用"和"学习者使用"，前者将内容呈现于电子白板帮助教师进行课堂教学，后者则呈现于ipad等个人终端，用以自主探究学习。[①]虽然看起来这一时期日本的数字化教材建设如火如荼，但是目标过高与经费保障不足之间的矛盾成为数字化教材推行的一大阻碍，学生与终端之间"1：1"的配比率未能如约实现，且仍存在地区之间发展不平衡且差异较大的现象。根据2019年的一项数据显示，日本中小学教育用计算机配备平均为5.4台/人，最低的是爱知县，学生与计算机的比率为7.5：1，而最高的佐贺县已经达到了1.9：1。[②]

为了解决设备不足的问题，日本文部科学省将实现"学生与移动终端1：1配比"的构想延伸到2023年，并在维护学生所用信息接收终端、改善所有学校的校园网络环境、配备"GIGA学校"支助人员以及提供居家在线学习环境四个方面投入大量经费，在学校内外设立良好的网络环境，让因收

①　孙立会, 李芒. 日本电子教科书研究的现状及启示 [J]. 课程·教材·教法, 2013, 33（08）: 111-117.

②　《GIGA スクール構想の実現へ》https://www.mext.go.jp/content/20200625-mxt_syoto01-000003278_1.pdf.

入差距而无法实现数字化学习的家庭获得通信设备上的支持。①

除了在设备上为数字化教材建设提供技术保障外，为了实现数字化教材的全面推广，文部科学省通过修订《学校教育法》这一途径，不仅明确将数字化教材纳入了官方指定的教科书序列，且在数字化教科书与数字化补充材料之间划下界限，前者内容必须与纸质版教科书相一致，而后者则可由社会各界有资质的开发者完成制作后，送至文部科学省审核，通过后可上传到相应网站并将内容以二维码或链接的形式在数字化教科书中呈现，若有修改，则需经过"修改→文部科学省审批→纳入补充材料并呈现在数字化教科书中"这一过程②，使数字化教材的建设与管理的归属问题得以明确，为数字化教材的建设提供了制度保障。

政策的优化促进了多方协力的数字化资源平台建设，"产官学"三方协作成为日本数字化资源平台建设的典型特征，比如日本NHK协会所开发的"NHK for school"平台就为学生和教师提供了时长控制在2～15分钟之内的视频，视频内容由与教科书相匹配的补充资源以及能够满足学生的兴趣需要的资源所构成，使学习得以延伸到课堂外，培养了终身学习的理念。

技术保障、制度保障与资源保障使得日本数字化教材建设日臻完善，也促进了分类型、多层次的"个性化"数字化教材的建设。以按使用者分类为第一步骤，将数字化教材分成了"学习者用"和"指导者用"两种，而后将这种分类继续蔓延到学生的身体发展状况与年龄特征层次，构成了供不同学年使用的"普通学习者用数字化教材"以及为身心残障问题儿童提供的"特殊学习者用数字化教材"，这些教材依据某一群体的"个性化"特征，在排版、颜色、字体、功能等方面均有不同，充分满足了不同学习者群体的需要。

作为一种具有开放性特征的教材，数字化教材允许其使用者对其进行增删、编辑等操作，其中，教师作为一线教育工作者，对教学内容以及本班学生的了解程度使之在数字化教材的内容编制方面具有独特的优势。为

---

① 《GIGAスクール構想の加速による学びの保障 追補版》https://www. mext. go. jp/content/20200625-mxt_syoto01-000003278_2. pdf.

② 学習者用デジタル教科書の効果的な活用の在り方等に関するガイドライン（改訂案）［EB/OL］. https://www. mext. go. jp/content/20210126-mxt_kyokasyo01-000012375_02. pdf.

了发挥这种优势，形成对数字化教材自下而上的建设，日本将培养教师的"ICT应用能力"提上日程，着力从在职教师培训与师范生能力养成两方面来提升教师的信息素养与技术应用能力，政府主导、各级学校协作，利用寒暑期培训、师范生课程设置等途径，对教师和师范生进行制作数字化教学材料能力的培养，使得教师有能力也具备一定积极性地参与到数字化教材的建设之中。

（三）韩国

亚洲的韩国是较早采用数字化教材的国家之一。韩国的数字化教材建设是在内外两种因素的共同驱动下进行的，在外，与其他国家一样，韩国也受到了信息通信技术迅猛发展这一浪潮的冲击，使得与日本同属资源稀缺性国家的韩国开始重新审视本国的发展道路，力图跟进世界变革的脚步，建设具有全球竞争力的国家；在内，本土传统教育体系的弊端日益凸显，被当作"容器"灌输各种知识、以考试为唯一目标的学生已经无法应对日臻复杂的社会综合性问题，也无法像从前一样通过记笔记与背诵来掌握更新拓展速度极快的知识。因此，为了改变教育的弊端，促使学习者在接受教育后成为合格的社会成员，韩国开始着力于教育信息化体系的建设并启动了"智慧教育"项目，而数字化教材正是该项目的重要组成部分。

2007年，韩国正式发布了"数字化教科书推广计划"，将未来韩国数字化教材的建设分成相互交融的阶段并制定了相应的计划。[1]第一阶段起自2007，以开发数字化教材的原型机（prototypes）并将之引入试点校以探究其可行性、调试并增删数字化教材的功能为主线，辅之以基于windows系统和开放源代码软件（开放源码软件【open-source】被定义为描述其源码可以被公众使用的软件，并且此软件在使用、修改和分发上也不受许可证的限制）的平台以及支持系统的建设，最终形成了18本可以被应用到教学中的数字化教材；在第二阶段，为了支持数字化教材的普及，韩国首先修订了与版权有关的法律和制度，建立能够支持数字化教材使用的信息基础设施，并为数字化教科书的多终端使用而开发了一个基于windows和Linux

---

① Sung-Wan Kim, Myung-Geun Lee. Utilization of Digital Textbooks in Korea［DB/OL］. https：// core. ac. uk/download/pdf/9543886. pdf#page=105.

的综合平台，同时将教师培训提上日程，以期教师能够充分承担指导者的责任，最大限度的发挥数字化教材的效用，上述两阶段过后，数字化教材的试点校由最初的20所增加到了132所，试运行数字化教材总数达到了26本；2011年，韩国智慧教育计划正式启动，数字化教材建设也进入了新的时期，产生了新的任务，相关法律政策以及数字化教材的建设标准开始跟进，多类型、多阶段的数字化教材开始被逐步开发，并完善内置功能，开发了一种满足教学全过程的、能够随时随地使用的功能集成式数字化教材，实现了技术与教育的融合，完成了借助新的教育手段改善传统教育弊端、力促教育转型的目标。

作为"智慧教育"项目的重要组成部分，基于数字化教材的定义，韩国当下所推行的数字化教材的功能涉及展示教科书、编辑、展示教学材料、分享信息、支持学生学习、作品集、编辑教学材料、自主学习及支持教师教学九大模块，是集数字化教科书与辅助九大模块中的各个功能相互交融，构成了能够支持自我调节学习能力养成（含信息化时代自我调节学习的新要求）的数字化教材，其中有八个模块直接或间接地与对自我调节学习的三个阶段相互交织，但又各有侧重。（如表5.1所示）

表5.1 韩国数字化教材的基本功能[①]

种类	功能	解释
展示教科书	可移动页面	移动到下一页
	双页/单页页面	可双页/单页显示
	页面拖动工具	通过滚动方式显示页面
	可查看清单	显示内容清单
	下拉菜单	使用下拉菜单选择页面
	可放大的页面	聚焦于教科书中的图形或文本
编辑功能	笔/线形/圈注工具	圈注文本内容
	备忘录工具	在教科书中插入备忘录页

① Taizan. Y, Bhang. S, Kurokami. H, Kwon. S. A comparison of functions and the effect of digital textbook in Japan and Korea［J］. International Journal for Educational Media and Technology, 2012（06）.

续表

种类	功能	解释
展示教学材料	媒体播放器等	展示视频片段
	可旋转的三维形状	展示三维形状
	Web硬盘/下载	通过互联网展示信息
分享信息	调查	调查学生观点
	讨论	学生间开展讨论
	黑板	分享学生个人设备的屏幕
	"贮藏室"	保存学生所研究的文件
对学生的支持	电子词典	使用电子词典
	声音	播放声音以查验英语发音
作品集	博客	制作学生博客
	登录/退出	登录数字教材
编辑教学材料	制作三维形状	制作三维形状以理解图表
自主学习	诊断性/终结性评价	学生自我评估
	任务	了解课程任务、作业
教师支持	教师会议	教师电视会议
	班级管理	管理学生信息
	学习地图	制作学生学习地图
	课堂教师手册	展示教师手册
	教师指导计划	制作指导计划
	追踪学习计划	搜索学习计划

1.展示教科书：该模块的内容脱胎于纸质版教科书，通过将纸质版教科书的内容进行重新排列、组合并添加放人等功能，以呈现一课或一单元的重点知识，为学生在设置个性化的学习目标方面提供内容上依据。对学生的自我调节学习而言，目标设定是学习能否取得成功的关键环节，甚至可以说整个学习过程都是为目标而服务的，它是学生学习方向的"指明灯"，学生可以据此制定方向明确的学习计划、选择恰当的教学策略，以帮助教学目标的完成。

2.编辑功能：编辑功能将能够用于进行重点标注的图形（如线、圆圈）以及注释内容搬入数字化教材，方便学生勾勒重点内容，记录课堂上的所思所想，为学习过程中实时的自我监控与调整以及学习结束后的回顾反思创设了条件，尤其是避免学生在课程结束后对因对自己在课堂上的所思所想有所遗漏而无法对学习过程做全面的回顾。

3.展示教学材料：该阶段所展示的教学材料是教师和学生在课前所收集的、与本科内容相关的拓展性材料。收集材料的过程中，学生逐渐养成了寻找信息、鉴别信息的能力，而展示材料的过程，一是为学生提供了学会信息整合的机会，学生可以在教师或其他同学所收集的材料中选择对完成个性化学习目标有所帮助的内容，利用编辑模块中的注释功能将其添加到相应的页面上；二是教师可以通过呈现形式丰富的资料为学生创设与现实问题相关联的情境，帮助学生成为问题的解决者。

4.分享信息：学生之间相互分享自己的观点并展开讨论，讨论过程中，学生可以将"注释"的内容与他人共享，获取他人对自己解决问题方式的看法并进行思考，由此监控自己选择的学习策略是否有误、对问题的解决方式考虑是否周全，明白自己在总体学习进程中的位置，并对学习策略或计划做出调整，以确保学习计划的完成；教师可利用"黑板"功能展示部分学生的"屏幕"，在全班范围内展开讨论，实现班级范围内的相互参考，以便学生以同伴的学习进展为标准对自己的评估；也可利用"贮藏室"对学生的作品进行保存，以备教师对学生进行评估或学生自己做回顾、反思之用。

5.对学生的支持：该模块主要用于语言类教学，学生通过使用电子词典和声音功能查询单词、将其发音与自己的发音做出比较并对自己的发音做出纠正，了解自己当下的学习状况与计划或目标间的差距并做出与期待符合的调整。

6.作品集：该模块被学生用于记录自己的学习过程、保存自己的作品，以帮助学生对自己进行形成性评价。有研究者认为，形成性评价凭借其在目的、过程和功能上与自我调节学习的一些共性而具有增强自我监控、促进自我调整等作用，而这些正是自我调节学习中的重要环节。

7.编辑教学材料：在教学过程中，经常会出现一些与几何图形有关的内容，在传统的纸质教材中，这类几何图形往往以二维状态呈现，学生很难直观地进行理解。而在数字化教材中，教师被允许将几何图形编辑成三维图形，以便学生深入理解。

8.自主学习：自主学习模块中为学生同时提供了"终结性评价"与"诊断性评价"的功能，前者通过要求学生自己完成作业/任务而完成学习结果与初期学习目标之间差距的自我测评，其中的差距又让学生在下一阶段学习开始前了解自己的准备情况，成为下一阶段学习计划或目标制定时学生可以参考的依据，即发挥了诊断性评价的功能。

9.教师支持：虽然自我调节学习能力强调做自主的学习者与独立的问题解决者，但在能力养成过程中，仍不可忽视扮演指导者角色的教师的作用。此时，教师支持模块中的"班级管理"与"学习地图"功能发挥了重要的作用。以这两种功能为支持，教师可以清晰描绘学生的学习轨迹，对学生的发展分别做出诊断性评价、形成性评价以及终结性评价，开始于课堂前的诊断性评价可以为学生提供有关其个人发展状况的意见，以帮助学生制定更为贴合的目标与计划；课堂中随时随地进行的形成性评价则为学生的自我监控提供了更为全面的、来自教师的标准，不仅能让学生在自我监控中明确自己与教师所制定的教学计划之间的差距，为其反思与调整提供更为全面的依据；一堂课或一阶段学习之后的终结性评价起到与形成性评价相似的作用，都为学生提供了来自教师的标准，促使学生对自己的学习过程多角度反思，看清并修正其中不足。

多项研究表明，韩国数字化教材的利用使学生得以在愉悦的心情中独立自主地完成学习任务，学业成绩有所提高，由此培养了具备自主学习能力与协作学习能力、善思考、善迁移、能够解决复杂的社会综合性问题的年轻一代。

（四）马来西亚

相比于其他国家而言，马来西亚全国性的数字化教材项目的正式起步时间较晚，因此得以借鉴韩、美等国家数字化教材发展的路径。自2013年起，为了使教学质量得以提升，并打破城乡之间由于经济发展水平、技术条件限制所造成的教育不公的现象，马来西亚教育部门开展数字化教育资源平台"1BestariNet"的建设并在一年的时间内陆续上传了300余本可供任何能登录该网站教师、家长以及学生免费使用的数字化教材，及至2014年2月，该平台被正式推出，任何处于高速4G网络环境下的学校都可链接至同一数据库，以实现优质教育资源在全国学校教学中的无差别性共享；随后，为了使学生能够获取更为丰富的学习资源，调动学习的积极性，马来西亚教育部门自2016年起开始为所选定的教学科目制作了呈现方式多样互动式教学材料，以作为日常学习中的补充性资源，为学生的自主学习创造良好的资源条件，同时，这也可以看作是为了下一阶段"为包含具有特殊的学生需求在内的所有科目制作数字化教材"的计划所做的尝试性工作。

尽管马来西亚教育部通过"马来西亚教育发展计划（MECC）"为数字化教材项目的推进提供网络支持与维护，并着力于推动数字化教材在经济发展水平不同地区的"无差别"普及，以促进区域间的教育均衡与全国性的教育公平，且也由研究表明数字化教材的使用在学生中形成了乐于搜索信息、编辑信息的文化，但自项目推进以来，国内反对与批评的声音不绝于耳。有民主行动党的成员在议会上对"不考虑地区经济、文化等背景差异而提供的无差别资源、将能够支持数字化教材的基础设施的提供与维护的权利只给予一家公司"这一做法进行了批评，并对教师使用信息通信技术（ICT）进行教学的积极性提出了质疑。

除此以外，一些研究者对于马来西亚数字化教材的推进也持悲观态度，马来西亚现有的关于使用数字教科书的研究对该计划如果实施的成功持悲观态度。有研究者发现，马来西亚当前甚至缺乏能够熟练使用光盘的教师，且由于缺乏利用ICT进行教学的经验与技术基础，教学目标的完成更为迟缓，违背了马来西亚国内推广数字化教材的初衷，未能发挥数字化教材的优势，另外，数字化教材对于学生健康的影响也成为人们所担忧的主要问题之一。[①]

（五）意大利

2013年，经过长达十年的课程改革、由教育部投入公共资金为学校配备各种基础技术设施后，意大利通过了一项旨在推动在课堂上使用数字化教材或数字化——纸质教材混用的方式进行教学的法案《好学校》，该法案赋予了学校与教师更高的自主权，以促使新的"自下而上"的学

---

① Hamedi M A, Ezaleila S M. Digital Textbook Program in Malaysia: Lessons from South Korea [J]. Publishing Research Quarterly, 2015, 31 (4): 244-257.

校教育模式的出现。由此，学校的自主权得到了合法的保障，可以选择由教材出版商所制作的材料，也可以选择开放教育资源（OER）或者由教师和学生共同自主制作文本，使得意大利的数字化教材建设别具风格，呈现出典型的"自下而上"的特征。法案通过后，由22所试点学校与一个名为"INDIRE"的公共教育研究机构合作，组成了名为"教育先锋"的实践工作网络，旨在响应、支持创新的学校教育模式或理念并促使其在国家层面的传播。时至今日，该组织成员已经扩展成为600所学校，在意大利引起了广泛的影响，而推动数字化教材"自下而上"的建设、促进对教科书的"替代性采用"正是该组织工作中的突出成就之一，也是与"创新学校教育模式或理念"相匹配的、由初期创始学校与研究机构所大力推崇的衍生工作。

"教育先锋"指南的作者基于数字技术是一种允许持续性回顾学习实践的资源环境这一观点，将教科书看作是一种能指导课堂活动的、由与学校特定环境相联系的内容进行填充的"画布"，提出数字教科书的优质范例应该是"一本未完成的书"或者说是"一本开放的书"，并将"自下而上"的建设活动的目标拟定成为学生的需求与学习寻求最为合适的解决方案。同时，作者强调，数字内容的制作并不是盲目的、无组织的且随意的，而是一种根据特定环境的具体需求进行调整课程的过程，要求参与者在活动开展前就拥有一些关于排版和编辑的知识，并对纸质教科书与数字教科书进行深入了解，以获取有关其基本结构方面的知识。

基于上述观点，为了促成教科书的"替代性采用"，将"自下而上"的数字化教材建设经验推广到全国，"INDIRE"在已经开始自制数字化教材的学校中开展调查，最终确定了三种不同的"替代性采用"模式，这三种模式也可以代表当前法国数字化教材的典型来源。

一是采用教师所制作的数字化教材，典型代表是布林迪西的马约拉纳信息技术学院所促进推广的"进步中的书"这一活动。该活动拒绝出版商所提供的"不符合学生需要、远离学校真实生活"的教科书，致力于协调大批的、制作个人教学手册的教师工作，使得他们得以在自己的课堂上采用自制材料进行教学，并着力于促进教师的专业发展和学生的个性化学习课程，该活动在全国广泛开展并取得了良好的效果。这种利用教师所制作的数字化教材以取得良好教学效果的经验并非意大利所独有的，在法国，许多学科的教师团体已经在尝试根据所教授的学科开展自制教学手册的活动，而在阿斯图里亚斯，自1994年起，"Eleuterion Qunitanilla"小组就"将对学生缺乏吸引力的现有文本与自制材料相结合的必要性"这一问题展开研究与反思，诸多实践表明，教师自制的数字化教材显然更为"开放"并充满个性。

二是采用教师和学生共同制作的数字化教学资源。皮亚琴察省的一所学院提出了采用教师和学生合作制作的数字化教学资源的建议。在这种合作中，"自制"活动被看作是让书的已成为"学习实验室"，由于"自制"行为能够促进团队合作，鼓励讨论与规划活动，因此能够为学生的认知与社会性成长提供一个动态且真实的环境。其目的是让学生参与到知识的主动构建过程中，力求最终能够生成一种能指引学生实现深层次学习的文化产品。但该模式在学科上有所限制，仅在地理、音乐与意大利语三科中得以实践。

三是自制的整合性数字内容，这也是多数学校中所选择的较为谨慎的路线。即在保留传统的船板上教科书的同时，教师与班级学生共同制作一些能够满足学科特征或实现跨学科内容整合的数字内容，该活动能够促进学生数字素养的发展，使学生不仅拥有搜集和处理信息的能力，还有实用工具制作、展示和理解复杂信息的技能，这也是欧盟委员会所提出的"数字能力"的必备技能。

虽然三种"替代性采用"的数字化教材建设方式各有特征，但也具备一些共同的特质，有教师将数字教学内容看作是对学习过程的记录，是学生通过合作写作进行反思后的资源，并认为"自制"是促进学生学习与实践的重要手段，该活动的共同目标是为学生的需求和学习寻找最佳解决方案、活动促进了教师与学生之间的合作等。

虽然许多学校仍采用最为保守而谨慎的混用模式，研究者很难确定自制数字文本的实际实用程度，但许多学校对自主生产数字化教学材料的兴趣日渐蔓延，"自下而上"的数字化教材建设促使了教师与学生的一些需求与想法以最为直接的方式体现在数字化教材之中，克服了出版商教科书远离学生生活实践、所用语言晦涩难懂等弊端，对改善当前以"课堂——讲座——活动"为基础且时间安排僵化的意大利传统学校教育模式有相当程度的改进作用，推动了"翻转课堂"和"技术驱动的主动学习（TEAL）"在意大利学校中更为广泛的使用。[①]

二、我国数字化教材的发展历程

自2001年起至今，从初期起步探索到百花齐放的数字教材开发，从静态的、缺乏交互性到多项前沿技术融合，我国的数字化教材发展已有20年的历史，有学者依据不同阶段数字化教材所呈现的明显特征，将我国数字化教材的发展划分为三个阶段。[②③]

（一）初露头角——传统纸质版教材的数字化转型（2001—2011年）

第一阶段始于20世纪末。这一阶段，先行的研究者们着力于探索如何在利用现有技术与展望未来技术发展的基础上将纸质版教材数字化，是我国数字化教材发展阶段中不可或缺的组成部分。2001年起，我国人民教育出版社承担了"手持式电子教科书在教学中的应用研究"这一重点课题，并于次年完成了手持式"人教电子教材"的研发与样机生产工作。本质上来说，"人教电子教材"与今天人们所说的"手持电子书"的相似程度较高，是一款静态媒体数字化教材。为了更接近使用者的阅读习惯、保证与已有课程标准接轨，该教材具备了"高还原度"这一特征，即无论是外观还是用户界面、无论是文字内容还是纸质内容都与传统的纸质版教材高度相似甚至完全相同。2012年后，人教社将该教材称为第一代"人教数字教材"。

虽然第一代"人教数字教材"是我国有关教材数字化的大胆尝试，但不久，教师与研究者们发现，单纯的静态媒体数字教材只是提供了一种阅读的新方式，虽然能够减轻学生身体上的负担，但在学习方面却没有起

---

① Anichini. A, Parigi. L, Chipa. S: Between tradition and innovation: the use of textbooks and didactic digital contents in classrooms[J]. Realtec: RevistaLatinoamericana de Tecnología Educativa, 2017(16).

② 沙沙, 余宏亮. 我国中小学数字教材的发展历程与技术演进[J]. 中小学数字化教学, 2019(12): 5-8.

③ 王志刚, 沙沙等. 中国基础教育数字教材与电子书包发展研究报告[M].北京: 人民教育出版社, 2017.

到比纸质版教材更为明显的作用，甚至还有可能对学生的视力造成一定的伤害。因此，各地教育相关部门、出版社、研究人员与一线教育机构（学校）开始合作，力图开发融合各种多媒体材料于一体的多媒体数字教材，"苏教版小学语文电子教材"、人教版的高中教材配套光盘中的数字化教材均属这一时期的典型代表，前者除了纸质教材的内容复刻外，还添加了相关背景资料、多媒体资料等，实现了国内首次教材与多媒体资源的结合，而后者则是利用了"Flash"这种交互式动画设计工具，在已有的静态媒体数字教材的基础上增加了以音视频等丰富多媒体形式呈现的配套资源，以作为理解教材重难点内容的推动力量。

先前的数字化教材虽然逐步以丰富的媒体形式来呈现资源，但都没有尝试与教学资源库进行整合，因此所包含的资料内容十分有限，未能发挥数字化教材资源丰富的优势特征。2007年，为初高中两个学段所开发的"清华同方多媒体电子教材"的出现弥补了该种类型数字化教材的缺失。该电子教材在与教学资源库整合并将库内所含的大量多媒体资源按学科和年级分类后，最终实现了与教材每一页内容的匹配。

数字化教材虽然在类型方面的得以丰富，但在所涉及的学段与学科上仍然有所缺陷。为了弥补这一不足，开发全学段数字化教材，自2010年起，人教社致力于"人教数字校园"这一教学系统产品的开发。但与其说这是一种独立的数字化教材，倒不如说这是一种可用于教学平台系统，而数字化教材只是该系统中可以与备授课、教学系统联合应用的一个组成部分，仅可在系统内进行使用而无法实现离网教学。

（二）日新月异——多媒体资源与数字化教材的高适配性（2012—2017年）

2013年，教育部发布了《2013年教育信息化工作要点》并将第二代"人教数字教材"列为该阶段重点工作任务。在上一阶段中，虽然多媒体乃至富媒体数字化教材已然初具雏形，有了具体的产品，但过分注重资源数量与呈现形式上的丰富性，不仅导致了原有教科书的内容结构遭到破坏（比如其中原本作为选读的内容由于关联资料过多而被学生当作重点内容进行学习），也为学生掌握知识带来了一定的困难。因此在这一阶段，数字化教材开发的关注点从技术层面的数字化变为课程与教学层面的科学化，以"资源的有限拓展与提升适配性"为核心，借鉴初期探索性工作所得的以及国外相关开发经验，开启了利用新技术来开发数字化教材的工作，数字化教材也逐步成为基础教育阶段所认可的教材类型之一。

第二代"人教数字教材"以同版纸质教材为蓝本，在保留传统纸质版教材的全部内容以及其排列顺序的基础上，为了适应作为承载终端的电脑屏幕与投影而重新将页面版式编排成为横版，同时加入了与教科书内容适配程度较高、种类丰富的多媒体教学资源。这些教学资源成为降低学生理解内容的难度、激发学习兴趣与内在动机的有效工具，并为学生创设了适合于他们现有能力、水平、兴趣需要与经验背景的虚拟探究与问题解决环境，使学生的知识迁移能力、自主实践能力、问题解决能力与自由的、创造性的探究能力得到高限度的培养，充分展现了数字化教材与纸质版教材的一些共性如教育性、科学性，也凸显了数字化教材作为新型教材的特性如交互性、个性化等。①

早先的数字化教材开发多是基于个人笔记本电脑或者是特定的手持阅读器，而伴随着手机、平板电脑接入互联网的比例与其普及率的逐步提高，选择更轻便的、可移动的设备终作为数字化教材的承载终端看起来更有利于实现学习的跨时空化与便捷化。但出于轻便的可移动终端在屏幕大小上有所限制，传统版式排版（即版面固定、阅读过程始终以初始编辑版本大小显示，缩放后不会根据页宽重新排版）的数字化教材无法在手机、平板电脑等设备上进行应用。因此，对于流式排版技术在数字教材中的应用成为新的研究热点。

在2013至2016年间，由于政策上的大力支持、先前经验的不断累积以及第二代"人教数字教材"所做出了优良样板，数字化教材的数量呈现出爆发性增长的态势。比如上海市就由教育主管部门牵头、多机构合作，依据区域内的课程内容、标准等，开发并推出了一系列添加了一般阅读功能的静态媒体数字教材，部分学科如英语则在前者的基础上添加多媒体内容，形成了多媒体数字教材，该类教材中既具备了一般数字化教材所有的

---

① 康合太,沙沙.数字教材建设的探索与实践——以第二代"人教数字教材"为例[J].中国电化教育,2014(11)：80-84+100.

"标注""书签"等功能，也添加了可下载的多媒体资源，既考虑到数字化教材作为统一的教学材料所应具备的标准化特征，也兼顾了个性化特征，使用者可自行按照各种需要，利用资源添加、下载与管理功能，在个人数字化教材中的相关页添加相应资源，形成展现个人学习过程、反映个人学习方法、体现个人思考角度以及方式的"个人的"数字化教材。

（三）挑战中的新生——疫情下我国数字化教材发展的趋势

2020年初，新冠肺炎疫情在全球蔓延，为了避免人口聚集导致的传染，切实保障学生的身体健康安全，国内所有地区纷纷开启了"停课不停学"的授课模式，由实体教育转向虚拟教育，利用电子技术与信息通信技术，以网络平台为媒介的"线上教学"模式成为全国中小学授课的主要模式之一。[1]但疫情使得纸质版教科书、教辅书出现了印刷出版滞后与运输延迟的状况，难以及时将教材发放到个人手中，此时，数字化教材的便携性、易于共享性等优势特征逐步凸显，学生可以通过网络下载PDF版本的教科书，学校和教师可以利用网络向学生手中的接收终端分享教学材料并进行授课工作，由国家或企业所开发的平台为学生提供免费的直播课与录播课及相应的学习资料，保障教师与学生在疫情下仍能按照课程标准完成年度学习计划。

疫情期间，在线授课经历了由初期观看统一录制的录播课程向后期多人在线直播课程的转变，人们看到了学生利用智能设备实现学习、互动、探讨的可能性，不再将智能设备视作只能打游戏的洪水猛兽，由此，在线课程的普及度日益广泛，接受度大幅提升，一些省市的教育主管部门与研究人员纷纷开始探索一条课堂教学与线上教育有机结合的道路，以便使教学效率进一步提升，使教学延伸到课堂之外，而伴随于此的就是对高质量数字化教材及其平台的研究与开发，如化学工业出版社推出了能够支持教师开展线上备课与教学的"易课堂"在线教育平台，就能够帮助师生实现在线上完成教、练、测、评这一整套教学程序，使得远程授课从理想走向现实。

虽然疫情期间，在线授课与数字化教材在教育教学过程中发挥了巨

---

① 黄露薇.后疫情时代我国中小学数字教材发展路径探究［J］.传播与版权，2021（03）：21-24.

大的作用，但一些问题也随之出现，最显著的就是由于许多资源与平台都是应"疫情"这一突发的公共卫生事件而推出的，缺乏长期的积淀与运营维护经验，因此资源的配套性、平台使用的流畅性等无法保障，易出现因平台卡顿、应用无法承载多人同时在线而造成的教学暂停问题，且许多数字资源由于是临时录制的，资源的质量未经过充分检验，无法得到保障，也就无法发挥其应有的效用，一些学生在返校后出现了明显的成绩下滑的情况，这显然是与数字化教材"提升教学质量"的目的相悖。因此，研究人员与出版社开始对疫情时期数字化教材的问题进行反思，吸取其间成功与失败的经验，试图为我国数字化教材的发展提供一条新的可供参考的路径。

一是在内容上坚持数量与质量并行，打造契合教育教学需求的数字化教育内容，尤其是要使一线教师参与到对数字化教材的开发之中，为他们提供上传优秀课件、教学设计等内容的平台，并听取教师与学生对于相关资源的建议，利用好数字化教材可基于网络实时更新的优点，将优质资源充分纳入其中。

二是开启出版企业的转型工作。优质的数字化教材必须配以高质量的呈现方式与系统强大的网络平台，而当前出版行业对于技术的掌握尚且不足，所开发的数字化教材易出现与平台不适配的状况。因此，出版企业应与互联网公司进行合作，培训或招收专门的技术人员，掌握平台的构建、运营与维护技术，由过去教材的生产者变为平台的构建者、维护者，促使数字化教材的开发、出版、评价与改进一体化。

三是根据实际学科教学需要与服务对象，开发多类型的数字化教材。数字化教材的类型随着科学技术的发展而不断更新换代，但是在讨论到数字化教材的优点时，人们往往会走入"越新越好"的误区，盲目的追求技术新颖、媒体多样却不考虑其实用性与适用性。事实上，不同类型的数字化教材在不同学科、不同年级的使用中发挥着不同的优势，比如说对于年级较低的学生而言，为了在使其注意力不过分涣散的同时激发学习兴趣，所使用的数字化教材往往需要在文字与多媒体内容的配比方面加以注意，在功能上也应尽量简洁，以方便学生掌握其使用方式；虚拟现实技术VR等高科技手段的融入固然可以让学生以更为新颖的方式进行学习，为学生打造"身临其境"之感，但看似缺乏交互性的PDF版本的数字化教材也并非一无是处，高还原、多设备适配、制作便捷迅速且成本低廉的优点使其得以成为疫情期间所发放教材的主要类型之一。因此，在未来的数字化教材的开发中，要注意数字化教材的应用场合与适用学科，考虑到使用者所处学校的年级与类型，开发出适合不同对象的不同种类的数字化教材。

诚然，疫情的爆发对教育领域形成了严峻的挑战与考验，但疫情中所暴露出的有关数字化教材使用的种种优势与问题也为数字化教材的发展提供了一些可以探求的新路径。对于数字化教材的发展而言，疫情的出现既是挑战，也是焕发生机的契机。因此，数字化教材开发与出版的各方参与者应当对疫情当中的诸多经验加以总结，存优去劣，进一步打造功能齐全、内容丰富优质、呈现流畅的数字化教材。

三、数字化教材的发展新趋势

（一）游戏化教学材料阶段

数字化教材自20世纪末起发展至今，其内容来源伴随着教育的发展、社会的需要而不断丰富，从早期的仅将目光集中于同版本纸质教材到今日关注与世界生活相关的错综复杂的问题；其功能随着科学技术尤其是信息通信技术的进步而持续发展，由早前重视传授系统知识的功能转向培养学生的自主学习能力、社会实践能力以及面对当代日臻复杂的社会生活所需要的批判精神与辩证思维，加之对学生个性发展特征的认识不断加深、教育理念与方法也产生了更为深层的变化。有研究者开始试图将游戏化的数字材料纳入数字化教材之中，成为帮助学生提升包含认知能力、团队合作技能、自我批判能力等在内的信息及数字能力的工具。

在传统的观念中，"游戏"与"学习"似乎是两个完全对立的名词，人们普遍认为学习与游乐是无法结合在一起的，尤其是对于电子游戏的各种偏见不绝于耳，用于修饰电子游戏玩家的词语往往是"沉迷""颓废"等，许多人认为电子游戏对于儿童的成长危害甚强，将之视为阻碍儿童身心发展与学习成绩提升的"绊脚石"。但与传统的认知不同的是，早在2003年，有研究者就针对"游戏能够为学习和读写能力提供什么样的启示？"这一问题，详细地阐述了电子游戏在学习中的作用，包括按需按时为用户提供信息以帮助用户记忆、向用户展示既具挑战性又可完成的任务，以使学习者保有学习动机、将用户由单纯的接受者转化为创造者、以初始关卡来为用户提供面向复杂问题所需的基础知识以及用难度上循序渐进的"循环任务"来提升用户水平五个方面。[①]可以看到，游戏与学习并非是不两立的，相反，电子游戏中的诸多元素对学习而言具有相当程度的促进作用。

2013年，"游戏化"正式被定位为一种技术创新，即在非计算机游戏领域中应用计算机游戏所具有的如美学等元素。[②]简单地说，就是将游戏的机制应用到其他环境之中。由于游戏化教学材料包含了认知科学所假定的一些重要的学习原则，比如为用户提供具有一定挑战性但仍然可以达成的任务；初期关卡专门为用户提供所需的基本知识，使他们拥有能够迁移和泛化的能力了面对更为复杂的能力等[③]，因此游戏化的教学材料能够在恰当的时机为学生提供所需要的知识、帮助学生更好地对知识加以记忆和理解，促进教育质量的提升并使之具有"可玩性"。

所谓的"可玩性"并不是完全的让教育彻底变为一场玩乐的游戏，更不是将随意选择的游戏置入课堂教学，而是在充分考虑到教育目标的基础上，利用"循环前进式"的游戏化的教学材料，让学生在边学边玩中提升知识的迁移力和复杂问题的解决能力，伴随着任务难度的不断提升，学生的水平也得以不断增进。而为了实现这一目标，使教育具有"可玩性"，应当使游戏化教学材料具有下述几个方面的功能：

一是满意度，即学生从一个完整的游戏或从其中某些方面获得快乐和满足，这也与游戏化材料进入数字化教材的初衷之一相符合，即让学生在轻松愉悦的环境中开展学习活动。

二是可学习性，即玩家理解和掌握游戏系统及机制的能力，比如游戏

---

① Gee, J. P. What Digital Games Have to Teach Us. About Learning and Literacy [M]. New York: Palgrave Macmillan, 2003.

② Deterding S. Gamification: Designing for motivation [J]. Interactions, 2012, 19 (4): 14-17.

③ Garman J. P (2003) What video games have to teach us about learning and literacy [J]. Journal of Literacy & Technology, 2003, 56 (2): 335-342.

需达成的目标、游戏的规则等。

三是有效性，在玩家实现游戏目标的过程并最终达到目标时，这些资源需要能给玩家带来新的学习体验与乐趣。

四是沉浸感，即能够使玩家身临其境地参与到虚拟游戏所创设的那种与现实相关联的问题解决情境之中。

五是积极性，能够促使玩家有意愿去进行特定的行动并持续下去，直至目标达成。

六是情感性，体现在玩家对游戏有一种不自觉的冲动，引发能够促进自主行为的情感。

七是社会化，即让玩家在群体场景中促进游戏体验的社交维度的一组游戏属性、元素与资源。

八是支持性，即利用游戏保持玩家的积极性，有效的教导学生，鼓励他们继续学习并实现学习目标。

九是教育性，游戏化的教学材料与普通游戏的根本区别就在于其教育属性，让玩家能够拥有理解、掌握知识以及实现学习目标的能力。

本质上来说，游戏化的教学材料以满足一些基本的人类欲望，如认可、地位、成就、竞争、自我表达等为目的，试图通过挑战的形式来激发学生学习的意愿，用奖励使得这种意愿得以进一步的加强，这些基本的人类欲望与心理活动为将游戏机制引入数字化教学材料提供了一些可以参考的设计建议：

一是利用人喜好收藏这一特征，在游戏化的教学材料中设计一些能够得到"藏品"的关卡。

二是"积分"，这是一种最为常见的也是较为传统的游戏机制，早在数字化教材未使用前，教师就会通过给予或取消分数来对学生的行为进行奖惩，这种奖惩机制迁移到游戏化的教学材料中，就是"积分"。

三是"地位"，即与用户所获"积分"直接相关的玩家的排名与水平，以此来激发用户的内在动机，使得用户有动力向更高的状态努力。

四是反馈。为用户提供关于其当前状态、地位与成就的信息，使用户对自己的行动做出有客观依据的评价，帮助规范、提升或纠正用户的行为。

五是成就，即完成某个任务后所获得的虚拟物或实物（比如一枚徽章），通常这种虚拟物或者实物是处于"锁定"状态，而用户必须努力通过关卡后才得以解锁。

六是水平，与用户经验或专业水平有关（比如拥有专家用户、初学者等头衔），在日常生活中，空手道段位腰带、工作头衔等都是能够证明一个人"水平"的事物，是一个社区（或群体中）中地位的显著标记，表明你应该因你的成就而得到尊重。

七是时间，即为玩家所执行的不同任务设置不同的限制时间。

八是探索，即应该为玩家设置一些"隐藏内容"，让玩家经过探索而发现，这些内容应当能够使玩家感到惊讶。

九是用户之间的挑战，应当有玩家之间为争夺徽章等奖励而相互挑战的部分。

十是设置排行榜（比较和分类），让使用者在完成任务目标时获取自己在某一群体中的排名，使其产生竞争感或满足感。[①]

总而言之，随着计算机游戏中的元素在教育、健康和健身、科学等各个领域的渗透趋势越发显著，将游戏化教学材料纳入数字化教材成为数字化教材发展的一个新的趋势。数字化教材本身的交互性、开放性等优势得以与游戏化的教学材料所具备的强化学生学习意愿、营造与现实生活相关联的情境等功能相结合，使得数字化教材的优势得到了更为明显和充分地发挥，为突破传统的学习过程、打造轻松愉悦的学习环境提供了支撑。

（二）构建数字化学习资源平台阶段

在历经了连年的战火滔天与暴乱频发之后，阿富汗国内的状况可谓是百废待兴，基础设施的破坏、财政上的匮乏造成了教科书严重短缺、教育环境恶劣，学生学习的基本权利都无法保障，自然也就无从提起教育质量。而教师在入职前缺乏时长恰当、内容完善、科学系统的师范教育的情况无疑是为已经极为低下的教育质量雪上加霜。须知，教师是构成教育的四个基本要素之一，是教学活动中教的主体，相比于其他要素而言，教师

---

① Area M, CS González, Mora C. Beyond Textbooks: Educational Digitals Texts and Gamification of Learning Materials［A］-The Digital textbook: what's new［C］: 2015.

能够自主地对教学进程进行梳理与反思，在一次次改进中优化教学计划、提升教育质量，一旦教师缺乏系统的、科学的训练，那么无论在多么优良的环境中都不会有高质量的教育教学活动发生。因此，摆在阿富汗政府面前的、有关教育领域的首要任务就是重组师范教育、向师范生提供大量的优质资源，以帮助其具备有关教育学基本理论与学校教学实践规范的学科知识与先进理念，采用与时俱进的方法教学方法提高教育教学质量。而致力于推进全球知识共享的开放教育资源（OER）运动的风靡则为阿富汗政府解决现存问题提供了大量免费的、没有版权限制的教育资源，成为阿富汗政府实现目标的关键助力。然而问题也随之而来——这些免费获取的教育资源所采用的语言较为单调，多数时候都以英语为语言媒介对内容表述，少数情况下虽然可见一些小语种，但罕有中亚地区的土著语言（达里语和普什图语），对中亚地区以及其他地区不使用英语的教师的资源获取产生了极大限制。

为了改变这种现状，帮助阿富汗重建高质量的教师队伍，里恩（Lsuryn）等学者尝试着手构建阿富汗地区第一个综合性的数字化教育资源平台、也是一个多语种的数字化图书平台——"知识树"（knowledge tree）。研究者们尝试以"渠道多元式内容生成""本土可用化的资源改编与利用方式""创新性的访问模式"以及"有效性检测"四种途径，利用科技为阿富汗地区教学质量的改进提供了一条具有高度现实性与可行性的路径。

在平台内容的生成上，研究者们为提供了三种路径，一是在社区中招募具有特定领域专门知识且熟练掌握双语种（英语和本地语言）的志愿者，将原有的英语资源翻译成为当地的土著语言，所翻译的内容经过审查、校对后进入设计环节，并在考虑到该地区文化情境的基础上做适当整改，以产生一种以本民族语言为语言媒介的高质量开放教育资源；二是由政府或商业出版社提供符合资源共享权限的开放教育资源，尤其是在出版商方面，应选择有主观意愿且不担心资源出现在数字化图书平台会影响销售业绩的出版商所提供的资源，以获得使用权；三是使用者（主要是教师群体）提供的教育资源，在研究者们着手为阿富汗地区构建数字化图书平台之初，几乎所有的开放教育资源都是译本，尽管也会根据本土化特征进行筛选、改编，但终究不具有当地特色。后来，平台建设者向使用者发出了"提供资源"的邀请，并为该工作的顺利推进提供了资源发布所应遵循的指南与规则。据此，使用者踊跃参与，发布具有多样化特点的资源，极大地弥补了数字图书平台中本土化资源的缺失。

由于开放教育资源的内容具有高灵活性，因此可以进行适应阿富汗当地需求和本土实际条件的适当改编与利用，为特定用户定制界面，我们将这个过程称为本土化。这是一个需要持续调适的过程，以教师所提供的有关数字化图书的反馈为依据，最大限度地满足用户需求。首先是在语言的使用上应契合本土多用土著语、罕有英语的情况，以达里语和普什图语为主、以英语和其他语言为辅的形式来呈现资源，这些用其他语言表示的资源可置于本页的链接中，方便教师使用；再者是在平台中嵌入互动环节，支持区域内乃至全球的合作学习，如国家社区、教师间的同伴学习等，教师可以建立文件夹、组成小组进行讨论，集思广益，生成对现有资源新的看法并重新利用。

多途径生成的内容加以本土化后，就应考虑内容的推广与使用的问题，即采用何种访问模式才能最大限度地让尽可能多的用户获取种类丰富的优质资源？针对这一问题，阿富汗的多语种数字化图书平台主要提供了三种途径：一是访问与数字化图书平台相关的网站，该网站的用户可以在世界中任何具备网络支持的地方访问互联网；二是通过师范院校中的电子实验室进行访问，即就读于该师范院校的师范生将进入学校的数字化图书平台中，平台内容由教师进行整合；三是基于移动技术的访问，即在3G网络支持下，数字化图书平台通过平板电脑和手机向广大的农村教育工作者开放。三种访问模式的并行促使数字化图书平台的内容实现了广泛而全面的传播，开放教育资源得以发挥更大的效用。

多语种、高质量、本土化的数字化图书平台的搭建并不是一蹴而就的，而是一个持续研究、不断调整的过程。多种访问模式的开发使得开放教育资源的运用从理想走向了现实，对平台效果的监测、评估与改进也得以实践。除了对资源质量进行评估外，还应该对教师访问平台以及资源利用的效果进行评估，即通过对比"平台利用前""平台利用中"以及"平台利用两个月后"教师在学科知识、教学方法、新教师培训等方面的情况来了解平台以及平台内资源对教师的帮助程度。且这种评估并非是一次性的，事实上，阿富汗境内大部分省市都对该平台的效果进行连续的监测与评估。促使其不断改进，真正为阿富汗地区的教育质量做出贡献。①

与其说阿富汗所开发与推行的是数字化教材，不如说是为师范生和在职教师提供数字化教学资源而搭建了一个平台，使得教师在入职前就构建其与时俱进的教育理念、教学方法等与教学有关的知识体系，为在职教师的教学提供丰富的资源以弥补教科书短缺的缺陷，改善学生因资源匮乏而无法开阔眼界的问题，也为发展中国家利用开放教育资源提供了经验。

---

① 陈淑清, 常远. 阿富汗教师专业发展的新路径: 构建多语种数字化图书平台[J]. 吉林省教育学院学报, 2020, 36(03): 83-86.

第六章 开放教育资源与数字化教育资源
平台建设研究

从广义上而言，数字化教材作为一种开放性极强的教材新形式，其要想实现的海量教学资源的提供，仅依靠其固有内存及拓展内存是完全不够的，还必须要有依托于互联网以及云端存储技术而构建的外部链接的数字化教育资源平台的支持，该平台在网络支持的情况下，能够为教师和学生提供不受时间与空间限制的教育资源，将优质资源从发达地区输送至发展迟缓地区，促进广泛意义上的教育公平，狭义上来说，数字化教材本身就是一种数字化教育资源。因此，研究（狭义的）数字化教材的同时，对其所链接或未曾链接但依旧可供教师和学生进行直接查找的数字化教育资源及其平台的建设也应保持相当程度的关注。

一、开放教育资源的含义、发展进程与典型平台

（一）开放教育资源的内涵

信息通信技术的不断发展加速了教育信息化与现代化进程，知识的分享模式在这一过程中也悄然发生变化，由先前被有限的印刷于书籍上并向读者发放或售卖转换为基于网络的免费或付费分享，加之高等教育发展过程中，对学生认识的加深以及教育观念的转变促成了教育与学习方法的变革急需相应的资源来进行支撑，开放教育资源OER应运而生。

在前述章节中，我们曾反复提到"OER"一词，即开放教育资源的英文释义——Open Educational Resources的缩写。有关开放教育资源的定义目前尚未达成统一，从字面意思来看，所谓"开放"，既可以理解为敞开、允许入内，也有解除封锁、禁令、限制之意，因此，开放教育资源可以简

单地理解为解除了（没有）限制的、允许任何人获取的教育资源。而从专业的角度而言，早在1986年，学者理查德（Richard Stallman）就对"开放"进行了阐述，认为其包括拷贝（copying）、传播（distribution）、改变（changing）以及改变后传播（distribution of changes）四种特性，这为后来对开放教育资源的定义研究奠定了基础。[①]

作为开放教育资源的长期支持者，早在2001年，威廉和弗洛拉·休利特基金会就开始对麻省理工学院的开放课程软件加以支持，并认为，开放教育资源运动即将世界上所存在的所有知识当作是一种公共产品，可利用日渐遍布全球的网络技术来向每个人无差别地提供使用、重用与分享知识的机会。

2002年，在联合国教科文组织所召集的会议上，麻省理工学院对开放教育资源做出了阐释，认为开放教育资源即一种通过信息和通信技术公开提供的教育资源，以供"社区"用户非商业性质的查阅参考、使用和改编。这是一种对开放教育资源概念早期的简单描述，与后来开放教育资源运动中所衍生而出的种种概念不同，这一早期概念专注于材料本身，简明扼要的点明了使用材料的重要限制——非商用用途以及材料对于使用者而言的作用，但对支持开放教育资源存在与传播的工具的描述较少。

随着对开放教育资源研究的进一步深入，有学者认为，开放教育资源是一种属于公共领域的教学、学习与研究资源，也可以说是一种根据知识产权许可发布的、允许用户免费使用或更改用途的资源，内含完整的课程、课程材料、模块、教科书、流媒体视频（streaming videos）、测试、软件以及其他任何用于支持知识获取的工具、材料或技术。这是有关开放教育资源比较详尽的描述，将"属于公共领域"作为开放教育资源的重要特征之一，将"免费"开放教育资源与其他教育资源的区别之一来看待。但应当注意的是，"免费"虽然是开放教育资源的一大特征，但并不能将"免费"与"开放"等同，更不能认为所有免费的资源都是开放教育资源，研究者认为，所谓开放，即资源是免费的、既可复制、也可重组，且

---

① 孙子文，纪志成. 开放教育资源运动与高等教育信息化资源建设模式透视——开放教育资源运动：从OCW到MOOCs［J］. 学术论坛，2017，40（01）：155-161.

在获取或交互上毫无障碍[①]，这也是致力于开放教育资源研究与建构的参与者们的共同愿景，即能构建一种无差别的面向全人类的共同资源。

（二）开放教育资源的发展的历史回顾

1.开放教育资源运动的开端——麻省理工学院OCW项目

纵观开放教育资源运动的发展历史，可以看到，开放教育资源经历了由开放课程软件（Open Course Ware，OCW）到大规模开放网络课程（Massive Open Online Courses，MOOC）的转变。

早在20世纪90年代末，伴随着信息与通信技术的发展以及互联网在全球范围内的普及，麻省理工学院（MIT）开始以"互联网对于教育的影响"为课题，成立专项调查小组并与相关咨询机构合作，积极地开展对"互联网为高等教育所带来的契机与挑战"这一问题的研究，以期提出应对挑战之策略。彼时，诸如卡内基·梅隆大学等许多高校机构纷纷在网络学习的浪潮中试图用自己所存有的知识来获取经济收益，因此开展了许多授予学位的远程付费学习项目，远程教育产业也随之发展。在这场浪潮的席卷之下，麻省理工学院也曾试图酝酿一个"网络教育公司"项目，但经过一年的多方考察后，该小组发现，这种利用远程学习并颁发学位的盈利模式很难实现，且与麻省理工的核心价值观不相适应，因此，在其他的学校机构纷纷试图利用知识资源盈利的情况下，秉持着"教育应为国家和社会培养人才""通过拓展资料来源以激励创新"的理念，麻省理工学院做出了一项惊人的决定，即通过互联网实现麻省理工课程资源的免费共享，当然，这种共享并不是一蹴而就的，而是计划通过十年的时间分批次完成。这种与以往资源共享形式不同的、不需付费、不需注册且没有学分、不授予学位的资源共享形式一经公布，立刻引发了国际社会的广泛关注，人们对这种前所未有的资源共享形式感到新奇，事实证明，麻省理工学院的这一举措对开放教育资源的发展以及平台建设具有不可估量的意义，尤其是在反对知识私有化、抨击教育商业化方面开了先河。

自2001向国际社会宣布这一举措起，经过在名为"理念证实（Proot-ot-

---

① Johnson, L., AdamsBecker, S., Cummins, M., Estrada, V., Freeman, A., Ludgate, H., 张铁道, 殷丙山, 殷蕾, 白晓晶. 国际教育信息化2013地平线报告（高等教育版）[J]. 北京广播电视大学学报, 2013（02）：7-29.

Concept）"网站上两年的非正式发布实验，以学校内部已有的和正在开发的课程体系为依托，基于"规划——开发——使用——发布"这一模式，经过"登记（教师及对应课程）→规划→开发→发布→支持"这一开放课件发布和更新流程，2003年起，麻省理工学院正式建立起了专属的开放课程软件（OCW）运动网站，以此为平台开始逐步发布包括教师信息、课程一般描述课程特色、教学大纲及日历、授课笔记等内容在内的课程，部分课程也会提供诸如练习等辅助内容，以帮助学习者构建完整的课程体系。其单次发布数量随着不断尝试、修改与维护而逐渐递增，逐步增加含葡萄牙语、西班牙语、繁体汉语在内的多语种课程，而后尝试在全球多国建立镜像网站，并从最初的主要公布大学至研究生阶段的课程的桎梏中跳脱出来，开始发布一些针对高中生和其他类型自学者的资源。在对已有课程的定时更新与发布新课程的过程之中，OCW平台得以壮大，及至2016年，麻省理工学院在平台上累计发布课程资源超过2000门，使用者遍布全球，单月访问量超过两百万余，并与维基百科等众多网络平台建立了紧密的合作关系，拓宽教育资料的共享方式。可以看到，在以所拥有的知识资源服务社会的同时，麻省理工学院也得到了超脱于经济利益之外的回报，资源使用者对于共享课件的反馈为麻省理工学院的教师带来了新的理念与思路，促进麻省理工的课程质量与教师素质不断提升，教学方法与质量日益提升，相比于明显的经济收益而言，这些"隐形"的收益对麻省理工学院的长足发展显然更有益处。[1][2][3]

应当注意的是，作为开放教育资源运动的开端，尽管OCW运动致力于向全球的学习者共享知识资源，也欢迎使用者将其由使用体验所生成的意见进行反馈并据此对资源做出改进与更新，但是麻省理工学院在该运动中并不提供与学院教授的直接交谈，即该运动中所提供的资源的交互性较差，或者也可以说是平台的交互性较差，这也是OCW运动与后来的MOOC的显著区别之一。除此以外，虽然麻省理工学院所希望实现的是一种知识

① 王龙, 王娟. 麻省理工学院开放课件项目经验评述［J］. 开放教育研究, 2005（04）: 89-93.

② 丁兴富, 王龙. 麻省理工学院开放课件运动评述［J］. 中国电化教育, 2004（10）: 74-78.

③ 吕芳. 学习型社会视角下麻省理工学院"开放课件计划"研究［J］. 扬州大学学报（高教研究版）, 2018, 22（01）: 43-48.

的无偿共享，但并不代表这种共享是无限制的，事实上，无论是OCW运动，还是后期所衍生而成的MOOC，其所发布的资源大多受到知识共享许可协议（Creative Commons license，简称CC协议）的限制。该协议虽然是由美国的非营利组织"知识共享"所发布的非强制性的协议，但依然为绝大多数参与到开放教育资源运动中的人们所遵循，协议中包含不同的许可方式，可以为资源创作者所共享，根据最新版本的可在大多数司法不同的区域使用的CC4.0，它们分别是：

（1）署名（Attribution，BY），用户应在遵循作者或许可人对作品进行署名的指定方式的前提下，提供指向本许可协议的链接，并在标明是否对原创作品做出修改的基础上，对原创作品进行复制、发行、展览、表演、放映、广播或通过信息网络传播作品，应当注意的是，用户用了许可人的作品不等于许可人支持用户的创作，即当用户改编并再传播的作品出现法律问题时，作品的第一创作人（原创者）对此无须负责。具体来说，署名中应当包含原创作品自身所带有的版权声明、所引用作品的原创者姓名或网络ID、所引用作品的原标题/名称、所引用作品的原CC许可协议，若作品属于由原创作品所派生或改编的作品，则应著名该作品为"派生/改编"作品。

（2）相同方式共享（Share Alike，SA），即用户可以自由的复制、散步、展示以及演出作品，但若对原创作品做出更改，则必须遵循与原创作品所携有的相同许可条款的情况下才可进行散播，比如原创作者要求作品的非商业性，则在对该作品进改编时也应当注明作品的非商业性，并以SA标识要求下使用者遵循该规定。

（3）非商业性使用（Noncommercial，NC），即若原创者为其原创作品附上NC标识，除非原创者对商业性使用又加以许可，否则表明用户对作品的复制、散布、展示以及演出必须是出于非商业目的。

（4）禁止演绎（No Derivative Works，ND），用户可对作品进行基于非改编/非派生的复制、散播以及展示。

上述四种条例经过搭配使用，按限制最少到限制最多（开放程度）排列，可产生如下六种常见的版权规定组合，分别是：CC BY、CC BY-SA、CC BY-NC、CC BY-NC-SA、CC BY-ND以及CC BY-NC-ND，其中，采用后两种版权规定的资源已经不能被称作是开放教育资源了，即是否可被重新改编是区分OER与非OER的重要标志之一。

2.OCW项目的衍生——OER运动的蓬勃开展

不可否认的是，麻省理工学院所启动OCW运动项目所引起的关注程度之广泛是后来席卷全球的OER运动的开端原因之一，麻省理工学院宣布开启OCW运动项目的翌年，联合国教科文组织在其所举办的名为"开放课件对发展中国家高等教育的影响（The Forum on the Impact of Open Courseware for Higher Education in Developing Countries）"的论坛上，基于"共同开发一种能够为人类所享有的具有广泛性特点的教育资源"这一设想，首次提出了"开放教育资源（OER）"这一概念，伴随着对OER研究的不断深入，利用威廉和弗洛拉·休利特基金会等国际组织对此的支持，全球范围内开放教育资源运动兴起并呈现出蓬勃发展之趋势，许多大学在这场运动中发挥了模范作用，纷纷投入开放教育资源平台建设之中。

作为在世界范围内享有较高声誉的大学之一，在联合国教科文组织的号召之下，卡内基·梅隆大学一改先前利用其所拥有的知识资源获利的模式，开始积极投入OER平台的建设与资源分享之中并启动了开放学习倡议（Open Learning Initiative，简称OLI）项目，为了达成创设完整的能够用于展开教学的在线课程这一目的，OLI项目中所创建的在线课程均保留本门课程知识体系的完整结构、与本门课程相关的信息、与课程内容相适应的学习活动、相应的课后练习以及反馈等内容，在这些内容的支持下，即便是在没有教师和同学的课堂或课后学习中，学习者也能够自主独立的完成相应的学习活动。为了尽可能地提升在线课程的教学的有效性，OLI项目中的每门课程均由一个以学习专家、教师（教学）内容专家、人机交互专家以及软件工程师为核心的设计团队开发而成，这些专业人士利用其自身所具有的相关知识及实践经验，对课程的开发以及课程质量的提升给予了极大的帮助。与此同时，为了尽量使课程与学生的学习习惯相适应，尽量符合学生的实际学习情况，OLI项目还利用互联网对用户的使用数据做实时收集，并定期进行正式的学习研究，二者相结合所得到的数据成为以在线课程修订与改进的重要依据，形成了一种持续性的形成性评价与终结性评价相结合的局面，促使OLI项目中的在线课程质量日益提升。①

伴随着OER运动的蓬勃开展与信息通信技术的进一步发展，人们对开放教育资源所应具有的特性产生了新的认识。作为美国杨百翰大学开放教育研究小组的带头人，戴维·维利（David Wiley）曾分别于2010年与2018年对开放教育资源的特性进行了论述，在初期的论述中，戴维认为开放教育资源的特性可以用"4R"来概括，包括：重复使用（re-use），即用户将资源在个人所需要的广泛的时间、空间与情境之中进行利用，而并不一定要囿于原创者所建议的使用情境中；再传播（redistribute），即用户可以在原创者许可的情况下，将所获取的资源保持原样或进行改编后再次传播；修改校正（revise），即用户可对资源的不恰当之处做出符合自身实际情况与需要的调整与改编；重新组合（remix），即用户可对自己所获取的各类资源加以整合，形成符合个人需要的新的资源。而在2018年的论述中，基于前述的"4R"，戴维为开放教育资源增加了留存（Retain）这一特性，即用户可以对资源进行下载以及存储操作，形成了开放教育资源的"5R"特性，为开放教育资源的原创者提供了判断自己所创作的是否是开放教育资源的重要依据。②

作为深入贯彻OER运动思想的结果，美国教育知识管理研究所（Institute for the Study of Knowledge Management in Education，ISKME）所组织的OER Commons项目是为用户共享开放教育资源提供了一个知识库与连接门户，其中包含两个主要的学习空间，一是能够提供开放教育资源连接的内容空间，二是分享学习者和教学者经验以及项目的工作空间，前者用于资源选用，后者用于资源的上传、创建与分享。为了能实现依托于增强高质量开放教育资源的可接触性来扩大教育机会这一目标，促进开放教育资源的创造、使用与再利用，该项目选择了"资源共建"与"资源共享"作为其开放机制。所谓资源共建，即OER Commons本身并不对创建学

① Lovett M, Meyer O, Thille C. JIME -the open learning initiative: measuring the effectiveness of the OLI statistics coursein accelerating student learning [J]. Journal of Interactive Media in Education, 2008（1）: 14-16.

② 周琴，赵丹，徐蕊玥，文欣月. 公开许可与众筹众创: 美国开放教育资源运动新趋势 [J]. 重庆第二师范学院学报，2020, 33（03）: 83-88.

习材料，而是对其他机构、大学或个人作者所创造开发的材料加以链接，材料的维护也由原作者进行，网站的访问者并不仅仅是材料的使用者，也可以通过工作空间"OER Commons WiKi"成为材料的推荐者或者是创造者，其所推荐或创造的材料在经由网站管理员审核之后，即可收录在网站中供下一使用者进行选用。

而在OER Commons的资源共享机制中，其资源的分类方式多种多样，将众多资源按学科、年级、材料类型（如活动实验、视频讲座等）、呈现方式、与课程有关的材料以及图书馆文献材料（如初级资源等）六种方式进行划分，帮助不同需求的学习者快速在各分类下找到所需材料，而不必在多如牛毛的材料中进行翻找，而其资源的获取方式也有三种，首先是检索，分为简单检索与高级检索，前者只需输入关键词就可查找，若想更为精准，也可输入学科、年级与使用条件，以缩短查找的时间，而后者则更为精确，是为了优化检索内容、减少检索时间而提供了大量的可供选择的控制条件，以使检索更为精确；二是网站平台首页会根据学习者的个人情况以及资源的优质程度进行首页推荐，将一些优良资源推送给学习者，以引发学习者的兴趣；三是"自下而上的分级"与"自上而下的分级"两种方案，前者是指允许用户通过自己创造和制定的关键词标来标注资源，使得用户因拥有了个人的材料划分方式而更易寻找到所需资源，后者则是由网站管理者所提供的一种标准的关键词格式，以供用户加以选择使用。[①]

随着OER运动在欧洲与北美各国如火如荼地开展，其对教育尤其是高等教育的帮助逐渐为亚洲地区的国家所认识，中国、日本、印度、韩国等国家纷纷开始参与到OER运动之中并在反复的实验与实践过程中摸索出了一条适合本国OER发展的道路。

作为曾经的四大文明古国之一，印度拥有世界上最大的高等教育体系之一，但矛盾的是，印度在向知识型社会转型的过程之中却遇到了重重阻碍，尤其是缺少接受过高等教育的人才，而这种局面既是由高等教育中缺乏高质量高素养的教师所造成的，也有包括图书馆在内的基础设施不足以

---

① 宫淑红，胡贝贝，盛欣. 共享开放教育资源的门户——ISKME组织的OER Commons项目评析［J］. 现代教育技术，2011，21（06）：9-12.

及教育资源的总体质量不高、数量不足的因素。为了扭转这一局面，促进教育体系由"最大"向"卓越"转变，以促进知识的广泛创造与应用、满足各教育部门的需要为宗旨，自2005年起，印度国家知识委员会（India's National Knowledge Commission，简称NKC）开启了探索开放教育材料的道路，并将利用全球可使用的开放教育资源与开放访问（Open Access，简称OA，即指出版的学术论文、书籍、报告和其他期刊，在没有经济限制或技术障碍的情况下，以电子方式提供给读者）作为关键策略之一，来提升印度高质量高等教育资源的普及率。

为了促成OER运动在印度的蓬勃开展与长期发展，NKC提议发起一项侧重于快速制作和获取内容的国家级数字内容及课程项目，利用身处全球OER运动浪潮之中的优势，既支持由印度本土有能力与资质机构对优质内容加以制作与使用，也支持对全球现有的资源做本土化改编，同时着重于对基础设施的建设与加强，以使OER的生产、分配、获取和使用更为便捷，同时确立了OER平台开发任务完成之后的一系列提供、获取与管理措施。在NKC的领导下，由人力资源开发部支持，印度七所技术研究所与印度科学研究所联合发起了国家技术强化学习计划，以核心科学领域如计算机科学、土木工程等为中心，制作了百余门时长在40～50小时的课程视频与网络课程。另外，孟买理工学院发起的"Ekalavya"项目也是印度参与到OER运动中的典型范例，该项目的主要成就在于建造了一个开放源码的教育资源动画库（OSCAR），该动画库不仅为教学提供基于网络的互动动画，也为参与到资源开发过程中的学生提供了一个基于导师指导的创作平台，扩大了优质OER的来源。除此以外，由喀拉拉邦印度信息技术研究所的人力资源部支持所倡导的"E-Grid"项目建设了一个开放教育资源的门户网站，但该网站仅为科学类与工程类学科提供开放式教育资源。[①]

在麻省理工学院OCW运动的影响之下，日本早于2003年起就加入到了OCW项目之中，政府对高校和终身学习教育机构开发高质量的学习内容给予了相当程度的支持与鼓励，启动了如"最佳现代实践项目"等多个

① Kumar M. Open Educational Resources in India's national development [J]. Open Learning, 2009, 24（1）: 77-84.

项目。而在日本民间，以NHK为代表的各类机构也纷纷参与到OER平台的建设中。其实，早在网络与信息接收终端还未普及时，日本电话电信公司已经作为日本OER的"先驱探索者"与55家公司协同，启动了"小网络计划"这一项目，该项目除了给予学校计算机援助外，还利用电视会议系统开展"小网络讲座"，通过"讲座"，学生可以与社会各界人士交谈或参与实验，这一项目为学生提供丰富的学习资源，拓宽了学生的视野①，该项目不仅可以看作是日本OER平台的雏形，也跳出了早期开放教育运动专门为高等教育提供资源的桎梏，为处于不同年龄阶段的学习者提供了相当程度的资源，虽然受当时技术所限，该项所提供的资源并不能称作是真正的开放教育资源，但该项目的启动仍然为日本接下来在OER平台建设方面的工作提供了一定参考，尤其是在为处于高等教育阶段之外的学习者提供开放教育资源方面有相当程度的参考价值，有鉴于此，NHK（日本放送协会）在其"NHK ONLINE"网站上增加了"NHK for school"的网页，对全国各地的教师进行询问后，NHK选出教师们最希望学生在家中能看到内容并制作成为短视频以供所有人免费学习使用，其内容涵盖了自幼儿园儿童到高中学生所需学习的内容，囊括了学校中所教授的学科以及校外儿童应该了解的比如安全、民俗等多方面的知识，并提供节目表格供学生选择，旨在让学生在家中也能有效的、快乐的进行学习，培养终身学习的信念。

同时，该平台还为教师教学准备了相应的视频资源，帮助教师获取丰富的教学资源，提升教学技巧，可以说，这是日本的民间机构在OER平台建设方面的典范。除此以外，大学与一些研究机构也是日本OER平台建设的中坚力量。以筑波大学为主导所研发的适配于iOS/Android/Windows多系统的"筑波教育云服务"可谓是大学在资源平台建设中发挥力量的典型代表。该系统中内含1-9年级的数学、英语等科目的习题共7万余道，分为基础课程、应用课程以及挑战课程三个部分，以帮助学习进度不同的学生获取自己所需的信息。该系统被应用于中小学校教学、图书馆、家庭学习等多个场所，使任何学年、不同学历的人都可以根据自身情况随时随地的使用，并且使用者还可自己制作资源作为补充，通过审核后即可上传到平台

---

① 王晓平. 浅析日本的中小学教育信息化的发展［J］. 中小学信息技术教育, 2004（08）：57-59.

与人共享，有效地促进了数字化教科书及与之相关的数字化资源的传播。①

几乎是日本开启OCW项目的同一时间，中国也开始对这场席卷全球的开放教育资源运动加以响应，2003年，教育部启动了面向高等教育的国家精品课程项目，建立了"中国高校精品课程网站"，项目采用学校先行建设、省区市择优推荐的模式，由教育部对所申报的课程加以评审并对合格的内容给予经费补助，要求精品课程面向全国高校免费开放并实行年度审查制度，在随后的长时间发展中，我国不断对"国家精品课程项目"加以政策上的支持与鼓励，不断对平台进行完善，使之由早期的仅面向高校学生向为社会上的其他有需要的学习者服务。可以看到，国家精品课程项目既是我国对于OER运动的响应，也是我国对于在线课程建设所做出的努力，为日后"慕课"的发展奠定了坚实的基础。

除了使课程资源由面向高校学生向社会其他学习者过渡这一趋势之外，我国的OER运动还呈现鼓励教师等相关人员参与到平台的建设之中、为中小学的学习者及教师提供优质资源的显著特点，国家教育资源公共服务平台就是其中的典型代表，该平台是信息通信技术不断发展背景下，依托云计算等技术而出现的国家为教育提供基本公共服务的一次新的尝试。平台主要为小学至高中的学生提供由全国各地不同教师录制的不同版本的各科各年级的课程视频，并在每一课程资源下方提供可进行"星级评价"以及"评论"区域，既供使用者进行意见反馈之用，又为后来的使用者提供了一种了解资源的使用背景、鉴别优质资源的途径。

除此以外，平台也为教师、学校的管理者以及其他与教育相关的人提供以文本文件为主要形式的研修资料，并配交流研讨区域，以提升教育者的素养，最终促成更为优质的课程资源的开发以及教育质量的提高。2020年初，为了应对突如其来的新冠肺炎疫情所导致的停课，国家将该平台进一步发展成为国家中小学网络云平台，并对其中的内容进行了升级改造以及重新排布，基于部编本教材以及各地使用较多的教材版本来开发网络点播课程并增设主题教育，以实现"停课不停学"，并增加了包括"品德教

---

① 《全職員で実践する先進のＩＣＴ教育》[EB/OL]. https://www.mext.go.jp/b_menu/shingi/chukyo/chukyo3/083/siryo/__icsFiles/afieldfile/2019/07/26/148593-7_1_1.pdf.

育""生命安全教育""经典阅读"等内容在内的专题课程，为有拓展学习需要或其他兴趣爱好的学生提供相应的资源。相比于先前的国家教育资源公共服务平台而言，国家中小学网络云平台在页面设计与资源的排布上明显更为合理，将每一单元中由同一教师所讲授的课程排列在一起，方便使用者查找，且撤销了先前要求用户必须用ID及密码进行登录的限制，使课程资源能够面向全体学习者，成为真正的开放教育资源。

2021年，作为该平台的进一步延伸，国家开启了"基础教育精品课"的遴选工作，要求所上传的课程资源中包括微课设计、教学设计、学习任务单、作业练习等内容，以实现让教师深入参与教材研究、创新教育教学方法、汇聚优质教育资源、缩小城乡教育差距的目标[①]，真正让开放教育资源由面向高等教育转而面向处于其他各级各类学校的用户，实现让所有人都能找到自己所心仪资源的目标。

3. "慕优质课程而来"——慕课运动与相关平台之建设

在OCW运动取得相当程度的阶段性进展、OER运动如雨后春笋般在世界各国兴起的背景下，一种新的开放教育资源提供形式悄然出现。2008年，爱德华王子大学的戴夫·龚米尔与和布莱安·亚历山大在对一门名为《联通主义和联通知识》的在线课程进行描述的时候，创造了"MOOC"这一词汇，该词汇源于"大规模的（Massive）""开放的（Open）""在线的（Online）"以及"课程（Course）"这四个单词的缩写，可以看到，慕课的本质就是一种在线网络课程，但是有了"大规模的"与"开放的"这两种特性的限定，又使得慕课展现出有别于其他一般在线网络课程的独特优势。在规模上，由于慕课是基于依托于互联网的网络平台而存在的，且没有身份限制，正常情况下又无须付费，因此，课程的学习突破空间的桎梏与实践的束缚，让更多的人得以在网络支持的情况下与来自全世界各地的、志同道合的学习者同学一门课，比如在2011年，作为真正意义上的第一门慕课，美国斯坦福大学所开设的《人工智能导论》这一课程吸引了来自全球各地的16万余学习者，这些学习者们怀着共同的兴趣爱好进入课

---

① 教育部. 教育部办公厅关于开展"基础教育精品课"遴选工作的通知［EB/OL］. http: //www. moe. gov. cn/srcsite/A06/s7053/202108/t20210824_553692. html.

堂，在获取优质课程资源的同时，又可与同行进行学术上的交流与切磋，思维上的碰撞所产生的新思想观念已经远远超越了教师所讲授的内容，产生了由课程本身所无法带来的重大意义。在开放性上，慕课本身作为一种免费的、突破了地缘限制的课程资源，其存在使得学习者可以免费的与任何有相关同类爱好的人进行交流讨论，打破了原有的教育垄断，将原本只能集中于某一所学校之中的师资力量散播至全球任何有互联网的角落，促进了全球意义上的教育资源公平化趋势。除此以外，慕课在所利用的或者说是所依托技术上也有所突破，移动网络的进步与移动设备的普及使得随时随地的在线学习成为可能，云计算技术的启用使得大量的优质资源得以向更多的使用者提供，平台中植入的分析软件则可以对学生的学习行为加以持续性的监测，并利用相关数据为每个用户提供更为个性化的教学。

与早期的开放课程软件（OCW）相比，MOOC作为一种在线课程的新形式有着明显的不同，但本质上同为在线课程的二者亦有相似之处，其异同之处如下表所示（见表6.1）。

在慕课本身得不断发展与对其研究的逐步深入之中，慕课的类型也在不断增加，研究者建立的能够用于对慕课进行分类的二维模型，该模型如图6.1所示。

基于该模型的四个象限与各个象限慕课的不同特点，研究者确定了如下表6.2所示的28种有代表性的、不同种类的慕课。

表6.1　开放课程软件与慕课之间的异同[①]

		开放课程软件（OCW）	慕课（MOOC）
相同点		二者所提供的资源都是无限制的、免费的，具有较高程度的开放性，并且都以文本、音频、视频以及动画为主要形式将内容向用户传递	
不同点	规模上	开放课程软件在规模上并没有一定的要求，可以是大规模的，也可以是小范围内的	慕课的一大特性即为"大规模"，这也是对可以被称作慕课的在线课程的基本要求之一
	所提供的内容与功能上	教师信息、课程一般描述课程特色、教学大纲及日历、课程视频/文本等、授课笔记等内容，观看时间不受限制，但并不是所有课程都提供课后练习与自评活动，也没有与同学及主讲教师之间进行交流的途径，无须身份注册，但也不提供学分与学位证明	提前公布课程内容与日程安排，课程开始之前，学习者可通过身份注册的形式免费预约课程，主讲教师会发放教学大纲、课程视频与作业内容，并依托平台组织学生进行交流讨论，但学生只能在规定的课时安排内根据自己的需求来选择学习时间 一堂课结束后，学生可以利用自动评分、自我评分及学习者互评等形式获取作业成绩，了解个人学习状况或利用论坛与其他学习者交流 学习者若想获取学分或学位证书，则可以向第三方考试机构付费来参与考试，若成绩合格，则可获取相应的证书，但学分的授予权掌握在各高校

① 孙子文,纪志成.开放教育资源运动与高等教育信息化资源建设模式透视——开放教育资源运动:从OCW到MOOCs[J].学术论坛,2017,40（01）:155-161.

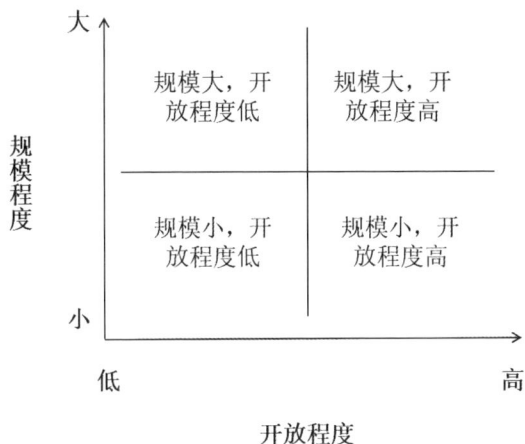

图6.1　慕课分类的二维模型

表6.2　慕课的不同类型[①]

象限	主要特征	慕课类型
第一象限：规模小、开放程度低的慕课	参与者数量一般在500人以下部分课程需要付费获取	小型私人在线课程（Small Private Online Courses，SPOCs○11），该类型的慕课更像是一种小型的翻转课程，将在线教育与面对面教学相结合，以小组为单位与教师进行交流，该类型慕课由哈佛大学在edX平台上开创，迄今为止仍只对数量有限的外部参与者开放
		小组慕课（group MOOC），该类型的慕课着重于以小组合作来降低辍学率，其结构封闭且对参与者在地理背景、技能和知识水平上加以限制
		基于任务的慕课（Task-based MOOCs），强调技能练习，要求学习者完成特定数量和种类的任务来展示所掌握的技能并提供不同的完成方式以供学生自由选择，在完成任务前，学生可以查看由"社区"提供的范例并其中获得帮助

---

① Pilli O, Admiraal W. A Taxonomy of Massive Open Online Courses [J]. Contemporary Educational Technology, 2016, 7（3）: 223-240.

象限	主要特征	慕课类型
第二象限：规模小，但开放程度高的慕课	参与者数量少，但课程材料及相应考试对所有人免费开放	联结主义慕课（Connectivist MOOCs，cMOOC），是以联结主义学习理论为基础，强调"创造""自主性"和"社会网络化学习"。它依托于免费的社交网站，以学习者为中心，参与者通过生生互动、学生与内容互动以及学生与教师互动三种方式来分享知识，学生也成为了慕课的创造者
		高度开放的在线课程（Big Open Online Course，BOOCs），是一种只对有限数量的学生开放的慕课，由于学生数量有限，师生之间以及生生之间的互动机会得以增加
		社区开放在线课程（Community Open Online Courses，COOCs），这是一种小规模的、由公司为（潜在）客户/员工提供
		分散式在线写作课程（Distributed Online Collaborative Courses，DOOCs），这是一种慕课的替代性方案，是面向合作性机构的活动，每个机构均围绕着核心学习资源来组织一门课程
		参与式开放在线课程（Participatory Open Online Courses，POOCs），旨在创建参与性课程而非大规模课程，参与者能够与慕课项目内外的人员加以接触。所有注册的参与者都将通过使用相应的数字平台进行知识的共享、协作和创建
		小型开放在线课程（Little Open Online Courses，LOOCs）提供标准化评估以及学分，但只有注册了校内课程的用户才能获取学分，教授将为个人提供反馈，参与者要提交论文、参与研讨会并遵循相同的标准
		基于游戏与基于游戏的学习的慕课（Game-Based and Game-Based Learning MOOCs，gMOOCs），在遵循联结主义以及去中心化的慕课原则的基础上，慕课中嵌入数字化游戏以展开沉浸式学习，采用包含视频对话在内的多种形式进行学习
		基于项目的慕课（Project-Based MOOC，pMOOC），它依托于协作开发的小型创新项目，其种类多样，包括在特定项目框架内共同创造知识的参与式课程
		适应性慕课（Adaptive MOOC），能够根据课程中收集的动态评估数据为用户提供量身定做的学习体验
		基于网络的慕课（Network-based MOOCs），该类慕课的目标是通过社交对话以及分布式的开放网络系统构建知识，体验一种新的学习方式，而不是知识和技能习得

续表

象限	主要特征	慕课类型
第三象限：规模大，但开放程度低的慕课	在参与者的数量上不受限制，但能够免费获取的内容十分有限	职业开放在线课程（Vocational Open Online Courses，VOOCs），以职业教学为基础的、有针对性的职业课程，其中所包含的实际任务可以直接由现实世界中的例子来代替，将专家作为"谈话"的主管者，为用户提供建议
		同步的大规模在线课程（Synchronous Massive Online Course，SMOOC or Synch MOOC），该类型课程具有特定的开课与结课时间，并要求学生在规定的时间之内完成作业以获得评估，有些课程甚至要求学生在同一时间登陆
		混合开放在线课程（Hybrid Open Online Course，HOOC），是翻转课堂的一种在线版本，旨在增强慕课的参与者与校园之间的合作
		"迷你"慕课（mini MOOC），这是一种每门课仅含一两个明确学习目标，所覆盖的内容以及所传达的技能相对于传统的慕课而言更少，因此只需要几天甚至几小时就能完成一门课程的学习
		个性化在线开放课程（Personalized Open Online Course，POOC），它能够根据用户的特点、偏好以及先前的学习活动习惯来定制和调整包括评估在内的内容，为参与者提供一种非标准化的教育
第四象限：规模大，且开放程度高	在参与人数上与获取等方面不设限制条件，一般通过专家的视频授课来传递知识	xMOOC：其特点是逐步进行学习，将课程内容按难易程度划分为各小阶段，通过小型讲座视频等形式呈现内容，考试方式以多项选择题为主，由标准化评估加以评价，对互动和反馈活动加以限制，学生只能在限定时间内进行提问
		转换式慕课（transfer MOOC），即将为课堂教学设计的课程放到了慕课平台上，比如通过"Coersera"平台提供的许多课程均属此类。这些课程通过"以聊天为主"的视频和指定的阅读提供内容，并通过在线测验评估学习成果，相比于学习系统的知识体系外，该类慕课更适合用于培训
		定制版慕课（made MOOC），即课程最初就是为慕课平台所涉及的，因倾向于使用视频和互动材料而更具创新性

象限	主要特征	慕课类型
第四象限：规模大，且开放程度高	在参与人数上与获取等方面不设限制条件，一般通过专家的视频授课来传递知识	非同步的慕课（asynch MOOCs）：该课程是完全开放的，既没有固定的开课与结课时间，也没有任务截止时间的限制。由于它可以在任何时空中开始，因此对于日程负荷较重或因各种原因比如时区不同而无法同步开展课程的人来说是十分理想的，高灵活性对降低辍学率有意义
		自我发展的在线课程（Self-Paced Online Course，SPOC○22） 学生可以完全按照自己的时间安排来完成课程，在有需要的情况下，甚至可以不按照预先设置好的顺序进行直线式学习，大多数都有在校外进行的考试
		基于内容的慕课（Content-based MOOCs），由大量学生注册参与的、由来自大学的教授主讲的课程，并采用自主评估的方法进行学习结果检测，由于参与者主要以独立学习的形式开展课程，因此很难建立一个可以相互沟通交流的网络社区
		"灵活性"慕课（Flex-MOOCs），是一种以学习者为中心的慕课，它允许学生对"模块"加以选择，以找到符合其优势、需求以及偏好的学习路径，甚至控制内容的呈现顺序及时间，并资助选择任务难度以及完成时间
		iMOOCs，其主要设计原则包括以学习者为中心、强调学习的灵活性、主张生生互动并在技术上支持数字化融入，可被任何有需要的人完成注册之后加以访问，其内容呈现形式多样，包括文本、视频、演示文稿、概念地图等
		MOOC-ED，课程是由教学技术、数学教育以及师资教育领域专家所构成的团队合作开发的一种面向教育工作者的大规模在线开放课程，其内容包括围绕特定主题而制作的核心资源以及相应的补充材料，同时因没有固定的学习路径以及课程而显得颇具个性化和灵活性
		大规模开放在线研究（Massive Open Online Research，MOOR），是一种以研究为重点的慕课，该课程允许来自世界各地的、具有不同学习背景和技能的参与者以实践的方式，通过研究活动进行合作

应当注意的是，慕课的形式与类型并非一直不变的，随着技术的进步与对其研究的进一步深入，更多种类的慕课正在不断涌现，比如比"迷你"慕课时间更短的纳米慕课（NOOC）的出现使得参与者在20小时之内就能对某个知识领域做出简单而系统的认识、探索，快速构建起有关该领域简单的知识体系，并展现由此所获取的能力。由于构建知识体系所需要的时间大大减少，参与者进行学习的时间变得更为灵活，参与学习的可能性也大幅度提升，尤其是对日程安排较满的学习者而言，这种短时间内的知识构建方式帮助其得以在每日的闲暇时间进行学习，防止因长时间的高负荷学习而导致"筋疲力尽"乃至对学习失去兴趣的情况发生。

虽然"慕课"这一概念早在2008年就已经被提出，但是慕课真正引起全球范围内的广泛关注却是由斯坦福大学建立了Coursera这一在线平台而开始的，该平台已同世界顶尖大学合作、为世界范围内的学习者提供优质的网络公开课为宗旨，以在未来实现所有人都能无限制的获得高水平的教育为目的，主打商务类与计算机类课程，亦对职业发展课程施以关注。为了提高课程的重复利用率，Coursera平台强调课程的"模块化"（modulization）和"可堆叠使用"（stackable），利用3～5门课程组成"微专业项目"，再将3～5个的微专业项目叠加组合为学位项目，以降低课程的开发成本[①]；与此同时，为了促进优质教育资源的全球化传播，平台的主导者致力于与全球多所知名高校建立合作伙伴关系，提供全球化的学位课程，比如，当前Coursera所提供的西班牙语硕士学位实际上来源于哥伦比亚的洛斯安第斯大学，这种跨地区、跨学校的学位课程模式为更多的学习者获取个人所需要的学位提供了可能，使得该平台的注册人数规模不断扩大，而为了满足这种人数增多所带来的学习者个性的多样化，Coursera平台以包括情景模拟在内的多样化形式为学生提供能够在多种类型的设备上学习的课程，这既是对学习者个性化的满足，也是进一步扩大平台用户规模的基础。

除了为学习者提供大量的学习资源、促进优质课程资源的全球化课程分享之外，平台还向社会上的其他机构比如一些公司提供学习方案与相关

---

① 王宇. 2019年全球慕课发展回顾［J］. 中国远程教育, 2021（05）: 68-75.

课程，帮助企业，尤其是低收入人群或低端劳动力数量众多的企业培养人才，以应对诸如收银员之类的职业向自动化方向转型的趋势，发挥了为社会培养人才、解决社会问题、促进社会未来发展的功能，凸显教育的社会作用。[①]

作为参与到早期在线课程运动的国家之一，中国自然也在这场席卷全球的慕课运动中贡献了自己的力量，出现了众多国家/大学与公司合作或有互联网公司单独制作而成的慕课平台，且呈现出明显的高校与基础教育"双管齐下"的明显特征。

以加入国外已有的慕课平台为开端，吸收借鉴国外高校建设慕课平台的经验，2013年，清华大学创建了我国第一个自主开发的慕课平台——"学堂在线"，平台收纳了来自清华大学、北京大学、麻省理工大学等国内外一流高校的数量众多且门类广泛的课程资源，支持中文、英语、俄语、西班牙语等多个语种，不限用户数量，提供免费学习与认证学习两种模式，前者仅免费提供视频课程资源且由规定的学习期限，而后者则是在支付一定费用之后，就可无限制的在课程结束后做回顾学习，并且获得了由教师批改作业、与教师交流讨论的机会，若能通过课程结束后的考核，则会获得官方颁布的认证证书。"学堂在线"平台的出现极大地推动了我国慕课运动的发展，其本土化的发展模式为后续诸多慕课平台的建设与运营提供了可参考的范本。

在"学堂在线"平台正式运营的当年，高等教育出版社参与了"国家精品资源共享课"工程并承担其中的平台开发与管理工作，"爱课程"网由此诞生，这也是"中国大学MOOC"平台建设与发展之缘起。在"爱课程"网与网易公司的联手开发之下，2014年，"中国大学MOOC"平台正式上线。将课程资源整合之后，该平台将资源分为大学、升学/择业以及终身学习三类，为来自不同社会背景、不同需求的学习者提供恰当的资源，既能帮助身处大学中的学习者选择与专业相关的课程做课外补充学习之用，也为走入社会后想要进一步实现职业发展的学习者提供学习的机会，促使免费或低额付费的学习成为可能，让拥有不同知识水平、来自不同社

① 杰夫·马吉纳卡尔达，王亭亭. Coursera发展的关键决策[J]. 世界教育信息，2020, 33（05）：5-6.

会阶层的人都有机会参与到提高自身修养的学习过程中，真正践行了终身学习之理念。

几乎是与高等教育阶段的慕课运动同步而行，我国基础教育阶段也开展了如火如荼的授课方式之革新。在清华大学创建"学堂在线"平台的同年，华东师范大学充分发挥大学为社会服务之价值，以自己所拥有的优质师资、相关领域内有经验的专家学者以及相关的优质资源为支撑，以汇集优质的教学微视频、力促优质教育资源之共享、实现教学模式之更新为目标，在校内成立慕课中心，并与小、初、高三个阶段的共计20所学校共同成立了C20慕课联盟，这是我国国内基础教育领域中最大的慕课研究联盟。与先前所开展的主要面向大学的慕课运动不同，该联盟致力于对基于慕课的翻转课堂展开研究，这与基础教育领域慕课所面对的学生特点密不可分。由于基础教育领域中的学生，尤其是低年级的学生尚不具备良好的自我控制能力与自我调节学习能力，若像对待成人一般只提供可观看直播或录播课的平台却没有配备教师面对面的加以指导、督促与鼓励，也不给予学生相应的反馈与探讨的机会，则很有可能会出现事倍功半的情况，其所取得的教学效果甚至会不如先前得传统教学模式，因此，基础教育阶段所形成的慕课平台与其他阶段的也有所不同。

从资源的来源上来看，大学阶段的慕课主要是由各高校有意向的教师基于所授学科进行制作并由相应的管理人员进行筛查，而C20慕课联盟平台的资料来源则增添了"通过比赛来汇集微视频教学资源"这一途径，向参赛者提供丰厚的奖金，但对参赛者的要求逐年提升，比如初期的慕课比赛只需要提供微视频即可，而后来则要求在提供微视频的同时将包含本课的教学设计、探讨等在内的微课教案也一并提交，有助于展现参赛教师设计该门课程的中心思想，使得微课的使用由面向帮助学生课外学习向帮助教师确定使用情景、提升使用效率转移；从资源的时长上而言，面向大学阶段的慕课时长不等，既有以一个知识点为中心而开展的时长较短的、可以随时进行学习的短视频，也有按线下教学时长而构建的课程视频，而面向基础教育阶段的慕课则不同，由于其构建的目的并不在于为学生提供一个"纯自学""纯线上""无教师辅助指导而只用于自学"的平台，而是想要为学生提供用于课前的预习拓展、课中可用的教学材料以及课后复习回顾的相应资源，使学生在课程开始前就主动参与到学习过程中，将观看微课视频所出现的问题加以记录并把握本节课的核心内容，以便其在课堂上"有重点地问""有针对性地听"并将自己所获取的材料以及对此的感悟与他人共享，因此所提供的是由多个"以每一个知识点为核心、围绕该知识点构建时长在10分钟以内的教学视频"组合而成的资源数据库，其内容短小精悍，既能帮助学生准确把握课程重点，又不过多地占用学生的时间，使学生能够轻松愉快的完成学习任务。

除了上述两点明显不同以外，虽然C20慕课联盟的最终目标是将汇集来自全国的优质教育资源推送给国内所有处于基础教育阶段的教师和学生，推动东西部经济发展差异较大的地区能够实现教育资源上的公平并以此为基点实现教育公平，但这并不意味着C20慕课联盟平台要强制性的为所有学生提供一模一样的资源，而是在满足国家对基础教育阶段学生所应达到的共同素养的要求之上，通过所建立的学情分析系统，对学生的学习情况做出监测，而后对学生当前已有的水平做出准确分析，进而为学生推送符合其当前学习水平以及需求的资源，形成个性化的学习服务，避免学生因对自己的情况不甚了解或因不具备信息素养而无法对所需要的资源加以筛选使用，出现"南辕北辙"之状况。①

虽然慕课是开放教育资源运动中的一次大胆的革新与尝试，其所带来的诸如打破知识垄断使优质资源得以向大众传递、为终身学习社会的形成奠定基础、促进教育资源公平分配、带来教学方式之革新等众多优点为人所称道，但这并不意味着慕课是完美无缺的，事实上，慕课的发展依然面临着挑战，比如随着时间的推移，放弃学习课程的人数逐渐增加，其最终完成率与初始的注册人数之间存在较大差距；有一些使用者抱着短时间内快速刷课时并完成考试以获取证书、实现升职等目的进入课堂，尽管他所使用的是一种先进的教学模式，但他实际上所保有的仍然是"以考试为目标、以获取证书为目"的传统学习观念而并非是以构建完整的知识体系为目标，获取证书后，这一类使用者就不会再次对课程进行回顾，也没有将

---

① 张宇蓉. 翻转课堂推动的基础教育变革——C20慕课联盟成立一周年回顾与思考［J］. 北京广播电视大学学报，2015（01）：27-31.

所学习的东西真正转换为个人所拥有的东西，慕课的初衷难以实现；除此以外，一些地区落后的基础设施使得身处当地的学习者通过网络来获取优质资源的想法成为奢望，阻碍了慕课运动的发起者与参与者向全世界的学习者提供优质资源的理念与想法的施行。而在基础教育阶段，"慕课"所带来的教学模式的改变使教师和学生一时间感到无所适从，教师需要从制作微课开始不断探索慕课的使用与翻转课堂的实现，无形中增加了教师的压力，而学生尤其是低年级的学生，自我控制能力较差，使用智能设备观看微课视频时，常常会出现心有旁骛、偷偷利用智能设备打游戏的状况①，而其所进行的真正是一种出于个人内部动机的自学还是只将这种自学过程当作教师所布置的不得不完成的作业来看待仍有待讨论。另外，家长们对于学生利用网络进行学习的期待值不高，甚至有抵触情绪，这也是不利于慕课与翻转课堂在基础教育阶段推行的一个重要因素。

二、数字化教育资源的概念与类型

（一）数字化教育资源的内涵及其与开放教育资源之辨析

数字化教育资源是信息通信技术发展与传统教育资源相结合的产物，是教育领域对世界知识总和更新换代的速度迅速提升的积极响应，也是人类社会进入信息资源管理阶段与知识管理阶段在教育领域的重要表现，前者起自20世纪80年代，以网络平台、大量数据等为代表，将信息交换、信息共享等作为主要内容，而后者是前者的进一步发展与进步，与前者相比，它更为重视人们之间的交流与学习，期冀对知识资源更为有效的利用。数字化教育资源呈现方式之多样、种类之丰富、内容的个性化与更新迭代速度之快是其有别于传统教育资源的重要优势。作为科学技术在教育领域应用的重要成果，数字化教育资源既能够依托于互联网平台，与时俱进的为由网络支持的用户提供丰富多彩的资源内容，也能够利用一定的承载平台向世界各地的用户提供相同的优质资源，以实现广泛意义上的教育公平，促进世界范围内教育质量提升。数字化教育资源的出现，既能帮助

---

① 于天贞.国内基础教育翻转课堂实践现状调查研究［D］.上海：华东师范大学，2015.

教师在教学时能够选用呈现方式多样且各不相同的资源向学生传递知识，促使课堂生动活泼，能够吸引学生注意力，使学生专注于所学内容，迅速进步，也能够为学生的自主学习提供相应的内容，助力学生自主学习能力的养成，还能够为其他的利益相关者提供终身学习所用的各类信息，为终身学习理念成为广泛的社会共识奠定基础。

与对数字化教材一样，每个研究者对数字化教育资源的理解也基于其本人已有知识水平、使用体验与出发视角的不同而各不相同。从字面意思来剖析，数字化教育资源可以拆解为"数字化"与"教育资源"两部分。第一章对数字化教材的内涵进行解析时，我们将"数字化"看作一个过程，是将复杂信息转化为可以度量的数字与数据，而后进一步利用这些数字与数据建立起适当地数字化模型，再进一步转化为一系列二进制代码并将之引入计算机、进行统一处理的过程。而"教育资源"的本质是一种资源。所谓资源，本身是指一个国家或一定区域内所拥有的物力、财力与人力等各种物质要素的总称，而教育资源，可以简单地被理解为面向教育的或者能够为教育所用的各种人力、物力与财力，但由于教育有其复杂性与特殊性，所以教育所需要的除了人力资源与物质财富之外，还应当包含能够由教育者向学习者传递的知识资源，这也是教育者与学习者之间能够建立起联系的桥梁之一。综上所述，数字化教育资源可以简单地被理解为经过数字化转变这一过程的、能够为教育所用的或者说是能够支持教育发展的自然条件、社会物质条件与精神财富之总和。

在数字化教育资源的发展进程之中，由于技术不断发展与对数字化教育资源理解的深化，出现了对数字化教育资源诸多不同的认识。美国州级政府教育指导委员会（SETAD）认为数字化教育资源（Digital instruction Materials）即可以在计算机或其他移动设备上创建、分发、查看、修订、存储以及访问的教学教材，包括计算机软件、计算机程序、数字图像、数字音频等多种内容。[①]可以看到，SETAD对数字化教育资源的界定充分考虑到了其呈现所需要的设备，也明晰了用户可以对数字化教育资源进行哪些操

---

① Navigating the Digital Shift II: Implementing Digital Instructional Materials for Learning［EB/OL］.［2018-04-22］. http://www.setda.org/wp-content/uploads/2017/06/Navigating_the_shiftII_final_June242017.pdf.

作，所描述的资源类型也基本涵盖了一个数字化教育资源可能用到的所有类型，可以说这是对数字化教育资源比较精准而又简洁明了的定义之一，为数字化教育资源的开发者提供了一个明确的参考，以便其在开发数字化教育资源的过程中添加相应的必备要素。

国内对于数字化教育资源的探讨始于2002年，研究者马德民在《论教育资源的建设问题》一文中，基于对教育资源未来发展方向及趋势的理解与预测，率先提出了"数字教育资源"一词，并用对其所应包含内容的描述来明确其含义，他认为，数字教育资源不仅包括对传统教育资源譬如书、杂志等的数字化，还包含中小学教育教学活动中所涉及道德所有资源的数字化以及新形态的数字化数据（超文本、对资源的整理与组织方法如分类与索引以及全文检索等用于资料查找和使用的工具等）。①

上文说到，教育资源中不仅有作为精神财富存在的知识资源，也有用于支持教育实施的各种自然条件与社会物质条件，因此，研究者王运武将数字化教育资源分为数字化硬件教育资源与数字化软件教育资源两种，并分别进行了剖析。前者即教育过程中所使用的各种计算机、投影仪、视频展台、数码照相机、数码摄像机等数字化设备，是看得见、摸得着的物质实体，而后者则是指教育过程中所使用的各种课件、视频、音频、网络课程、软件标准、数字化期刊数据库等，是一种看得见但摸不着的资源，二者综合起来，形成了数字化教育资源的概念。②

有别于一般资源，数字化教育资源的一个必备要素即该资源一定是为教育教学而服务的，或者说该资源能够支持教育教学过程并使其更为有效，有鉴于此，研究者杨正等人认为，数字化教育资源即专门为教育教学目的而设计开发的、经过数字化技术处理并能够在信息环境中运行的、服务于教育教学活动的资源集合。③

虽然在国内，数字化教育资源的概念自2002年开始就被提出，但是在漫长的探讨与研究中，许多学者使用了与之完全不同的提法，但仔细分析

①　马德民. 论教育资源的建设问题［J］. 管理信息系统, 2002（02）: 29-31.

②　王运武. 我国数字化教育资源现状及发展策略［J］. 中国教育信息化, 2008（01）: 9-11.

③　杨文正, 徐杰, 李慧慧. 生态学视角下数字教育资源优化配置模型构建［J］. 现代远程教育研究, 2018（02）: 94-102.

其概念阐述却有与数字化教育资源之间有着千丝万缕的联系，甚至可以说这些词汇只是对数字化教育资源的不同表述而已，比如有研究者提出"教育信息资源"一词，并将之界定为数字化教育与教学资源，其中包括数字化教学案例、电子图书、多媒体教学软件等，认为这是信息技术渗透入教育与教学领域的必然产物①，另有研究者提出了"信息化教学资源"一词，乍看之下，信息化与数字化是两个非同含义的过程，但是在实际表述中，该研究者依然认为，信息化教学资源是指经过数字化处理或再加工的用以支持教和学活动的学习材料、学习工具和交流工具等资源，是可以在多媒体计算机与网络环境下运行的、能够展现相关知识节点内容的教学材料。②

从上述众多有关数字化教育资源的不同的解析以及表述，可以总结出有关数字化教育资源的典型特征，首先，数字化教育资源一定是面向教育的，必须具备支持教育教学工作的功能，甚至可以说它是为促进教育教学效果之提升并与社会信息化发展相联结而专门设计的，这是数字化教育资源有别于其他资源的标志；其次，作为教育资源的一个子集，数字化教育资源一定是经过"数字化"处理过的，这是在对数字化教育资源做出解析并将之与其他普通的教育资源进行区分所必须关注的方面；再者，数字化教育资源既可以是由已有的传统的教育资源转化而成，也可以是在开发初期就直接利用信息通信技术而直接形成的资源；第四，与传统的教育资源相比，数字化教育资源具有内容广泛且更新迭代速度快的明显优势，虽然这不是定义数字化教育资源所必备的特征，但却是优良的数字化教育资源所应能实现的。

综上所述，本文所说的数字化教育资源是指：以信息与通信技术为基础、经过数字化处理加工的、以数字信号的形式在互联网上进行传输并能在计算机等移动终端上呈现以及存储的、用以支持信息化时代教育教学的各种学习材料、学习工具等教育资源，其中包含基于课程的多媒体文件、教育游戏、学习网站等。

---

① 熊才平，朱爱芝，黄萍萍. 教育信息资源"区域共建共享"开发应用模式研究 [J]. 开放教育研究，2010，16（01）：40-44.

② 张一春. Web2.0时代信息化教学资源建设的路径与发展理念 [J]. 现代远程教育研究，2012（01）：41-46.

之所以在论述数字化教育资源之前先对开放教育资源做出阐述，是因为数字化教育资源与开放教育资源之间存有千丝万缕的联系，首先，二者都是信息与通信技术发展在教育领域的重要成果，是教育领域对于信息化时代的到来以及信息时代社会发展对教育需要所做出的响应之一；其次，二者都需要依托于网络平台来实现无差别地向所有学习者传递优质教育资源这一目标；再者，二者在推动优质教育资源从少数人手中发放到多数人乃至所有人、促进教育公平这一目标上是一致的。

尽管二者有诸多契合之处，但出于严谨的学术考量，我们仍不能简单地将开放教育资源直接与数字化教育资源加以等同对待，最直观的区别即从现有文献的英文释义上而言，开放教育资源为"Open Educational Resources"，而数字化教育资源则多用"Digital Educational Resources"或"Digital instruction Materials"来进行表述，由于"instruction"可做"教学"之意，因此，虽然开放教育资源运动最初是由大学兴起、主要面向的也是身处高等教育中的学习者，但随着其不断发展，其所面向的对象开始逐步向处于广义教育中的学习者而转移，或者说是面向一切以提升自身素养为目的而处于学习过程中的人，所涉及的领域也已经跳出了学校教育的范畴，开始为社会上的学习者服务。而数字化教育资源则更偏重于面向处于狭义的教育或者说是处于学校教育中的人，甚至可以说是直接面向教学而设计和创作的资源，是为了改进教学模式、更新教学方法，促使教学向现代化、信息化乃至智慧化方向发展而产生的，从这个意义上来说，开放教育资源是一个较大的概念，可将数字化教育资源包含在其中，该观点通过开放教育资源与数字化教育资源组织的核心也可以得到佐证，即开放教育资源未必一定是围绕着学校中的课程而形成的拓展内容，面向社会普罗大众的各类生存以及生活需求而形成的课程也可以被视作是开放教育资源的一种，相比于数字化教育资源而言，它在建设学习型社会方面的作用显然更为重要。比如广东开放大学就专注于服务身处各行业、各社区乃至农村地区的学习者，旨在为他们提供多样化、多层次的学历教育与非学历教育。①

---

① 赵凤梅. 开放教育资源建设实践的调查与研究——以广东开放大学体系为例［J］. 电大理工, 2021 （01）: 69-74+78.

而数字化教育资源却是为了实现教育教学目的而专门设计的，其内容大多数是围绕着教材或者是学校的教学内容而组织的，是学校教学内容的拓展与延伸，只有一小部分与学校内部现有课程无关，但仍与儿童与青少年的成长以及身心健康发展密不可分，比如我国"国家中小学网络云平台"因为新冠肺炎疫情的出现而专门开设的"防疫教育"专栏。另外，虽然开放教育资源可以将数字化教育资源包含在其中，但数字化教育资源却未必是开放的，比如一些一线教师针对本班级情况而自主制作的微课视频或在班级群之中上传的文本文件，虽然这也是一种免费的数字化教育资源，但由于教师并没有将资源上传至公共平台或共享给除本班级以外的同学使用，也并没有允许本班学生对此视频做出修改或再传播等操作，因此，它很难被称作是一种开放教育资源。

虽然我们在理论上可以从二者概念指称的宽度、二者的组织核心等方面来区别开放教育资源与数字化教育资源的异同，但在实际生活之中，由于二者之内涵多有重叠之处，许多教育资源既是开放教育资源也是数字化教育资源，因此在非严格的条件下，二者是无法被完全清楚而详细的加以区别的。

（二）数字化教育资源的分类

有关数字化教育资源内涵的说法不一而足，自然而然的，从不同角度来看待数字化教育资源所得出的类型也多种多样，比较简单的分类方式有：

一是采用数字化教育资源是否需要付费+版权许可属性的方式进行划分，可将其分为单独购买或者订阅的数字教育资源、免费获得的数字教育资源、开放教育资源以及数字学习库四种类型[1]，其中，前三种类型代表着数字化教育资源获取以及对其进行使用、复制、修改以及再传播的难易程度，或者说是用户的权限程度，即在这个分类体系中，开放教育资源的用户权限度最高，而单独购买或订阅的数字化教育资源的用户权限度最低。

---

[1] Navigating the Digital Shift II: Implementing Digital Instructional Materials for Learning［EB/OL］.［2018-04-22］. http://www.setda.org/wp-content/uploads/2017/06/Navigating_the_shiftII_final_June242017.pdf.

二是从出版商的视角进行划分①，可以将数字化教育资源分为富媒体电子书、微课、题库以及游戏四种。其中，富媒体电子书是在传统教材简单数字化（比如将纸质教材转化为pdf格式）之后，对书中所含知识点进行抽取与衍生两项主要操作而形成的教材，由于其并不单单只是对传统纸质教材的原版复刻，而是围绕原版教材的内容对知识点的再度提炼与总结，并为知识点配以相应的拓展知识，由此形成了对原有知识体系的瓦解与重新建构，使得知识体系更为全面地呈现在学生面前；微课（Microlecture）则是指在遵循认知规律的基础上，运用信息技术呈现碎片化学习内容、过程及扩展素材的结构化数字资源，相比于其他数字化教育资源而言，微课是一种在技术上比较易于制作的数字化教育资源，因此无论是出版商还是一线教师都更喜欢采用这种形式来为学生提供相应内容，但应当注意的是，微课中所包含的视频资源并不是将原本时间较长的课程剪辑成为一个个短视频片段，更不是简单地将知识剪的七零八落后教授给学生，而是围绕一个知识点、某一核心问题乃至某一较小的主题及与其紧密相连的内容而录制的视频，且微课中所包含的也不仅仅是教学视频，而是包括教学设计、课后练习、教师点评等在内的简短而完整的教学资源；题库从字面意思来理解，可以解读为一个试题的合集，但相比于试卷这种普通的试题合集来说，建立在计算机系统中的题库所包含的题目数量显然更为庞大，能够囊括某一课程知识点的方方面面及其各种变式和应用；而作为数字教育资源的游戏显然是有别于其他一般游戏的，其显著特征包括操作简单、耗时较短、能够对某一知识或技能加以应用和反复训练。早在二十世纪八十年代，就已经有了游戏应用在教育、科研等多个领域的案例，并拥有了一个专属名词——"严肃游戏（Serious Game）"。为教育而生的游戏既能吸引儿童的注意力，帮助儿童反复训练所学习的知识和技能，但同时又是防沉迷的，既能为学习者营造轻松愉快的学习环境，又是非娱乐化的，是数字教育资源发展的趋势之一。

三是从媒体维度出发，按照数字化教育资源的呈现形式或者说是格式，可将之划分为文本格式、音频格式、视频格式、图形／图像格式以及

---

① 周怡.教育出版数字资源建设的内涵及思考[J].出版参考,2020（07）:35-37.

动画格式。[①]

四是从一线教师的视角出发，有教师总结了自己平时常用的数字化教育资源并将之分成"预制形素材资料"与"在线学习交流平台"两大类[②]，前者是指提前准备好的，可供用户直接使用与下载留存的各种学习资料，包括音、视频课件等，后者则是指能够实现课程相关老师在线针对不同学生的问题给出回答与指导的在线平台，二者各有其优势与劣势，与前者相比，后者在学习时间上受到限制，但在自我控制与自我调节方面并没有前者那样高的要求，且能够将实现教师与学生之间的课外联结，帮助教师在一天的教学活动结束之后继续根据与学生之间的交流情况来监督学生对知识点的掌握情况以及学习进程，并有针对性地对个别学生的教学方案进行调整。

除此以外，还有从数字化教育资源所面向的对象人群、对象人群的所属层次（比如处于某一年级）以及学科维度等多角度出发的分类方式，在此不一一赘述。

虽然已经有许多研究者对数字化教育资源的分类进行了研究，但这些分类目前并未能引起广泛的认可，国际上目前也并未就数字化教育资源的分类方式以及标准的分类体系达成共识。为了使数字化教育资源的种类更为明确，以帮助有参与到数字化教育资源建设中的意愿的人明确自己应当建设什么内容，我国教育部教育信息化技术标准委员会分别发布了《教育资源建设技术规范》与《基础教育教学资源元数据应用规范》两个文件，对数字化教育资源的分类做出了阐述，在《教育资源建设技术规范》中，数字化教育资源被分为九种类型，每种类型各包含不同的内容，其具体分类如下图所示（见图6.2），而在《基础教育教学资源元数据应用规范》中，则将前者所述的试卷与试题合并入"量规集"这一概念之中，认为量规集是指按照一定的教育测量理论，在计算机系统中实现对某个学科学习效果评价的工具合集，具体包括题库和质的评价量规集两个方面，除此以

---

① 中国标准化研究院. GB/T 28825—2012信息技术学习、教育和培训 学习对象分类代码［S］.北京：中国标准出版社, 2012.

② 袁涛美. 数字化教育资源在小学教育中的应用研究［J］. 南昌教育学院学报, 2017, 32（01）：99-101.

外，该规范还额外添加了"教与学工具和模板"这一概念，并将课程设计软件、学习工具软件以及教学方法模板纳入其中。①

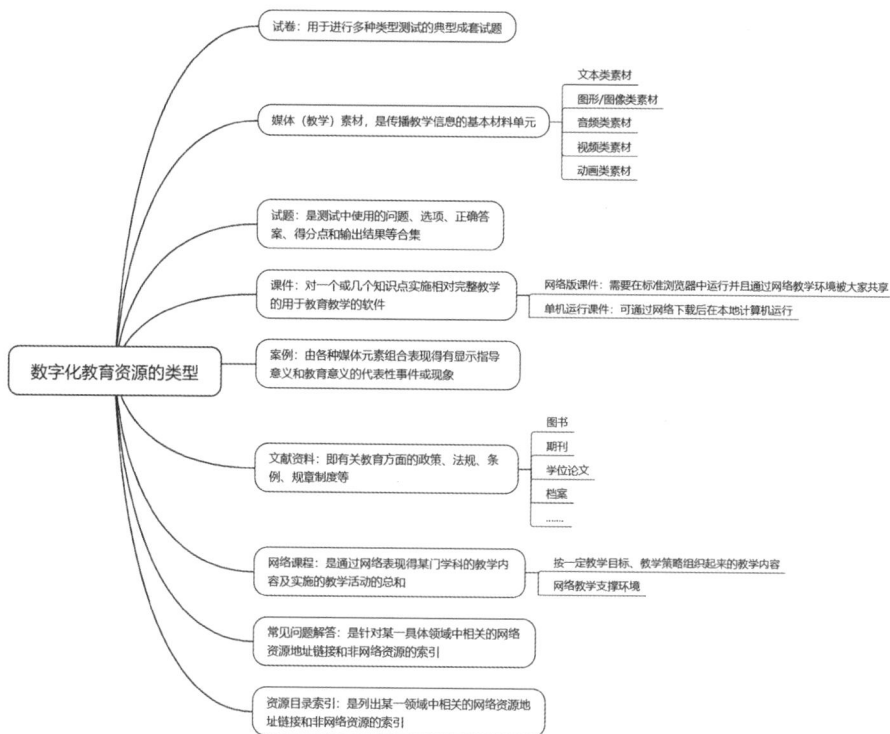

图6.2 数字化教育资源的类型②

除此以外，对优质教育资源进行建设的过程中，我国教育部将数字教育资源分为教学素材、教学课件、网络课程、虚拟仿真系统、教育游戏、教育案例、数字图书、数字教材、数字工具、学习网站十类，这些分类与先前两大《规范》中的分类既有重叠之处，亦有新的发展与变化，比如在重叠部分，对于素材的描述由媒体素材转变为教学素材，虽然其所包含的内容大同小异，但教学素材这一叙述方式的指向性更为强烈，并被看作是

---

① CELTS-42 CD1.6,基础教育教学资源元数据规范［S/OL］. https://max.book118.com/html/2017/0112/82614350.shtm.

② CELTS-41.1 CD1.0,教育资源建设技术规范［S/OL］. https://max.book118.com/html/2019/0220/5113202122002012.shtm.

其他教学资源的基本组成元素，此外还添加了对于数字图书、数字教材以及学习网站的阐释，这些资源之间也不再是独立存在，而是有交集重叠之处，比如数字教材之中包含教学素材中所述的内容，而每一个完整的教学案例则将教学课件也囊括于其中。另外，值得一提的是虚拟仿真系统，这是一种利用虚拟仿真/现实（Virtual Reality，VR）技术而开发的、用于特定知识技能训练的软件，是计算机技术应用于教育领域的典型代表之一。虚拟仿真系统依托于VR技术的沉浸性、构想性与交互性的特征而为学生构建了真实的学习情境，让学生在近乎真实的世界中进行模拟实操，对所学习的知识与技能加以反复训练与应用，甚至因为其所具有的"可逆性"特征而使学生能够对一些还未学习的知识作出大胆地尝试。比如利用VR技术为学生构建一个模拟化学实验室，并将模拟的化学材料也一并呈现在学生面前，学生可通过点击屏幕或者鼠标的操作来添加化学试剂，以实现"每个学生都能进行安全的化学实验"这一目标，比如国内的"瑞立视"公司结合动作捕捉而开发的沉浸式仿真化学实验室就是这一技术应用于教育的代表之一。而作为虚拟现实技术的进一步延伸，混合现实技术（Mixed Reality，MR）开始进入研究者的视野，与VR这种纯虚拟的数字画面相比，MR是一种数字化现实加上虚拟数字画面的技术，让使用者将真实世界同虚拟世界更好的联结起来，虽然该技术目前尚未过多的实际应用于教育领域，但在一些特殊的教学比如医学教学的过程中，MR技术已然开始大放异彩，成为研究者所关注的对象，而一些系统及相应的硬件设备也应运而生，比较著名的是由微软公司所开发的HoloLens，即一种混合现实头戴式显示器，与之相配的系统比如用于展示心脏结构、消化系统等人体知识的"Holo Anatomy"可应用于医学教学或者是生物教学之中，而能够将宇宙情境、各星级及其形体形态加以呈现的"Galaxy explorer"则可被用于《地理》课程中与宇宙有关的教学之内[1]，也就是说，利用MR技术所生成的系统在不久的将来或许成为数字化教育资源的一部分并被应用于各级各类的教育与教学。

---

① 吴丙朕, 丁丽, 李书兰, 刘卫青. HoloLens在中小学教学场景的应用［J］. 中小学信息技术教育, 2021（05）: 80-83.

三、数字化教育资源及其平台建设的历史回眸与展望

数字化教育资源及其平台的发展经历了一个漫长的过程，其萌发最早可以追溯至二十世纪五十年代末期。伴随着第一代计算机的问世及第一代计算机发展时期的到来，美国的研究者开发了世界上第一个计算机辅助教学系统，这既是日后数字化教育资源及其平台建设之萌芽，也是计算机技术应用于教育领域的一次大胆且影响深远地尝试。随后，世界其他国家纷纷开启了对美国成功经验之研究以及本土化的实验。我国在信息化教育进程方面虽然起步较晚，但得益于对已有经验的借鉴、技术的不断突破与高速发展等多种因素，因此迅速进入了蓬勃发展的时期。所谓以史为镜，可以知兴替。本小节以中国教育信息化进程的各个发展阶段为主线，通过对我国教育信息化各阶段中数字化教学资源建设的状况以及大约同一时期前后世界各国在数字化教育资源建设方面所取得的进展进行梳理，来回顾数字化教育资源建设的历史经验，以期为数字化教育资源与相关平台的建设提供一些可以借鉴的经验。

（一）冉冉而生——数字化教育资源建设的萌芽阶段

数字化教育资源的建设与教育信息化进程之间有着密不可分的关系，作为教育信息化进程中不可或缺的组成部分，数字化教育资源的建设源自二十世纪八十年代的计算机教育的兴起。彼时，可移动的智能设备尚未出现，计算机在体积上较为庞大，但在内存量与承载力上却十分低下，互联网与个人计算机的普及程度也远不如当今社会，在这种技术支持与设备装配都呈现出数量稀缺、质量低下的情况下，计算机教育在学校中的兴起以其技术在学校教学中的应用就显得弥足珍贵。当时的计算机教育主要以学校现有的计算机为主要设备，相应而生的是数字化教育资源的建设呈现出以对"计算机辅助教学（Computer Aided Instruction，简称CAI）系统"的研究与开发为主要特征，从研究者的视角而言，这一时期的研究主要以对世界各国已有相关经验的学习以及本土化的研究为"热点课题"。

作为世界上最早开展针对计算机辅助教学开展理论与应用研究的国家之一，美国自1958年起就投入到了CAI软件的研制之中，早期基于斯纳

金的程序教学理论，这种研制主要是以掌握先进理论知识与技术的大学以及有着丰富研制经验的计算机公司为中心而展开的，所针对的主要是高等教育课程与教学，比较有代表性的是美国伊利诺伊大学所研发的"柏拉图（PLATO）系统"，这是一个大型计算机辅助教学系统，最初该系统在同一时间内仅能容纳一名学生进行学习，并且需要在伊利诺伊大学专属的"ILLIAC"计算机上运行，但随着后期的不断更新迭代，及至1966年，由于拥有了二十个可以同时进行工作的终端，该系统成为第一个能够实现社区式服务的基于计算机的教育系统，有研究者认为，该系统的研制与问世是现代远程教育系统之源头，但即便获得如此美誉，"柏拉图系统"在开发初期由于适用范围与人数有限并没有引起广泛的关注，直至第三代系统问世之后，美国国家科学基金会（National Science Foundation，简称NSF）才开始为系统的研发提供资金支持，也正是因为有国家组织所提供的资金流这一强大的后盾，"柏拉图系统"才得以进入高速发展时期。

1972年，第四代"柏拉图系统"正式问世，该系统创造性的使用触摸屏作为用户交互的方式之一，支持如音乐合成器等外部设备的连接，为教学提供了便利，同时，第四代系统实现了小规模量产，依托于数据控制公司所提供的网络大型机（类似于我们今天所用的网络服务器），"柏拉图系统"可供千名以上的用户同时使用，一个面向用户的计算机网络服务器已然初具规模。在随后的几年乃至数十年间，"柏拉图系统"开始由美国本土"远渡重洋"，为身处欧洲以及南非等国家的学生带去了利用计算机进行学习的可能性，并伴随着计算机进入千家万户而开始逐步向个人学习者加以普及，及至1986年，"柏拉图系统"的课件开始面向全世界的个人计算机进行授权，允许个人学习者使用，且由面向大学逐步向面向中小学阶段的学生加以过渡。"柏拉图系统"对于数字教育资源的建设与传播乃至教育信息化的贡献远不止于此，1973年，"柏拉图便条"的出现使得用户之间利用网络社区的交流成为可能，尽管最初这一程序只是为了用户能够更为便利地向管理者反馈系统中的疏漏，但随着程序的迭代，逐渐生成了今日我们所常用的网络论坛的雏形，通过该程序，用户与用户之间得以交流讨论，更多的优质资源以这样的方式从一个人手中传递到另一个人手中，同时，"一对一私下交谈"的需要也随之日益旺盛，与此相应的是

"个人便条"程序的诞生，程序的使用者可一对一的与志同道合的学习者进行跨越时空的交谈，这也是当今"电子邮件"的前身。[①]

除了在计算机辅助教学系统开发领域取得了令世界瞩目的进展之外，美国还以实现对"数量激增且有价值但又难以搜索的教育研究发展报告"的迅速检索而创建了"教育情况研究中心"，后改称"教育资源情报中心"（Educational Resources Information Center，简称ERIC），通过总部协调下的分散在各处的"情报交流所"所构成的网络进行教育领域内相关研究的文献收集、整合与传递工作，并由专业部门向用户提供大量的文献复制件，为用户建立了一个可供其快速查阅的大型数据库，该数据库沿用至今，依然因能够将众多教育领域中的前沿研究成果收录其中而受到众多用户的持续关注与喜爱，这也可以看作是这一时期美国在数字教育资源方面的重大成果之一。[②]

美国"柏拉图系统"第三代开始研制的同年，日本也开始对计算机辅助教学系统之研究，由于没有多少可供借鉴的经验，因此日本的研究是从摸索有关系统设计方法开始的，在之后的四年之中，他们致力于对"利用硬件和软件配合形成一个CAI系统"这一课题加以研究，该阶段，日本并没有像美国一样取得实质性的成果，而只是设计出了几个试验性的、没有投入大规模使用的系统。及至1971年，先前数年研究之积淀终于取得突破性进展，日本机械工业振兴协会研制了一个由硬件与软件相配合而成的CAI系统，其中硬件的部分包括一台微型计算机与30个终端，每个终端都与一台幻灯机、一台随机存取的录音机、一个荧光屏与一台电传打字机相联结，该系统最早在有条件的大学之中的交易技术中心进行试用，并在反复迭代之后基于国家的支持开始逐步向个别的中小学试点层层推广。1974年，在日本文部科学省的助力之下，CAI系统率先进入了东京的常盘中学，并在后续数年间陆续成功驻扎在以高等院校为主、中小学为辅的多所学校之中，比如筑波大学在1977年所装配的具有17个终端的多媒体CAI系统就是这一时期的显著成果之一，而到了1978年，金泽工业大学装备了一套具有100个终

---

① 张安生.柏拉图系统 现代远程教育系统之源[J].文明，2020（06）：136-151+9.

② 王伟强.美国教育资源情报中心[J].华东师范大学学报（教育科学版），1986（01）：38+66.

端的164k×2个字节的CAI系统更可以称得上是当时日本国内存储器最大、技术颇为先进的CAI系统。除此以外，有二十世纪八十年代访日的法国学者对当时日本小学使用CAI系统进行教学情况进行观察，他发现，日本当时的部分研究者并不赞同利用CAI系统对普通学生加以个性化的教学，反而更提倡每个班级的所有学生进行同进度学习，因此，每班数量固定的学生（法定为四十人/班）被平均的分在各个圆桌边上，圆桌上配备与学生数量相同的操作台、键盘以及相应的装置，利用这套设备，学生可在教师完成教学后对内容加以练习并与围坐在同一圆桌边的同学进行讨论，最终所获得的答案可以输入系统之中，以便教师对学生的情况加以总体上的把握。①②

计算机辅助教学系统可以说是数字化教育资源发展初期的世界趋势，中国的数字化教育资源建设自然也由此开始。相比于美国和日本而言，中国对计算机辅助教学及其系统的研究呈现出"起步较晚但甫一开始便见燎原之势"的显著特征，在知网上以"计算机辅助教学"为主题进行搜索，可以看到，自1979年《计算机辅助教学概述》一文问世起至20世纪90年代末为止，相关主题的文章共计约一千六百篇，相应的成果更是如雨后春笋般在全国各地涌现，拥有技术条件的高校纷纷开始发挥各自为社会服务的价值，积极投入计算机辅助教学系统以及智能计算机辅助教学（Intelligent Computer Assisted Instruction，简称ICAI）系统的研究与开发之中，后者是伴随着人工智能技术（AI）的发展与应用而出现的一种"生成式"辅助教学系统，与先前"程序式"的计算机辅助教学系统不同的是，这种ICAI系统能够实现自主的提问与应答，并能根据学生回答中的错漏之处提供用于查缺补漏的相应材料，甚至能在一定程度上表现出一些专家及教师才有的特征，比如按照预先编制好的程序对学生的提问加以反馈，虽然这种反馈是有限的、也未必能够真正解决每个学生的问题，但在当时的技术条件下，这种计算机技术在教学领域中的应用依然是弥足珍贵的。虽然这一时期所出现的CAI系统与ICAI系统大多只能满足某一学科乃至某一专题知识的学习，但依然为教师的教学与学生的自主学习与交流讨论提供了相当程度

---

① 谢云锦.日本计算机辅助教学的发展概况［J］.外语电教，1985（02）：50+44.

② 罗歇·于埃贝尔施拉格，可明.电子计算机在日本学校［J］.外国教育资料，1984（05）：36-38.

的帮助。

　　我国早期对计算机辅助教学系统的研究之中，由"注音识字、提前读写"这一几经试验的教学改革方案而衍生的对于相关CAI系统的设计构想可以说是这一时期试图在基础教育阶段进行计算机辅助教学的"先行者"。系统的研究者针对汉语拼音教学的特征与需要而设计了声像同步功能，以图像方式形象的表现各拼音的发音，一个拼音字母的四个读音在教学过程中反复呈现，以帮助学生实现反复回顾与长时记忆。除此以外，系统还嵌入了词典专家咨询服务、阅读辅助以及综合练习和测验三个子系统，以实现对学生语言学习过程的覆盖。虽然对该系统的设计构思最终并未能立刻落于实处，但这依然是对基础教育领域中采用计算机辅助教学的大胆设想，为后续的研究者与开发者提供了一些来自前人珍贵的理论经验。[①]

　　由华东工学院所研制的IPTS（Intelligent Pascal Tutoring System）系统是我国这一时期计算机教学辅助系统智能化发展的典型代表，也是我国国内首批能在超小型计算机MV-8000上实现操作的智能教学系统。系统由学习环境、练习环境、人机对话以及评价这四个几乎能够覆盖一个简单学习过程的部分组成，提供包括教学模块、练习模块、问题处理模块、例题库等在内的诸多功能，能够辅导学生对Pascal这种结构化编程语言进行学习、概念复习与训练，各互动均有不同的实现路径，比如学生在学习新知识时，既可以完全由自己决定学习哪些内容，也可以由计算机为其提供指定的学习内容，还能够实现自学过程中的系统辅助学习，即系统为学生随时提供提示与指导。学习活动实现的多路径使得ICAI系统的个性化进一步凸显，能够满足不同学习习惯的学生需要，且系统还允许学生通过人机对话的方式对疑难之处加以提问并能够提供有针对性的回答，随后根据学生的提问了解学生的薄弱之处，以便在后续教学中为学生提供与其个人情况更为相符针对性材料。学生的学习行为结束之后，系统还能够对根据练习、测验以及问答中学生的表现对学生的学习行为做出简单的评价，以便学生对自己

---

① 郎彦，丁古鳌，崔新德. "注音识字，提前读写"计算机辅助教学系统设计方案[A]. 全国计算机辅助教育学会. 计算机辅助教学学术交流会论文汇编之二[C]. 全国计算机辅助教育学会：中国人工智能学会计算机辅助教育专业委员会，1987: 6.

的学习状况更为了解并调整个人学习计划。①

　　除此以外，在高中阶段，天津南开中学与南开大学所属的技术开发咨询公司针对高中英语这一科目而开发出了"高中英语教学软件"。这也是在除大学以外的教育阶段接入计算机辅助教学的一次尝试，也是对尚不熟悉计算机操作的教师及学生的一次挑战。它以当时国内所通用的高中英语统编教材为基础，对应教材中的每一课而编制一套教学程序并将之刻录为磁盘，其中包括词汇、课文练习以及语法和试卷三个部分，由于考虑到语言学习不能仅靠背诵与讲解，还需要在实际环境中加以大量练习以完全掌握与巩固，因此该套系统将练习作为其主要部分，为每一课都设计了包含拼写、语音、语法以及书面表达在内的300余道的多形式练习题，几乎囊括外语教学中的所有知识点和练习方式。这种以不同习题形式来呈现同一知识点的练习系统既向学生提供了反复练习以熟练掌握的机会，也为学生按个人学习习惯进行个性化选择创造了条件。同时，每组题目的呈现是随机的，即同一套题每次都会以不同的顺序出现，并在每一次练习为每一个学习者提供两次做题机会，无论最终结果是对是错，系统都会为学习者提供相应的题目解析，让学习者明晰题目所考察的知识点，既有助于学习者对自己学习进程的了解，也为学习者提供了对知识点再次进行复习以及多次以不同形式进行复习的机会，构建起一个针对语言学习的多样模拟环境，使得教学过程从"僵化"的弊端之中脱离出来，向生动活泼且真实的方向不断发展。②

　　总的来说，我国开启对计算机辅助教学系统的研究虽然晚于欧美及日本，但在该时期的研究中呈现出了"以面向大学为主的大中小学齐头并进""不同领域的研究者协同参与"的特征，进入90年代后，尤其是在国家将计算机辅助教学作为"九五"重点科技攻关项目之后，对计算机辅助教学系统研究进入了一个高潮时期，如果说之前的开发只是部分地区或者个别学校的行为，甚至仅仅是一个没能实现的构想，那么在这之后，对CAI系统的研制就成为诸多研究者乃至科技公司所关注的热点，大量针对各个

---

① 程永清,胡庆,杨静宇.智能教学系统IPTS[J].计算机研究与发展,1988(10):9-14.

② 余干生.计算机辅助外语教学之尝试——介绍《高中英语教学软件》[J].外语界,1985(03):36-38.

学科而开发的CAI系统与软件可谓是层出不穷，甚至由原来的系统分散为单独的题库，基于当时已有的技术条件初步形成了诸多能够辅助教学的教育资源，并为后续数字教育资源在我国的落地生根奠定了坚实的基础。

（二）初露锋芒——数字化教育资源的初步发展

进入21世纪，信息通信技术、计算机技术等科学技术的发展可谓是日新月异，教育信息化进程与数字化教育资源及其平台的建设也随之进入了一个新的发展时期。在这一阶段，美国从以对计算机辅助教学系统的研究与普及为主转向力促数字化教育资源及其平台的建设与发展之中，如在"开放教育发展的历史进程"一节中所提到的一般，美国数字化教育资源的发展自21世纪之初至2009年之前，经历了由"开放课件"到"开放教育资源"再到"慕课"的三阶段连跳，建立了诸多能够为各级各类学校的学生提供优质教育资源的各类平台，并如缅因州开始发出诸如为七八年级的学生和教师提供1对1设备的倡议，力促数字化教育资源在各级各类学校的普及，充分发挥数字化教育资源的优势，在此不做过多的赘述。

这一阶段开始初期，国内的许多研究者开始将目光集中于图书馆的数字化转型之上，试图通过图书馆的"数字化"建设来为教育提供更为丰富的各类数字化教育资源。研究的起始阶段，研究者在数字化图书馆与现代远程教育（学生与教师及/或教育机构之间利用网络技术、多媒体技术等现代信息技术而进行的远程教育系统教学和通信来袭的教育形式，是构筑知识经济时代人们终身学习体系的主要手段）之间建立了紧密的联系，认为由于数字化图书馆具有信息传播的高速化、信息共享的网络化等明显优于传统图书馆的特征而能够为、且适宜为现代远程教育提供各级各类的整合课程与资源，并将数字化图书馆作为一种"数字信息资源基础数据库"进行开发建设。在此时期，中国国家图书馆积极思变，率先参与到了数字图书馆建设的进程之中，申请加入了由国家主持立项的"中国数字图书馆工程"之后，中国国家图书馆在以文化部为主的多个国家部委的支持与指导下开启了"国家图书馆二期暨国家数字图书馆基础工程"，尝试在五年之内建设一个能够为来自不同阶层、不同地区、拥有不同身份背景的学习者建立一个能够实现优质资源共建共享的信息资源库。按照中图分类标准，该资源库中的资源被分为22类，覆盖经济、政治、历史、工业等各个门类，资源呈现形式包括报纸、期刊、论文、古籍、音乐以及视频等多个形式，形成了一个具有代表性与参考价值的数字资源数据库。

在数字图书馆项目从中央转向地方，于各地区如火如荼开展的同时，对于基础教育阶段数字化教育资源的建设与使用也逐步为各类研究者所关注。由于教师是数字教育资源的主要选用者与传递者乃至提供者，因此若想确保众多优质的教育资源能够有效地传递至学生手中，教师本人就必须具有一定的信息筛选与整合能力，而在当时，许多在职教师尚未接受过与信息素养有关的教师教育，导致他们甚至不清楚什么是数字化教育资源、数字化教育资源到底能用来做什么，且在当时基础教育阶段的学校中，计算机都尚未完全配备，教师自然也就无法或者很难获取高质量的数字化教育资源，一些能获取的教师却因习惯了传统的教学方式而排斥教学过程中数字化教育资源的使用，更遑论让其主动参与到建设进程之中。教师队伍整体在信息素养方面的落后与信息化的教育发展方向产生了矛盾，因此，面向教师建立继续教育课程体系的需求尤为迫切。

为此，教育部于2000年下发了《中小学教师继续教育工程方案（1999—2002年）》（以下简称《方案》）及实施意见，《方案》将中小学教师继续教育网络建设列为基础建设项目之一，并倡导基于中国教育科研网等多种媒体来为中小学教师的继续教育工作构建一个开放的网络，以实现对教师全员进行继续教育这一目标。由此，各地纷纷开展面向中小学教师继续教育的网络平台的建设工作，为教师信息素养的提升提供充足的数字化教育资源，这种对教师信息素养的关注与教师继续教育网络平台的建设又反向推动了国内数字教育资源的共建共享，为后来包括"国家精品课程项目""国家教育资源平台"在内的诸多数字化教育资源项目的开展与平台建设提供质量有保障的资料来源，也为一线教师参与到数字化教育资源的开发与共享提供了可能。但在这一时期，对基础教育阶段数字化教育资源的关注与研究尚不充足，多数研究者尚致力于在数字化教育资源与高校图书馆以及通过远程教育获取学历之间建立联系，这不仅与当时国际上开放教育资源着力于面向高校有关，也与计算机以及其他电子设备在基础教育阶段的普及程度不高有着密切关联。

（三）日新月异——数字化教育资源的深入探索期

随着4G与5G通信技术、人工智能技术等众多科学技术的迅猛发展以及在教育领域中的逐步推广与应用，数字化教育资源的发展进入了深入探索的时期，对基础教育获取优质数字教育资源、力促教育公平的课题也逐渐为人们所广泛关注。对已经在数字化教育资源的内容与平台建设方面取得相当成就的美国来说，如何为数字化教育资源在学校，尤其是在中小学阶段进一步普及提供外在的网络与设备支持及维护保障，以便为学生提供一种不受限制的"无障碍"学习环境成为这一时期的首要任务。2013年，美国时任总统奥巴马主持启动了名为"连接教育"的计划，旨在提高全美学校教室和图书馆的网络普及率与高速互联网的接入率，并培养教师有效利用网络手段与资源进行教学的能力，以促使优质数字化教育资源能够在K-12阶段的教育中发挥应有效用。该计划启动之后，在诸多私人企业的积极响应以及产品服务与资金支持下，有过万所的学校得以开展数字化教学，上千万的学生得以在网络支持的环境下获取优质的数字化教育资源。学校设备的普及与资源的推行仅是保障资源在所有学生手中公平配置的起点，在"连接教育"计划推出两年之后，奥巴马又再次发起了"连接家庭"计划，将提升网络普及率以及高速互联网的接入与维护工作由面向学校转而面向家庭尤其是低收入家庭以及有色人种家庭，保证学生在离开校园后也能随时随地的使用数字化教育资源，防止因收入差距而再次出现教育资源的不公平分配与使用。

以上述两项计划为基础，2017年，美国发起了"GO open"项目，依托学区与公开许可的教育资源（Openly Licensed Educational Resources，简称OLER），力促数字教育资源在公共领域实现开放共享。与OER不同的是，所有的OLER均是免费的，且所有用户均享有对资源的5R权限，对于处于K-12阶段的学生，尤其是低收入家庭的学生而言，他们在获取数字教育资源方面的劣势进一步减轻，促使数字教育资源在更为广泛的人群手里流动，由于家庭收入而造成的"数字鸿沟"逐渐缩小，为最终实现数字教育资源的全民共享提供了可能。[1][2]

① 胡佳怡. 美国"连接教育"计划述评[J]. 世界教育信息，2016，29（01）：52-56.

② 周琴，舒秋明，文欣月. 美国数字教育资源建设的支持系统与发展趋势[J]. 上海教育科研，2020（04）：42-47.

在这一阶段，我国也在收集优质的数字化教育资源、倡议社会各界有能力的开发者加入数字化教育资源内容及平台的开发与建设之中、力促数字化教育资源共建共享的同时，也在尽力为这些数字化教育资源的存储与公平配置提供保障。2012年，教育部发布了《教育信息化十年发展规划（2011—2020年）》（以下简称《规划》），这是我国教育信息化进程中的一项"大事件"，《规划》为我国在2011—2020这十年的教育信息化建设实践提供了一份具有引航意义的纲领性文件。伴随着文件的出台，资源的开发者以及平台的建设者有了清晰的方向，我国的教育信息化进程可谓是突飞猛进，进入一个深入且高速发展的时期。

为了推动优质教育资源进校园、网络学习空间入万家，时任国务委员刘延东提出"三通两平台"的倡议，这既是我国"十二五"期间在促进教育信息化进程工作方面标志工程，也是我国优质数字教育资源平台建设的新起点，其中"三通"是整项工作的核心目标，其中包括"宽带网络校校通""优质资源班班通"以及"网络学习空间人人通"三项总工作，它们之间彼此依存，"宽带网络校校通"是实现后两个目标的基础，即在基本解决各级各类学校的宽带接入问题的基础上，为各级各类学校建设网络条件下的基本教学环境，为优质数字化资源在课堂上的使用与流通提供重要保障；"优质资源班班通"可以看作是整项工作的中心阶段，可以说，对宽带网络的普及与学习空间建设都是为此而服务的，但同时，网络学习空间又需要由这些优质教育资源来加以充实才能发挥效用。所谓"优质资源班班通"，并不是说仅在各级各类学校的各班级中架设多媒体设备，而是要通过已经架设的网络与多媒体设备将优质的数字化教育资源传递到各班级的学生手中，并且培养教师拥有切实利用数字化教育资源来开展"保质高效"的教学活动的能力，让更多的学生，尤其是让那些处于经济与教育不发达地区的学生与处于东部沿海经济高度发达地区的学生获取质量相同的教育资源，实现教育资源分配之公平；而"网络学习空间人人通"是整项工作建设的第三阶段，是在学校中普遍接入宽带网络且已有大量优质教育资源的基础之上为汇聚、整合与传递优质教育资源而开通的，是为整个教与学过程而服务的，也是帮助教学"跳出课堂入课后"的重要举措。

按照构想，它应当既能为教师、学生与家长之间的互动以及各自素养的提升提供支持，又能面向学生提供诸多经过精心筛选的优质资源，还应当为教师提供一个允许其自主创建优质资源并对教师包含资源创建水平在内的教学活动与信息素养做出评价的管理平台，实现优质教育资源的大量双向输送。而"两平台"既可以看作是实现"三通"的重要途径，又是"三通"工作展开所取得的重要成果，其中，"教育资源公共服务平台"利用云计算等先进技术，建设云服务体系，实现优质教育资源的集成与共享，这里所说的优质教育资源并不单指知识内容，还有一些依托于平台空间的数字化教学工具等，比如湖南省基础教育资源网专门开辟了"应用中心"专栏，为教师的教与学生的学提供相应的教学应用工具，该项工作的突出成绩即上文所提到的"国家教育资源公共服务平台"，伴随于此的还有各省级教育资源公共服务平台的建设与深度发展，而"教育管理公共服务平台"所涵盖的范围已经超越了学校日常的教学工作，更侧重于对可能会影响学生身心健康成长的方面加以监控，平台建设与数据上传、管理由中央主导，各省市县和学校响应，逐层递进，建立有关学籍、营养餐、校园安全等覆盖教育全过程的五级管理体系。这种依托于计算机技术的管理体系能够实现大量数据的存储与及时更新，为学生的成长提供全方位的保护。

相比于前两个时期而言，这一时期我国的数字化教育资源建设工作的一大特点是其重心开始逐步向基础教育偏移，尤其是在那些信号接入稳定性不佳、智能设备尚未完全普及、教学方式落后的乡村教学点开展数字化教育资源的普及工作，为当前留守于乡村的儿童开启了能够以"卫星播出"和"网络播出"两种形式传递教育资源的"教学点数字教育资源全覆盖"项目并建立了相应的平台，以确保优质教育资源能真正送达到每一个学生手中。其中，以"卫星播出"为形式的教育资源传递向教师和学生提供各课程播出时间的节目单，并为教学进度不同的学校与学生分别提供首播与重播两种类型的资源，让课堂上未能跟进学习进度、对某一知识点尚存疑问的学生课后也能重听课程，实现优质教育资源在全国范围内的课堂上与课堂外全覆盖，缩小了地区之间、城乡之间与学校之间在数字化教育教学方面的差距，在一定程度上为教育公平的实现助力。①

除此以外，"政府主导、多方协同、学校提出诉求并购买服务"也是这一阶段我国数字化教育资源建设的典型特征。在世界多国数字化教育资源的发展进程中，企业以及其他社会力量起到的作用总是不容忽视的，无论是美国数字化教育资源普及过程中企业为其提供的资金与技术支持，还是日本的大学与其他民间力量在资源提供与平台建设方面的协同参与，都体现出数字化教育资源共建共享的重要性。有鉴于此，《规范》中明确要求政府在数字化教育资源的推广、评价与审查过程中起到政策支持、标准限定与正面引导的作用，鼓励企业和其他有关社会力量积极投入数字化教育资源及其有关服务的建设之中，为各学校提供价格低廉、质量优秀的"公益性"资源，形成数字化教育资源的"人人可获取"与"人人促建设"的局面。"众人拾柴火焰高"，在这样有组织的多方协同、共促建设共享资源的局面之下，一批优秀的数字化教学资源及平台在不到十年的时间里纷纷涌现，比如东师理想针对物理、化学与生物的教学特点、依据现有的学科课程标准而分别开发的东师理想实验室系列为初高中"物化生"教学提供了一个能够用于学生自主探究学习与反复练习研磨的学习系统，并配备可交互的实验设备模型，让每一个学生都能在安全的实验环境之中完整的进行实验，利用亲身体验实验流程的方法来对知识点加以记忆，一改往日理科教学严肃刻板的氛围，使教与学的过程更为生动有趣，也让学生从被动的信息接受者成为积极主动的学习者。

2018年，我国正式步入通向教育信息化2.0时代，将工作重点由数字教育资源的普及转向同一领域或不同领域但具有内在关系的知识资源之间的联结与系统化；2019年，中共中央、国务院印发《中国教育现代化2035》，明确提出我国要在2035年总体实现教育现代化并迈入教育强国的行列，这可以说是一份承上启下的文件，既是对前一阶段数字化教育资源建设以及教育信息化进程的认可，也是对开启下一阶段工作的总体要求与指导，在坚持共建共享数字教育资源的基础之上提出了"众筹众创"的理

---

① 祁靖一，王晓波. 整合创新："三通两平台"推动教育变革——专访中央电化教育馆王珠珠馆长 [J]. 中小学信息技术教育，2013（05）：10-13.

念。在美国推动公开许可教育资源之普及的过程之中，国家及各州政府在积极引导对资源进行正向改良与再创造的基础之上，与企业以及各种非营利的公益组织共同搭建起了一个多维合作的网络，实现"1+1"大于"2"的公开许可教育资源共建模式，推进公开许可教育资源建设与发展渠道之多元，实现公开许可教育资源散播至美国领土的各个角落。[①]

　　而在我国，"众筹众创"这一理念的实现则要以国家相关政策为指导，由中央主导，地方据此发挥职能并依据各地方情况来逐步加以实践调整，同时正确把握政府与企业及社会其他组织力量之间的关系，在利用市场自由开放的特征来促进数字化教育资源建设路径以及内容多元化的同时保证资源的质量，谨防数字化教育资源建设过程中乱象频生状况的出现。另外，"众筹众创"不仅鼓励企业与其他社会组织力量参与其中，还致力于使以学生和教师为主的数字化教育资源的个人使用者积极参与到资源的开发、建设与评价之中，作为数字化教育资源的主要使用者与体验者，由教师和学生创造的数字化教育资源与教师及学生所进行的教学活动更为契合，同时实现资源建设的集思广益，使得资源日益丰富，带来思维之碰撞。除此以外，由大众参与的对资源质量的监测与评价虽然不如专业机构以及研究者所做出的评价那样标准，但却更能反映数字教育资源的实用性，帮助开发者根据用户的需求来对资源做出不断地改进与调整，切实提升资源实用性。[②]

（四）日升月恒——数字化教育资源未来发展之展望

　　2020年，一场突如其来的新冠肺炎疫情席卷全球，灾难给世界各国在经济、政治、文化等各方面的发展带来了沉重的挑战，日常的教育教学也曾因为疫情的突然爆发而一度陷入停滞状态，但先前世界各国在推动教育信息化进程方面的努力，尤其是多年所整合的数字化教育资源为家庭中教育教学工作的开展提供了强有力的支撑，应对紧急情况而出现的远程教学开始大规模的取代线下教学，在全球范围内实现了"停课不停学"的目

① 周琴, 赵丹, 徐蕊玥, 文欣月. 公开许可与众筹众创: 美国开放教育资源运动新趋势 [J]. 重庆第二师范学院学报, 2020, 33 (03) : 83-88.

② 孙立会, 刘思远, 李芒. 面向2035的中国教育信息化发展图景——基于《中国教育现代化2035》的描绘 [J]. 中国电化教育, 2019 (08) : 1-8+43.

标，但是由于先前并没有规模如此之大的线上教学经验，因此在利用智能设备与数字化教学资源进行远程教学过程的种种问题也随之凸显，并成为各国数字化教育建设乃至教育信息化进程中所必须注意的和亟待解决的问题。

在一项由休斯顿（Houston）教育研究联盟启动的对疫情防控期间远程教育情况的调查之中，研究者发现，在疫情大流行最初的几个月中，有超过五分之一的家庭中的儿童因缺乏网络以及智能设备的支持而无法开展相应的学习，其中以黑人及西班牙裔中的低收入家庭为主。这表明，虽然数字化教育资源及平台建设已经日臻完善，在学校日常的教育教学活动中也得到了普及，但这种普及并没有完全延伸到学校范围之外，来自高收入家庭与低收入家庭学生之间的"数字鸿沟"（Digital divide，即能够获得数字信息和通信技术的个人和无法获得通信技术的个人之的差异）仍然存在，这种差异又导致了学生在疫情结束后重返课堂时学业进度与成绩上的差距并对不同学生产生或短期或长期的影响。虽然这些影响的具体表现尚未完全凸显，但不良影响的存在已成定局。针对这一问题，当地政府给出了一项应急处理方案，即向没有网络与智能设备支持的家庭分发印刷版的学校教育材料，虽然这在短时间内使问题得到了一定程度的缓解，但这并不是解决问题的长久之计，也没有从根本上解决数字化教育资源分配不公的问题。有研究者指出，在疫情缓和、学校复学之后，为了彻底解决因网络与设备支持不足而导致的教育不公以及由此所带来的影响，当地政府应定期对技术资源的问题加以监控，出台相应政策并未设备的普及以及长期维护投入资金。[①]这不仅是为日后可能出现的紧急情况做准备，更是为了在未来较短的时间内彻底解决这种由外部条件造成的教育不公等问题，力促"数字鸿沟"逐步缩小直至完全消失。

在新冠肺炎疫情流行期间，我国也毫不例外的在全国范围内开展了以"停课不停学"为目标的大规模线上教学工作，这种规模与时间几乎是史无前例的，面向处于不同阶段的学生的线上教学的实施最大限度地避免

---

① Potter D, Thrash C. COVID-19 Pandemic in the Houston Region-Education and Schooling: Findings from the Gulf Coast Coronavirus (COVID-19) Community Impact Survey [J]. Houston Education Research Consortium, 2021.

了教学进度的延误，为滞留在家中的学生的学习提供了充足的保障，但由此而生的问题依然不容小觑。在疫情缓和、学生得以返校上课之后，有许多研究者通过量性研究与质性调查的方法来搜集数据，以对疫情期间在线课程的表现进行了评估。有研究指出，相比于传统的面对面授课而言，疫情期间的在线课程的效果并不理想，尽管这种不理想有一部分是由"事发突然"所造成的，但更多则是由于平台的不稳定性所导致的，一项调查显示，某地区有近乎一半的学生都对在线教学平台的稳定性提出了质疑，并表示这种不稳定性对其学习结果造成了极大影响。①这表明，虽然在前三个发展阶段，我国为数字化教育资源及其平台搭建投入了极多的人力、物力与财力，但平台在供大规模的乃至全体学生共同使用方面的功能仍有待改进，这也是在特殊时期使数字化教育资源仍能实现公平的分配与传播的重要保障。

　　除了软硬件设施方面的问题之外，教师与学生缺乏信息素养以及对教学方法与模式转变的不适应也是造成在线教育质量不高的重要原因。虽然在疫情之前，数字化教育资源已经在诸多地区以及学校的课堂教学之中被加以使用，但传统的课堂教学模式并未因此而发生翻天覆地的改变，而是依然沿用了先前的教学方式，即便在课堂上开展自学活动，也多是在教师的监督下进行的，学生的自主学习与自我管理能力并未得到太多的提高。而疫情期间的在线课堂则对教师与学生的信息素养尤其是技术的应用以及数字化教学工具的操作方面提出了更高的要求，而此时，教师和学生往往因操作不熟练而导致了教与学进度的延误，使得在线课程这一数字化教育资源不仅没有发挥其提高教学效率、提升教学质量的作用，反而在效果上明显低于面对面的线下课程。除此以外，学生的自主学习与自我管理能力较弱这一问题在疫情期间得线上课程之中表现得尤为明显，尤其是一些学生利用上课或在线作业、问答时间将课程页面放置于后台运行而打开游戏界面的问题时有发生，虽然相应的平台开发者尝试置入一种管理系统，来帮助教师监测学生是否在学习期间退出平台并打开其他与课程无关的软件，但作为一种外部强制手段，这种监督只是权宜之计，并不能在长期内

① 孟姝含.疫情期间小学线上教学调查研究[D].哈尔滨:哈尔滨师范大学,2021.

真正培养学生自主学习的能力与观念并发挥数字化教育资源的效用。

疫情期间所暴露出的有关数字化教育资源在平台建设、配套措施供给以及使用者自身素养的等诸多方面的问题对于数字化教育资源的未来发展而言是机遇，也是挑战，针对疫情期间各国在大规模线上教学活动中所发现的种种问题，笔者认为，要想在未来促进数字化教育资源的进一步发展与有效使用，必须在坚持先前已有政策的基础之上，通过多方面措施并举来实现问题的解决。

首先是要加紧解决网络与设备走入千家万户的问题。作为承载数字化教育资源的物质载体，宽带网络与智能设备在利用数字化教育资源进行教学中扮演着不可或缺的角色，一旦离开设备与网络支持，数字化教育资源便会如鱼离水一般失去生命力，无法为众多教师与学习者而用，由此，数字化教育资源失去其开发之初衷，不仅没有促进教育公平，反而使资源分配的不均衡问题进一步扩大，不同地域、不同学校中不同学生的能力培养之间的差距也逐步加深。正如美国SETDA发布的《宽带的必要性》（《Broadband Imperative》）中所提出的那样，随着数字教育资源的使用不断增加，学生课外也能获得教学材料开始变得至关重要，这就需要教室内和家中的设备和宽带接入。后续的报告中，SETDA建议各州政府、地区应当采用与当地社区合作的方式来实现家庭宽带的接入。[①]先前阶段，国家已经与各运营商合作，着力对各地区尤其是处于经济不发达地区的学校给予了相当程度的支持。而在下一阶段的建设过程中，国家与各地政府应以优先保障校内设备与网络配备齐全与运行正常为主的情况下，关注并支持课堂外的设备与网络建设，与运营商合作为宽带尚未入户的家庭配备宽带，向学生以低价租赁等各种形式来提供相应的智能设备，并鼓励各企业在此过程中积极发挥社会价值，实现网络与设备更为迅速的在家庭之中普及，防止家庭收入水平低的学生课后无法获取并使用数字化教育资源的状况发生，以真正实现数字化教育资源的建设初衷，为实现教育公平奠定坚实的基础。

---

① NAVIGATING THE DIGITAL SHIFT: Mapping the Acquisition of Digital Instructional Materials [EB/OL]. https://files. eric. ed. gov/fulltext/ED569228. pdf.

其次是继续教师教育与培训工作，帮助教师转变观念并具备足够建设、拣选、使用并指导学生使用数字化教育资源的能力。数字化教育资源的发展为教师带来了新的挑战，选用什么样的数字化教育资源教？如何利用数字化教育资源教？如何为本班学生提供适合他们情况的自制资源等诸多问题摆在教师面前。若这些问题得不到解决，那么就无法帮助教师实现身份与观念上的转变，更无法成为数字化教育资源的建设者与使用的指导者，这与我国所倡导资源共建共享理念相悖，也是数字化教育资源真正得以发挥效用的一大阻碍。为了解决教师的疑惑，帮助教师更好也更积极地投入资源的使用与建设之中，国家、地方和学校应相互合作、三方联动，开设相应的师范教育课程与教师教育课程，以转变教师观念、帮助教师乐于使用数字化教育资源为内驱动力，将善用与善建作为最终目标，让教师不再将数字化教育资源的拣选与使用视作工作中的额外负担或装饰公开课的工具，不再敷衍地将已有的课件等各类资源不加拣选与整合地从网络上下载后直接发放给学生，而是看到数字化教育资源的优点与长处，从而自愿的将数字化教育资源活用在日常教育教学过程，在此基础上，依托师范教育与职业教育两种方式，为教师提供理论与实践并行的、用以提升教师信息素养的课程，促使教师由单纯的使用者转变为积极地建设者，根据本班学生情况自制教育资源，并将经过实践验证的优质资源上传网络平台，与其他学习者共享。

再者，利用现有的各类型数字化教育资源培养学生的自我调节学习能力与信息素养。数字化教育资源是否能真正发挥其效用的关键因素在于使用者是否具有使用意愿与使用能力、对于学习者而言，这种意愿及能力的主要体现就是自我调节学习与信息素养。一是要向学生提供经过精心筛选的数据库，针对同一问题为学习者提供能够帮助其多方面思考的丰富资源，与此同时，资源的丰富性要求学习者必须自己拣选、整合同当前学习内容相匹配的信息，这种对信息的整合能力正是信息时代对自我调节学习能力所提出的新要求；二是应由教师转变教学方法乃至教学模式，由先前一味地向学生灌输知识变为与学生一起讨论内容，协调学生之间的交流与小组合作，并将评价由教师对学生的学习成果加以反馈这种单一的方式变为教师对学生的反馈、学生之间合作互评以及学生自评三种方式的结合。

学习者将自己将学习过程中所遇到的问题以及对自身学习成果的思考与教师、同伴共享并听取其他人的评价，诸多不同声音的结合有利于学习者对自己的学习进程、行为、策略等方面做出全方位的反思与调整，由此实现自我调节学习能力的养成，这种能力又会反向推动学习者向愿意进行自学并能够对自己进行管理的方向发展，由此促进作为自学所需的数字化教育资源成倍的发挥效用。

最后，对数字化教育资源承载平台进一步改进。由于这种调节与改良需要先进的科学技术与研发资金作为支撑，因此，需要由政府协调并提供资金支持、由研究单位与企业相互配合以将先进的技术置入数字化教育资源平台之中。一是要着力提升数字化教育资源平台的稳定性与承载能力，为未来大规模在线教育的实现做好充足的准备，防止平台因卡顿、闪退的情况发生而遭到使用者不满，进而阻碍数字化教育资源的推行。二是要利用面部表情识别等技术为在线课程中的教师提供了解学生当前学习状态以及知识技能掌握状况的机会。在传统的面对面的课堂教学中，教师除了通过向学生提问、进行当堂测验等方式来了解学生对本堂课知识的掌握情况之外，还会在教学过程中随时对学生的面部表情以及其他行为进行观察来判断学生的学习状态以及对知识的掌握情况，比如学生面露疑惑，可能就代表其对方才教师所讲授的知识未能领悟，而若学生的目光离开教师与书本，转而望向教室中其他与当前课程内容无关的地方，则可以判断学生出现注意力分散的状况，需要教师加以提醒。但是在线上教学的过程中，教师无法对每个学生的表情加以观察关注，自然也就无法实时了解学生的学习情况与状态，而此时，利用学生个人设备上所配备的摄像头，在数字化教育资源平台中添加面部表情识别技术来监测学生的学习状态不失为解决在线教育中学生注意力分散问题的良策。

其实早在20世纪70年代，就已经有研究者开发出了微表情识别工具以及面部动作编码系统，而随着深度学习技术在面部识别、表情识别领域的应用而为研究者日益关注，卷积神经网络与循环神经网络被逐步应用在微表情识别之中，而基于深度学习的面部表情识别系统应用于教学与课堂管理之中的设想也随之诞生，但这些设想与实践目前尚限于传统的课堂教学领域，并未走入在线教育之中，但伴随着技术的进一步发展与成熟以及相关领域研究者的多方合作，将基于深度学习的微表情识别技术植入数字化教育资源平台并为教师管理在线教学所用也是指日可待。

纵观全球数字化教育资源的发展进程，可以看到，尽管数字化教育资源在发展过程中遭遇网络与设备支持不足、技术攻坚困难、使用者无法适应数字化时代教育之转型所带来的重重阻碍，但世界诸国为防止本国教育为世界教育信息化的潮流所抛弃，避免本国在信息化时代到来之际失去国家竞争力而纷纷积极思变。在多国发展数字化教育资源的经验之中可以看到，作为一项庞大的教育事业，数字化教育资源的建设并不是能由单独的社会部门完成的工作，各国的建设经验也表明，由政府主导协调、大学、企业及其他社会组织发挥力量、教师与学生等个人用户参与其中是数字化教育资源建设的必由之路，也是未来长久发展之中所必须要坚持的理念，这种共建共享的理念与数字化教育资源乃至开放教育资源建设的初衷不谋而合，正如开放教育资源运动初期联合国教科文组织与各参与者所构想的那样，要在未来构建一种无差别的面向全人类的共同资源。

四、典型的数字化教育资源平台案例

数字化教育资源及其平台的建设并不是一蹴而就的，需要在相当长的一段时间内不断针对所出现的问题与用户特征及需求的改变加以调整，并将新的科学技术融入其中，各国所建设的数字化教育资源平台在不断地创新调整之中，针对本国国情而在设计理念、所面向的用户、页面设计与布局等方面而逐渐演变出各有特色，但其整体架构与体系方面仍有值得学习借鉴之处，对其建设过程中所存在的问题也应加以警惕，避免我国在未来的平台建设之中出现相似问题。

（一）美国"Engage NY"平台与国家中小学网络云平台之比较

在传统的K-12阶段的教学过程中，美国政府一直致力于将更多的优质教育资源传递给学生，但传统纸质版教材对内容的承载量十分有限，若想在此"信息爆炸"的时代将其他领域中所出现的各类新知识以及围绕原有知识而生成的更多的补充内容融入其中，就只能通过删减其他内容或者增加页码的方式来实现，而页数的增加不仅导致学生身体上的负担沉重，家庭的教育投入负担也日益加重，这种加重所导致的一个最显著的后果就是个人或者校内的教材更新周期远远比不上教材的更新速度，许多学生仍在使用落后于当前时代几年甚至十几年的教材进行学习，这种新的知识内容向学生传达周期之长与信息社会知识的爆炸式增长之间的矛盾伴随着网络技术走入千家万户、学生获取新知识的途径增加而表现得更为尖锐，学校中所采用的教材中的内容已经无法满足学生日益增长的需求以及社会对公民的新要求，改革的愿望与呼声日益高涨，加之2011年，美国K-12阶段的数学与英语语言艺术（简称ELA）的州共同核心标准（Common Core State Standards，简称CCSS）公布后，开放教育资源的研究者、一线教师与其他使用者都发现先前所建设的诸多资源与CCSS对学生的期望与要求之间的契合程度较低，无法满足高中毕业生为未来的完满生活做准备的需求，一场以信息与通信技术为基础的数字化变革逐渐在教育领域中蔓延开来。虽然标准本身并不能对学生的学习起到直接的推动作用，但标准的出现使得未来资源以及平台的建设变得有据可依、有法可循。而在这一进程中，美国各州都按照本州内各地区乃至各社区的现实情况，与多方社会力量合作，在平台构建方面做出了各自的努力与贡献，而纽约州依据CCSS所建立的能够为所有学生免费提供的统一核心课程平台"Engage NY"可以说是这场变革之中的"佼佼者"，也是CCSS公布之后首批打造的与标准具有高度一致性的数字化教育资源及其平台之一。2015年，在教育报告组织（EdReports. org）组织（一个通过对用户反馈进行免费在线审查为教育工作者提供与标准一致性程度较高的课程名单的组织）对诸多在线数字教学材料的审查之中，只有Engage NY平台最初所开发的一个名为"Eureka Math"的数学课程符合该组织针对所有年级而列出的全部标准，这也足见Engage NY平台的成功之处。

2010年，通过参与"争先恐后"竞赛，纽约州政府获取了将近7亿美元的资金支持，充足的物质基础帮助纽约州政府得以实现其建设与CCSS高度一致的数学与英语课程并将之上传到平台以供所有学习者免费共享的愿望，但显然，这一宏伟的构想仅靠州政府自己的力量是无法完成的，于是在项目启动初期，州政府通过招标的方式来寻找共同建设与新标准一致的"学习模块"的伙伴，经过层层考察与筛选之后，共同核心公司（现更名为Great Minds）、核心知识基金会、远程学习和公共咨询集团脱颖而出，分别签约，在未来一定的时间内为该州开发与CCSS相一致的数学与语言课程。其中，共同核心公司依据考虑到与标准对其基础上数字化教育材料的实用性，因此召集学校教师与学生一起承担并完成数字化教育材料的制作工作，其所制作的数学课程经过实践与评估之后，被认为是与CCSS一致性程度最高的课程，甚至赢得来自国家层面的赞誉，而"核心知识基金会"等其余三家组织则分别被授予开发学前2年级、3-5年级和6-12年级的ELA课程教育材料的权限，在不断的发展壮大之中，9-12年级ELA课程教育材料的开发权限从公共咨询集团中被剥离出来，交由"探险学习"（Expeditionary Learning）组织负责，由此形成了以州政府为主导，以CCSS为核心标准，五家非营利组织协同参与数字教育资开发的格局。这种由不同组织负责不同年级同一课程或不同课程的模式充分发挥了各组织的专长，在促进数字化教育材料与课程标准高度对齐的同时也增加了材料的专业性，有助于材料质量的进一步提升。有研究者专门针对Engage NY平台上ELA课程的相关材料进行了评估，结果表明，这些材料不仅在与CCSS的一致性方面表现优异，且文本的选用标准严格，但在灵活性上却完全不输于其他同类材料，这说明，平台上的ELA课程材料与其数学课程材料在质量与标准性方面可谓是不相上下，但研究者同时也发现了ELA课程材料所存在的问题，即由于不同年级的ELA课程材料是由四个不同的组织针对某一年级的特征而创建的，却并没有考虑到不同年级教学内容与特点的衔接性，因此往往会出现年级之间知识与技能断层的现象，另外，这些组织在开发材料的过程之中急于向学生提供更为丰富的资源，却没有考虑到学生对知识的学习以及记忆能力在一定时间段内是有限的，知识的"填塞"与学生能力之间的矛盾使得一些材料无法发挥其原有的效用，尤其是对于刚刚步入学习活动不久的低年级学生而言尤为不利。[①]

　　之所以选择"国家中小学网络云平台"与"Engage NY"平台进行比较，是因为它们同样是容纳基于课程标准所开发的数字化教育资源的平

---

① ESB Haydel. Uncommonly Engaging?A Review of the EngageNY English Language Arts Common Core Curriculum［J］. Thomas B Fordham Institute, 2015.

台，且都是在政府的主导下所进行的，但由于国情等外部因素的不同，二者在资料来源、设计理念等方面又有诸多的不同之处，对二者的比较有助于我国在未来的建设过程之中"取其精华去其糟粕"，在保持现有优势的基础上做出进一步的完善。为了使二者的比较更为清晰，我们将通过表格方式来罗列二者异同（详见表4.3），应当注意的是，由于当前国家中小学网络云平台的建设初起步，有许多功能尚未补全，而先前的国家教育资源公共服务平台虽存有不足，但功能体系完备，加之二者之间相互依存，可由后者导向前者，因此，表6.3中的叙述均以国家中小学网络云平台为主，以国家教育资源公共服务平台为辅助，但为防止叙述烦琐与混淆的情况发生，因而在叙述时均使用前者的名字。

表6.3 "Engage NY"平台与国家中小学网络云服务平台之比较[①]

	美国"Engage NY"平台	中国国家中小学网络云平台
资源内容及来源	纽约州政府协调引导与审查下，五家非营利性组织共同开发与标准相一致的、覆盖K-12教育全阶段的数学与英语语言艺术教学的课程资源。州政府采用与美国国家教学材料审查协会所发布的三种用以选择教学资源的标准相一致的审核标准，除了强制性要求资源内容必须符合CCSS之外，纽约州政府认为平台上的资源还应当能够满足学生每一阶段的学习需求，并保证这些材料对所有的使用者而言是"无障碍的"，这有两方面含义，一是要确证材料中不含有任何其实内容，二是要确保为特殊学生提供获取材的相应途径	由国家主导审查与协调工作，各地区有关部门以及学校协同参与，以各学科课程标准为基础而制作的覆盖从小学到高中全学段的课程资源，国家一是通过举办"基础教育精品课"遴选工作来搜集源自各省、市学校中一线教师所自主制作的课程资源，遴选结束之后，各优秀课程资源上传至平台并按学段与年级加以有序排布；二是在平台上设置"我要传微课"入口，以供教师在登录个人ID之后自主的将自制课程资源上传，这些个人资源在通过审核后即可被纳入平台之中为其他使用者共享。资源以课程视频为主要表现形式，每一视频内含"在线学习任务单"与"课后练习"两个文件，分别可用于指引学生预习以及帮助学生复习。另外，平台还面向学生、家长、教师等各类有需求的使用者开设了除学校课程以外的专题平台，为学生身心健康发展提供全方位的保障，但目前尚未开发与学前教育有关的内容

---

① 舒秋明. 美国"Engage NY"数字教育资源平台的资源开发与应用研究［D］. 重庆: 西南大学, 2020.

	美国"Engage NY"平台	中国国家中小学网络云平台
平台的服务对象	Engage NY平台以为纽约州处于K-12阶段的一线教师提供相应于课程的数字化教育资源为主要目标,因此其服务对象自然以K-12阶段中的一线教师为主,以实现教育内容的补充与教育质量的提升;除此以外,由于考虑到校长在数字化教育资源推进中的重要作用,尤其是其领导能力与观念会与数字化教育资源的推进息息相关,因此校长也被纳入平台的服务对象中;另外,随着家庭教育的重要性逐步为人们所熟知,尤其是家长对学生学习的参与同使用数字化教育资源的支持程度尤为重要,因此平台将家长也作为重要的服务对象之一	相比于Engage NY平台而言,国家中小学网络云平台的直接服务对象更为广泛,首先就是有意于在课前提前进行预习工作以及在课后有复习需要的学生,教师们以每一课程的核心知识点为中心,将一堂四十五分钟的课程浓缩为10-20分钟,既不过多的占用学生自主学习的时间,又能为学生提供自主学习所需要的充足资源;再者是想要利用数字化教育资源来进行教学或对自身素养进行提升的教师与学校的管理者,教师既可以通过观看他人上传的课程视频来获取教学灵感,也可以利用教师研修专题中的短视频来提升个人素质,管理者也可以从中获得有关学校管理的各项举措;三是面向家长及其他有需要的社会人员开设专题教育栏目,为家庭教育助力
平台建设目标	以解决先前已有的数字化教育资源与CCSS不一致、无法满足教师与学生需要的问题为主,为K-12阶段的教师打造一个可以完全满足其在数学与英语语言艺术的日常教学过程中所需要的资源补充平台	全面推进基础教育阶段数字化教育资源的共建共享,解决先前数字化教育资源的开发过分偏重于面向高校学生的问题,为基础教育阶段的教师和学生提供利用优质的数字化教育资源进行学习的机会,实现数字化教育资源在各级各类学校中的推广与使用,保障基础教育阶段教育资源的合理公平配置
资源建设方式	州政府主导下,以非营利组织为主体的资源开发与创建模式	国家引领下,个人以及社会其他力量(比如各地的教师进修学校等)为主体的资源建设方式
平台评价方式	纽约州政府与第三方非营利组织教育报告组织"EdReports"合作,该组织一直致力于通过提供评估报告来为用户识别资源质量并获取高质量资源提供帮助,因此具有由深谙CCSS所阐述的各类标准的专业教育工作者所组成的评价小组,并为评价工作的顺利进行而展开标准化培训,完成培训的小组成员各自进入评价工作之中,通过所搜集的资料形成对资源的个人感知,而后相互交流,以达成用于生成最终报告的共识	国家中小学网络云平台主要采用用户评价的方式对平台上的数字化教育资源进行评价。用户对数字化教育资源质量的判断是基于自身实际的使用体验进行的,因此用户评价是数字化教育资源切实改进并提升实用性的有效依据。平台在每一资源旁设置了"评价"按钮,点击后可进入由"星级评价""发表评论"以及"标签选择"所组成的评价页面中,用户可根据自身体验对资源质量加以评价,所选择的标签也会成为日后其他用户搜索资源时的依据,在这种"评价→改进→用户使用→评价"的体制下,数字化教育资源的质量得以不断提升的同时,也对用户获得高质量资源提供了相当程度的保障

通过与美国"Engage NY"平台之比较，可以看到我国国家中小学网络云平台的直接服务对象更多，资源的内容以及种类也更为丰富，往往为同一单元的课程配备由不同教师录制的视频以及上传的其他形态的教学材料以供用户选择，为用户尤其是学生用户配备了更具个性化的资源，力图帮助学生在能够掌握国家所要求的基础知识与基本技能的基础上，按照个人的学习习惯与需要进行自主学习。除此以外，专题教育中的诸多内容均围绕着学生身心健康发展与价值观塑造而展开，能够为学生的身心健康的成长提供相当程度的保障，防止学生在离开学校之后因立刻失去教师面对面的指引而遭遇一些不必要的挫折。另外，该平台以及与之紧密相连的国家教育资源公共服务平台致力于建设一种国家平台为主导、省、市级平台层层递进、相互联结的平台服务体系，进一步优化资源配置，为用户提供一种协同服务。但应当看到的是，我国数字化教育资源平台建设过程中，尤其是在内容资源的开发方面，企业所发挥的力量十分有限，多数企业只集中于提供平台技术，却未将平台所承载的内容考虑其中，致使平台本身所能实现的功能与内容之间的适配程度不足，也无法真正满足教师与学生的需要。因此，在未来建设中，应当积极鼓励企业作为一股不可或缺的力量参与到内容资源的建设之中，尤其是要让非教育领域内的企业建设者明白什么样的平台能够帮助教师与学生完成各学科课程标准中所提出的期望，什么样的内置功能或学习应用及工具对教学有益，以便帮助企业真正实现其社会价值，开发出既具高度实用性又加入先进科学技术的数字化教育资源平台。

（二）教师参与资源共建的新途径——"Teachers pay Teachers"平台探究

在数字化教育资源平台之中，教师既是优质资源的选择者、使用者与受益者，是无法忽视的资源分享者、传递者与指导者，又是优质数字化教育资源的重要来源，尤其是在以文本、音视频等多种形式呈现的内容资源建设中，教师更是不可或缺的中坚力量，而为教师提供更多地资源分享路径则是合理运用这一力量，创造更多优质的数字化教育资源的同时反向推动教师获取更多高质量资源的有效途径，这也正是"Teachers pay Teachers"平台（以下加成TPT平台）的创始人保罗·艾德曼（Paul Edelman）创建平台时的初衷，作为一名公立中学的教师，艾德曼在备课时总十分苦恼于无法在互联网上找到高质量的教育资源这一问题，为了让自制教学材料的教师得以并愿意将资源与他人共享，艾德曼创建了TPT平台，并允许参与到平台使用的教师自由选择收费或付费两种形式来分享资源。平台一经推出，立刻受到广大教育工作者的欢迎，诸多教育工作者对这种可以与别人共享优质教育资源、减少备课时间并能够利用自己所存有的知识资源来获取一定收益的数字教育资源平台十分推崇。在TPT上，来自任何年级任何学校任何学科的教师都能够自行创作课程材料并以操作材料、工作表乃至教育游戏等诸多形式进行发布。这些资源的发布者在平台上有了新的身份和新的称谓——"在线教师企业家"。

但TPT平台的发展并不是一帆风顺的，在经过了"广受赞誉→被Scholastic公司收购但因不被重视而经营惨淡"的挫折之后，TPT平台重新回到其创始人手中并在其运营与管理之下重新大放光彩。一项2019年的调查显示，当今的美国有500余万教师选择使用TPT平台上传或下载资源，以学历较高、白人、女性以及有经验的教师为主的资源创建者为平台贡献了300余万的优质资源，每三个教师之中就有两个都曾经或正在使用来源于TPT平台的资源。内容丰富、形式多样的资源减轻了教师备课负担，而可选择的收费模式使得教师得以利用自己手中的知识资源与教育教学经验获取更多地收入，这又极大地鼓励教师投入新资源创建的积极性，促使教师不断推陈出新，由此形成了以教师为主体的优质教育资源共享的良性循环与"共建共享、互利共赢"的数字教育资源创建与传播新模式，这也是世界诸国数字教育资源发展过程之中所进行的前所未有的尝试。[①]

既然TPT平台是以教师为主体的数字化教育资源共建共享平台，那么其首要理念就是为教师服务，即为教师的教育教学质量的提升提供令其满意的资源。因此，当教师作为一个新用户进入平台界面并进行注册时，平台会默认教师是教育资源的需求者而为教师提供数字教育资源的检索、浏览、购买与下载服务。为使教师更易于根据个人需求获取心仪的资源，平

[①]　Sawyer A G, Dick L K, Sutherland P. Online Mathematics Teacherpreneurs Developers on Teachers Pay Teachers: Who Are They and Why Are They Popular? [J]. Education Sciences, 2020, 10 (9): 248.

台为教师提供不同的检索及筛选方式。一是教师进入平台后，可在首页上方的搜索栏中将自己所需求资源以关键字的形式进行检索，在与关键字相关的诸多资源弹出后，若教师想对资源做进一步的精确筛选，则可按平台所提供的"相关性""价格""畅销度"等已经限定的用于筛选的按钮做出筛查，以在短时间内获取关联度更高、质量更佳的优质资源；二是在平台首页左侧有一个可供使用者筛选的标签栏，为教师提供格式、年级、州共同核心标准、主题、价格以及资源类型六大主题筛选项，各主题筛选项中又包含不同的小项，以供教师精准择捡；三是考虑到同一资源的创建者所自制的资源之间大多有所关联且应为同一领域或几个具有内在联系的相邻领域的问题，因此，在通过上述路径获取优质资源之后，用户可关注该资源的提供者，以便及时获取资源的更新信息。最后，平台会将评价为五星且由多人收藏、购买、下载的资源按高中、初中以及小学进行分类后呈现在首页，以便向更多的用户推荐这些资源。多条精准的筛查路径的并行为教师缩短资源的获取时间提供相当程度的保障，这也成为教师愿意使用TPT平台的主要原因之一。

成为TPT平台的注册用户之后，若教师试图由资源的使用者变为资源的创建者，则可免费将账号进行升级，但升级后的账号并不能马上用于创建付费资源，以避免利用粗制滥造的资源从平台的初期使用者指出谋取利益、损害平台声誉的情况发生。因此，平台对用户在升级为资源的创建者后所上传的第一个资源有着严苛的规定，即资源必须是免费且页码不超过10页，且无论是否是初次创建者，都必须严格按照平台要求的上传步骤及要求上传资源，以最大限度地保证平台资源的质量。[①]

虽然平台的创设初衷是为来自不同地方的教师提供高质量数字教育资源的交流平台，但平台若想实现长时间的运营、管理与维护，保证平台的长足发展，就必须选用一定的经营方式来获取利润。TPT平台所选用的盈利模式一是在交易过程中向卖家也就是资源的提供者收取手续费，二是设置标准会员、升级卖家与付费订购的会员卖家三种类型的用户账号，前两者

---

① 赵丹, 周琴. Teachers pay Teachers: 以教师为主体的数字教育资源共享平台[J]. 世界教育信息, 2019, 32（10）: 52-58.

均可以免费获取用户账号，行使购买产品、下载免费用户资源并为其打分以及上传原创作品的用户权限，每个用户都有各自的忠诚度分值，若分值低于85分，则在作为卖家进行交易时，要向平台支付99美分作为佣金，且相比于标准会员而言，升级卖家在发布原创资源的数量上没有限制，而付费订购的会员卖家则与前两者不同，其销售原创资源的佣金是通过年费的形式向平台支付的，且一旦成为付费订购的会员卖家，那么其自创的付费资源被推送至平台首页的可能性就会提升，自然，这必须以其资源好评连连、购买者众多为前提。此外，平台还为会员卖家提供了一些标准的资源模板，以帮助其提升原创作品的质量，实现用户与平台之间的互利共赢。此类用户每年需要支付给TPT平台59.95美元，可以享受无交易手续费的优惠，而且自己销售的教材资源可以优先放在TPT网站的首页上。实际上，付费用户还会得到许多增值服务，比如TPT会定期给付费用户发送一些教材指导，并附上一些销量较好的教材模板，帮助付费用户提高自己的原创教材质量。由此，平台的运营与管理维护所需要的资金得以落实，实现了平台长期的高质量稳定发展，而用户也从平台获益，形成平台与用户之间的互利共赢的局面。

如今，TPT平台已经实现了由美国本土向世界多国的推行，平台的用户以及创作主体虽仍是教师，但却不再如创始之初仅限于教师，而是向多领域中的专家以及家庭教育者推进，这种平台建设创新一来有助于更多优质数字化资源的汇集，二来有助于向更多有教与学方面需求的人提供服务，推动优质的数字化教育资源在更广泛范围内的共享，这也会反向推动平台知名度与声誉的提高，二者相互依存、相互促进，形成了数字化教育资源平台的良性发展模式。

虽然TPT平台的发展至今还只是个例，且其付费获取资源的模式是否会使一些使用者望而却步尚是有待讨论的问题，但TPT平台在鼓励教师参与高质量数字化教育资源建设、提升教师的资源建设意愿与能力方面仍具有不可忽视的意义，且这种拥有清晰明确的资源上传步骤与严格的审查以及评价标准的平台为以教师为主的创建者开辟了一条共享资源的新路径，教师在平台上既可以创建使用资源，又可以从他人的资源之中获取灵感，提升资源建设的素养与能力，这与我国在师范教育以及继续教育中开设相关课程以提升教师能力的理念不谋而合。因此，在未来的平台建设过程中，我国也可以在国家主导下，由各有能力的企业或其他社会力量协同打造这种以教师为资源的主体创建者、向教师提供各种类型的奖励以激励其将自身所拥有的知识资源与他人共享的专业平台，这种奖励不一定直接表现为物质与金钱，比如以积分的形式进行。即在平台建立初期就建立一套完整的积分奖励与扣除制度，教师以及其他使用者可以通过"每日访问平台并浏览资源""创建优质资源"等方式来赚取积分，但若资源质量不佳或者在注册后长时间不使用平台，则会被扣除相应的积分。且平台上的交易也都以积分为货币来进行，这些积分可以与教师的绩效或各类评比相关联，使教师在创建资源的过程中获取收益，成为高质量数字教育资源的自觉建设者。

（三）精益求精——前沿技术融合与数字化教材的"未来化"（2017年至今）

在数字化教材中使用多媒体与富媒体技术已经使数字化教材能够满足教育教学的需要，革新教师与学生教学活动的方式，使之焕发了符合新时代特征的活力与生机，但是科学技术日新月异的发展促使社会对教育提出了新的要求，也为数字化教材的发展提供了新的契机和技术保障，大数据、VR、人工智能等前沿技术与数字化教材的融合成为数字化教材发展的重要趋势，使得数字化教材的"未来感"与"科技感"得到增强，第三代"人教数字教材"逐步进入学校教学。

与第二代"人教数字教材"一样，第三代"人教数字教材"同样以国家课程标准为依据、面向中小学师生，内容也以传统纸质教材为蓝本，但与上一代"人教数字教材"不同的是，新一代的"人教数字教材"是针对日益明显的信息化环境中教与学的新需求，利用互联网、数字媒体、大数据等技术，形成了融教材、数字资源、学科工具、应用数据于一体的立体化教材。其内容编写由纸质教材的编写者参与其中，整合教材、教参与教辅为一体，完整且深刻地体现了教材的编写意图，使数字化教材的内容与结构不至脱离教育教学的需要，帮助教师更方便的组织教学，切实提升教学质量。

数字化教材的使用者主要是教师和学生，由于其使用的最终目的是促使学生通过接受高质量的教育成为合格的社会成员，所以第三代"人教数字教材"将学生视为核心的用户，以激发学生学习的内在动机为目标，以问题解决为资源组织方式，将图文素材、交互动画、微课等数字资源内嵌入教材，为学生在个别化学习和小组学习中解决教学重难点提供对应资料，提高自主学习能力，且更为重视人机交互，充分能体现以学习者的学习为核心的设计理念。

　　数字化教材的显著特征是其开放性，即允许使用者对其进行个性化编辑。第三代"人教数字教材"就充分凸显了这一特征，以教材编写者所提供的资源为教学活动开展的核心材料，同时支持师生在教学过程中围绕核心材料上传个人资源，并在小到小组大到学校乃至整个资源平台的范围内共享，形成覆盖全学段、包含全学科的生成性资源体系，生成能够凸显个人学习习惯与现阶段特征的数字化教材。为了保证资源体系的高质量科学性，师生可以针对资源展开评价与交流，阐述使用者对资源的主观看法，让广大师生从单纯的数字化教材使用者变为数字化资源的制作者、使用者、评价者，促使不同价值观在教学资源中得以平衡体现，使得数字化教学资源与实际情况更为贴合。①

---

① 蔡建学. 数字教材在常态化教学中的创新应用——以第三代人教数字教材为例［J］. 中小学数字化教学, 2018.

主要参考文献

一、专著、论文集

[1] Gary, R.Allen.Implementing Digital Interactive Textbooks in the Science Classroom[M].Walden University Press, 2014: 80-85.

[2] Gee, J.P.What Digital Games Have to Teach Us. About Learning and Literacy[M].New York: Palgrave Macmillan, 2003.

[3] M.希尔伯曼著, 陆怡如译.积极学习: 101种有效教学策略[M].上海: 华东师范大学出版社, 2005.

[4] RE.Mayer.Working Memory.Reprinted from Multimedia Learning[M]. Cambridge England: Cambridge University Press, 2011: p44.

[5] 曾天山.教材论[M].南昌: 江西教育出版社, 1997.

[6] 范印哲.教材设计导论[M].北京: 高等教育出版社, 2003: 250-252.

[7] 乐进军.从纸质教材到电子教材——教材数字化变革研究[M].北京: 北京师范大学出版社, 2017.

[8] 裴娣娜.教学论[M].北京: 教育科学出版社, 2020: 67-71.

[9] 王志刚, 沙沙等.中国基础教育数字教材与电子书包发展研究报告[M].北京: 人民教育出版社, 2017.

[10] 张焕廷等.教育辞典[M].南京: 江苏教育出版社, 1989.

[11] 张怡.教师培训教材设计研究: 基础实践——反思取向的设计模式与策略[M].长春: 东北师范大学出版社, 2010.

[12] Sung-Moo JUN.Leading Future Education: Development of Digital Textbooks in Korea[C].12th UNESCO-APEID International Conference Quality Innovations for Teaching and Learning, 2009.

二、期刊文章

［1］［日］欢喜隆司, 钟启泉.关于教材的若干问题与课题［J］.全球教育展望, 1988 （3）.

［2］Anichini.A, Parigi.L, Chipa.S: Between tradition and innovation: the use of textbooks and didactic digital contents in classrooms［J］.Realtec: RevistaLatinoamericana de Tecnología Educativa, 2017（16）.

［3］Chesser W D.The e-textbook revolution［J］.Library technology reports, 2011, 47（8）: 28-40.

［4］D'Antoni S.Open Educational Resources: reviewing initiatives and issues ［J］.Open Learning the Journal of Open & Distance Learning, 2009, 24 （1）: 3-10.

［5］Deterding S.Gamification: Designing for motivation［J］.Interactions, 2012, 19（4）: 14–17.

［6］Edward Bethel.Open Textbooks: Quality and Relevance for Postsecondary Study in The Bahamas［J］.International Review of Research in Open and Distance Learning, 2020（2）: 61-80.

［7］ESB Haydel.Uncommonly Engaging?A Review of the EngageNY English Language Arts Common Core Curriculum［J］.Thomas B Fordham Institute, 2015.

［8］Fischer L, Ernst D, Mason S L.Rating the quality of open textbooks: How reviewer and text characteristics predict ratings［J］.International Review of Research in Open and Distributed Learning, 2017, 18（4）: 142-154.

［9］Garman J.P（2003）What video games have to teach us about learning and literacy［J］.Journal of Literacy & Technology, 2003, 56（2）: 335-342.

［10］GyeongAe, Seomun, Jung-Ah, et al.Health Effects of Digital Textbooks on School-Age Children［J］.Western Journal of Nursing Research, 2013.

［11］Hamedi M A, Ezaleila S M.Digital Textbook Program in Malaysia: Lessons from South Korea［J］.Publishing Research Quarterly, 2015, 31（4）: 244-257.

［12］Hyeonseon Jeong, Amie Kim.The Digital Textbook in South Korea:

Opportunities and Challenges〔J〕.New Media and Learning in the 21st Century, 2015（07）.

〔13〕Jackie Hee-Young Kim, Hye-Yoon Jung.South Korean Digital Textbook Project〔J〕.Computers in the Schools, 2010（27）.

〔14〕Johnson, L., AdamsBecker, S., Cummins, M., Estrada, V., Freeman, A., Ludgate, H., 张铁道, 殷丙山, 殷蕾, 白晓晶.国际教育信息化2013地平线报告（高等教育版）〔J〕.北京广播电视大学学报, 2013（02）: 7-29.

〔15〕Kenneth Benoit, Drew Conway, et al.Crowd-sourced Text Analysis: Reproducible and Agile Production of Political Data〔J〕.American Political Science Review, 2016, 110（2）: 278-279.

〔16〕Khor Ean Teng, Chung Sheng Hung.Framework for the Development of ORE-based Learning Materials in ODL Environment〔J〕.Open Praxis, 2013, 5（4）: 315-324.

〔17〕Kumar M.Open Educational Resources in India's national development〔J〕.Open Learning, 2009, 24（1）: 77-84.

〔18〕Leem.Teachers' beliefs and technology acceptance concerning smart mobile for SMART education in South Korea〔J〕.British Journal of Education Technology, 2019, 50（2）: 601-603.

〔19〕Lovett M, Meyer O, Thille C. JIME-the open learning initia tive: measuring the effectiveness of the OLI statistics coursein accelerating student learning〔J〕.Journal of Interactive Media in Education, 2008（1）: 14-16.

〔20〕Mardis, Everhart.From paper to pixel: Digital Textbooks and Florida's schools〔J〕.Florida State University Libraries, 2010, （2）: 3-7.

〔21〕Michelle Rudolph.Cognitive Theory of Multimedia Learning〔J〕.Journal of Online Higher Education, 2017, 1（2）.

〔22〕Michelle Rudolph.Cognitive Theory of Multimedia Learning〔J〕.Journal of Online Higher Education, 2017, 1（2）.

〔23〕Nancy Everhart.Digital Identity: An opportunity for leadership〔J〕.Florida School libraries Worldwide, 2014, （7）: 2-8.

〔24〕PH.Bull.Cognitive Constructivist Theory of Multimedia: Designing

Teacher-Made Interactive Digital [J] .Creative Education, 2013, 4 (9):
614-619.

[25] Pilli O, Admiraal W.A Taxonomy of Massive Open Online Courses [J] .
Contemporary Educational Technology, 2016, 7 (3): 223-240.

[26] Potter D, Thrash C.COVID-19 Pandemic in the Houston Region-Education and
Schooling: Findings from the Gulf Coast Coronavirus (COVID-19) Community
Impact Survey [J] .Houston Education Research Consortium, 2021.

[27] Prasad D, Totaram R, Usagawa T.A Framework for Open Textbooks
Analytics System [J] .Techtrends, 2016, 60 (4): 1-6.

[28] RE Mayer, R Moreno.A cognitive theory of multimedia learning: Implications
for design principles [J] .Journal of educational psychology, 1997.

[29] RE.Mayer, R Moreno.A cognitive theory of multimedia learning: Implications
for design principles [J] .Journal of educational psychology, 1997.

[30] Sawyer A G, Dick L K, Sutherland P.Online Mathematics Teacherpreneurs
Developers on Teachers Pay Teachers: Who Are They and Why Are They
Popular? [J] .Education Sciences, 2020, 10 (9): 248.

[31] SD.Sorden.The Cognitive Theory of Multimedia Learning [J] .Handbook of
Educational Theories Charlotte, 2012.

[32] Shen H, Luo L, Zhong S.What Affect Lower Grade Learner's Perceived
Usefulness and Perceived Ease of Use of Mobile Digital Textbook Learning
System?An Empirical Factor Analyses Investigation in China [J] .
International Journal of Multimedia and Ubiquitous Engineering, 2015, 10
(1): 33-46.

[33] Shyr WenJye et al.Assess the Engagement with 3D Virtual Learning Tools
during the COVID-19 Pandemic [J] .Sustainability, 2021, 13 (15): 8632-8632.

[34] Smith, R..The Purpose, Design, and Evolution of Online Interactive
Textbooks: The Digital Learning Interactive Mode [J] .History Computer
Review, 2010, (2): 43-59.

[35] Stephanie Mencimer.No child left offline [J] .Mother Jones, 2001, 36 (Nov/
Dec): 43-47.

[36] Taizan.Y, Bhang.S, Kurokami.H, Kwon.S.A comparison of functions and the effect of digital textbook in Japan and Korea [J].International Journal for Educational Media and Technology, 2012 (06).

[37] Yeonseon Jeong, Amie Kim.The Digital Textbook in South Korea: Opportunities and Challenges [J].New Media and Learning in the 21st Century, 2015 (07).

[38] Zimmerman B.J.A social cognitive view of self-regulated academic learning [J].Journal of Educational Psychology, 1989, 81 (3): 329–339.

[39] 白文涛, 刘正捷.用户界面的需求分析与设计原则 [J].大连海事大学学报, 2004 (04): 86-88.

[40] 保罗·川内, 肖俊洪.开放教育资源TIPS质量保证框架的验证研究 [J].中国远程教育, 2014 (11): 15-19+95.

[41] 蔡秉文, 林仕胜, 张馨邈.电子教材功能开发模型研究 [J].开放学习研究, 2018, 23 (02): 59-62.

[42] 蔡建学.数字教材在常态化教学中的创新应用——以第三代人教数字教材为例 [J].中小学数字化教学, 2018.

[43] 蔡智辉.浅析提高大学生信息素养的途径 [J].中国现代教育装备, 2007 (06): 133-135.

[44] 陈桄, 龚朝花, 黄荣怀.电子教材: 概念、功能与关键技术问题 [J].开放教育研究, 2012, (4): 28-32.

[45] 陈淑清, 常远.阿富汗教师专业发展的新路径: 构建多语种数字化图书平台 [J].吉林省教育学院学报, 2020, 36 (03): 83-86.

[46] 陈淑清.美国数字化教材的质量保障举措: 基于教科书审查的视角 [J].吉林省教育学院学报, 2019, 35 (08): 111-114.

[47] 程永清, 胡庆, 杨静宇.智能教学系统IPTS [J].计算机研究与发展, 1988 (10): 9-14.

[48] 仇勇平.电子书包: 建设数字化课程环境 [J].上海教育, 2011 (Z2): 40-41.

[49] 丁兴富, 王龙.麻省理工学院开放课件运动评述 [J].中国电化教育, 2004 (10): 74-78.

[50] 杜若等.学习活动设计问题分析与交互式数字教材建设 [J].中国远程教

育，2018（8）．

[51] 傅伟.富媒体技术在数字化学习终端上的应用探索[J].远程教育杂志，
2011（4）：95-102．

[52] 高志丽.电子书包将成为学习的主要工具[J].出版参考，2010（3）．

[53] 宫淑红，胡贝贝，盛欣.共享开放教育资源的门户——ISKME组织的OER
Commons项目评析[J].现代教育技术，2011，21（06）：9-12．

[54] 宫淑红，胡贝贝，盛欣.共享开放教育资源的门户——ISKME组织的OER
Commons项目评析[J].现代教育技术，2011，21（06）：9-12．

[55] 龚朝花.基于ipad的电子教材特征与课堂应用实践[J].中国信息技术教育，
2013（01）：17-20．

[56] 顾小清，傅伟，齐贵超.连接阅读与学习：电子课本的信息模型设计[J].华
东师范大学学报（自然科学版），2012，（2）：81-83．

[57] 胡佳怡.美国"连接教育"计划述评[J].世界教育信息，2016，29（01）：52-56．

[58] 胡军.外察与内省：数字教材与资源评价标准研究[J].课程.教材.教法，
2021，41（05）：32-39．

[59] 胡畔，王冬青等.数字化教材的形态特征与功能模型[J].现代远程教育研
究，2014（002）．

[60] 黄露薇.后疫情时代我国中小学数字教材发展路径探究[J].传播与版权，
2021（03）：21-24．

[61] 回雁雁.澳大利亚和新西兰信息素质标准框架修订理念及其启示[J].农业
图书情报学刊，2010，22（02）：23-26．

[62] 杰夫·马吉纳卡尔达，王亭亭.Coursera发展的关键决策[J].世界教育信
息，2020，33（05）：5-6．

[63] 康合太，沙沙数字教材建设的探索与实践——以第二代"人教数字教材"
为例[J].中国电化教育，2014（11）：80-84+100．

[64] 兰公瑞，盖笑松.基于计算机学习环境下的自我调节学习[J].外国教育研
究，2011，38（01）：29-33．

[65] 雷云鹤，郁晓华，吴永和，祝智庭.虚拟学具标准研制与设计开发[J].华东
师范大学学报（自然科学版），2014（02）：157-166．

[66] 李杰数字化教材著作权归属探析[J].怀化学院学报，2011，30（12）：120-122．

[67] 李静, 方守林, 龚怀泽.基于Android和iOS的移动学习平台对比分析[J].合作经济与科技, 2014(14): 187.

[68] 李林, 王冬, 覃文圣, 等.论电子教材取代纸质教材发展趋势的必然性[J].中国信息界, 2011, (5): 42-44.

[69] 李艳, 董文俊, 郎建华, 张晨, 沐士光.云盘及其安全问题综述[J].中小企业管理与科技(中旬刊), 2016(08): 133-134.

[70] 刘继和."教材"概念的解析及其重建[J].全球教育展望, 2005(2): 47.

[71] 罗歇·于埃贝尔施拉格, 可明.电子计算机在日本学校[J].外国教育资料, 1984(05): 36-38.

[72] 骆双丽, 徐丽芳.ISBN与电子书标识符[J].出版参考, 2013(19): 51+50.

[73] 吕芳.学习型社会视角下麻省理工学院"开放课件计划"研究[J].扬州大学学报(高教研究版), 2018, 22(01): 43-48.

[74] 马德民.论教育资源的建设问题[J].管理信息系统, 2002(02): 29-31.

[75] 马晓玲, 张心如, 阮凌志, 吴永和.亚太地区基础教育阶段学生信息素养评估比较研究[J].中国电化教育, 2018(08): 60-66.

[76] 彭绪富.多媒体素材制作[J].湖北师范学院学报(自然科学版), 2003(01): 44-47+51.

[77] 戚常林等.基于web的电子教材设计研究[J].信息技术, 2002(9).

[78] 祁靖一, 王晓波.整合创新: "三通两平台"推动教育变革——专访中央电化教育馆王珠珠馆长[J].中小学信息技术教育, 2013(05): 10-13.

[79] 沙沙, 余宏亮.我国中小学数字教材的发展历程与技术演进[J].中小学数字化教学, 2019(12): 5-8.

[80] 石鸥, 牟艳娜等.重新认识数字教科书的本质、价值与关键特征[J].中小学数字化教学, 2020(07): 5-8.

[81] 宋亮.学生护眼"边界"与"目标"——多地课堂限制使用电子产品[J].教育, 2020(18): 23-24.

[82] 孙立会, 李芒.日本电子教科书研究的现状及启示[J].课程·教材·教法, 2013, 33(08): 111-117.

[83] 孙立会, 刘思远, 李芒.面向2035的中国教育信息化发展图景——基于《中国教育现代化2035》的描绘[J].中国电化教育, 2019(08): 1-8+43.

[84]孙丽娜, 陈晓慧.数据地图引领美国K-12数字教学资源的变革——基于2017美国《数字教学资源在学习中的实施》报告解读与启示[J].外国中小学教育, 2018(08): 30-40.

[85]孙众, 骆力明.数字教材关键要素的定位与实现[J].开放教育研究, 2013(04).

[86]孙子文, 纪志成.开放教育资源运动与高等教育信息化资源建设模式透视——开放教育资源运动: 从OCW到MOOCs[J].学术论坛, 2017, 40(01): 155-161.

[87]孙子文, 纪志成.开放教育资源运动与高等教育信息化资源建设模式透视——开放教育资源运动: 从OCW到MOOCs[J].学术论坛, 2017, 40(01): 155-161.

[88]王航伟, 王文斌, 潘喆.多媒体信息素材的采集制作处理技术[J].数字技术与应用, 2015(10): 161+163.

[89]王俊宏.电子教材: 信息时代教科书设计的新形态[J].中国教育信息化, 2011(02).

[90]王龙, 王娟.麻省理工学院开放课件项目经验评述[J].开放教育研究, 2005(04): 89-93.

[91]王伟强.美国教育资源情报中心[J].华东师范大学学报(教育科学版), 1986(01): 38+66.

[92]王晓平.浅析日本的中小学教育信息化的发展[J].中小学信息技术教育, 2004(08): 57-59.

[93]王宇.2019年全球慕课发展回顾[J].中国远程教育, 2021(05): 68-75.

[94]王远武.我国数字化教育资源现状及发展策略[J].中国教育信息化, 2008(01): 9-11.

[95]吴丙朕, 丁丽, 李书兰, 刘卫青.HoloLens在中小学教学场景的应用[J].中小学信息技术教育, 2021(05): 80-83.

[96]吴永和, 祝智庭, 何超.电子课本与电子书包技术标准体系框架的研究[J].华东师范大学学报(自然科学版), 2012, (2): 70-80.

[97]吴永和等.电子课本的术语、特性和功能分析[J].2013(23): 5-11.

[98]吴永和等.电子课本的术语、特性和功能分析[J].2013(23): 5-11.

[99]项国雄.从传统教材道电子教材[J].信息技术教育, 2005 (5): 8-10.

[100]小河智佳子.デジタル教科書導入に必要な費用に関する一考察[J].デジタル教科書研究, 2014 (1), 24-36.

[101]谢云锦.日本计算机辅助教学的发展概况[J].外语电教, 1985 (02): 50+44.

[102]熊才平, 朱爱芝, 黄萍萍.教育信息资源"区域共建共享"开发应用模式研究[J].开放教育研究, 2010, 16 (01): 40-44.

[103]徐行, 刘建平.电子教材成果的评价[J].西安航空技术高等专科学校学报, 2003, (3): 24-25.

[104]徐丽芳, 姚依蕾.美国中小学数字教育出版产品与服务研究——以HMH公司为例[J].出版参考, 2021 (01): 19-24.

[105]徐新逸, 赖婷铃.国际经验对台湾电子教科书发展之启示[J].教科书研究, 2013, (6): 2-5.

[106]杨海平.电子图书技术问题研究[J].图书馆理论与实践, 2005 (01): 36-38.

[107]杨文正, 徐杰, 李慧慧.生态学视角下数字教育资源优化配置模型构建[J].现代远程教育研究, 2018 (02): 94-102.

[108]姚媛.数字化、电子化、网络化和虚拟化名词的本质概念及应用[J].大学图书馆学报, 2009, 27 (05): 13-17.

[109]姚媛.数字化、电子化、网络化和虚拟化名词的本质概念及应用[J].大学图书馆学报, 2009, 27 (05): 13-17.

[110]叶浩生.第二次认知革命与社会建构论的产生[J].心理科学进展, 2003, {4} (01): 101-107.

[111]易红郡.日本中小学信息技术教育的发展及经验[J].教育探索, 2001 (07): 90-92.

[112]余干生.计算机辅助外语教学之尝试——介绍《高中英语教学软件》[J].外语界, 1985 (03): 36-38.

[113]虞光云.多媒体素材采集与制作在数字化资源建立过程中的作用[J].数字技术与应用, 2015 (04): 211.

[114]郁晓华, 雷云鹤, 祝智庭, 吴永和.变革理念下虚拟学具标准研制现状梳理与体系框架[J].现代远程教育研究, 2013 (02): 68-75.

[115]袁涛美.数字化教育资源在小学教育中的应用研究[J].南昌教育学院学报,2017,32(01):99-101.

[116]翟志峰,董蓓菲.基于课程标准和证据:美国语文教材评价工具研究[J].外国中小学教育,2019(02):68-76.

[117]张安生.柏拉图系统 现代远程教育系统之源[J].文明,2020(06):136-151+9.

[118]张林,周国韬.自我调节学习理论的研究综述[J].心理科学,2003(05):870-873.

[119]张旻.教材数字化转型中面临的主要问题及措施[J].传播力研究,2019,3(19):139-140.

[120]张恰,马云鹏.国外教材设计模式研究述评[J].外国教育研究,2008,(02):88-92.

[121]张一春.Web2.0时代信息化教学资源建设的路径与发展理念[J].现代远程教育研究,2012(01):41-46.

[122]张宇蓉.翻转课堂推动的基础教育变革——C20慕课联盟成立一周年回顾与思考[J].北京广播电视大学学报,2015(01):27-31.

[123]赵丹,周琴.Teachers pay Teachers:以教师为主体的数字教育资源共享平台[J].世界教育信息,2019,32(10):52-58.

[124]赵凤梅.开放教育资源建设实践的调查与研究——以广东开放大学体系为例[J].电大理工,2021(01):69-74+78.

[125]中国数字出版产业年度报告课题组,张立,王飚,李广宇.步入高质量发展的中国数字出版——2019—2020年中国数字出版产业年度报告[J].出版发行研究,2020(11):20-25.

[126]钟启泉.教材概念与教学创新[J].教育探究,2010,000(001):5-9.

[127]周琴,舒秋明,文欣月.美国数字教育资源建设的支持系统与发展趋势[J].上海教育科研,2020(04):42-47.

[128]周琴,赵丹,徐蕊玥,文欣月.公开许可与众筹众创:美国开放教育资源运动新趋势[J].重庆第二师范学院学报,2020,33(03):83-88.

[129]周琴,赵丹,徐蕊玥,文欣月.公开许可与众筹众创:美国开放教育资源运动新趋势[J].重庆第二师范学院学报,2020,33(03):83-88.

[130] 周怡.教育出版数字资源建设的内涵及思考[J].出版参考, 2020 (07)：35-37.

[131] 祝梅.数字教材出版著作权侵权现象及对策研究[J].新闻传播, 2020 (15)：71-72.

[132] 祝智庭, 郁晓华.电子书包系统及其功能建模[J].电化教育研究, 2014 (008).

[133] 邹莹.皮亚杰与维果斯基的建构主义比较[J].外语学刊, 2009, {4}(05)：117-120.

三、论文集中的析出文献

[1] Area M, CS González, Mora C.Beyond Textbooks: Educational Digitals Texts and Gamification of Learning Materials[A]-The Digital textbook: what's new[C]: 2015.

[2] Arno J.C.Reints.How to learn from digital textbooks: evaluating the quality [A]-The Digital textbook: wha's new[C]: 2015: 204-224.

[3] Arno J.C.Reints.How to learn from digital textbooks: evaluating the quality [A]-The Digital textbook: what's new[C]: 2015: 210.

[4] Flores, Paula, Ramos, Altina & Escola, Joaquim.The Digital Textbook: Methodological and Didactic Challenges for Primary School[A]-The Digital textbook: what's new[C]: 2015: 275-295.

[5] Nerea Rodríguez Regueira.The digital textbook.A look at the current state of the art[A]-The Digital textbook: what's new[C]: 2015.

[6] 郎彦, 丁古鳌, 崔新德."注音识字, 提前读写"计算机辅助教学系统设计方案[A].全国计算机辅助教育学会.计算机辅助教学学术交流会论文汇编之二[C].全国计算机辅助教育学会：中国人工智能学会计算机辅助教育专业委员会, 1987：6.

[7] 孟祥鑫.浅谈数字出版的资源版权保护措施[A].国家新闻出版广电总局科技委员会战略专业委员会、中国新闻技术工作者联合会多媒体专业委员会、中国电子学会有线电视综合信息技术分会.第18届全国互联网与音视频广播发展研讨会暨第27届中国数字广播电视与网络发展年会论文集[C].

国家新闻出版广电总局科技委员会战略专业委员会、中国新闻技术工作者联合会多媒体专业委员会、中国电子学会有线电视综合信息技术分会: 国家新闻出版广电总局科学技术委员会秘书处, 2019: 3.

四、学位论文

[1]陈旦.基于iOS的在线教育APP的设计与实现[D].武汉: 华中科技大学, 2016.

[2]程娇燕.基于认知负荷的数字教材界面设计研究[D].上海: 上海师范大学, 2019.

[3]方明伟.基于可信计算的移动智能终端安全技术研究[D].武汉: 华中科技大学, 2012.

[4]胡莹莹.上海市初中生屏前时间与BMI、视力、体力活动的相关性分析[D].上海: 上海师范大学, 2020.

[5]孟姝含疫情期间小学线上教学调查研究[D].哈尔滨: 哈尔滨师范大学, 2021.

[6]舒秋明.美国"Engage NY"数字教育资源平台的资源开发与应用研究[D].重庆: 西南大学, 2020.

[7]王曼卿.基于ipad互动式电子教材的设计开发研究[D].昆明: 云南大学, 2016.

[8]于天贞.国内基础教育翻转课堂实践现状调查研究[D].上海: 华东师范大学, 2015.

五、报纸文章

[1]马国仓.从"人教电子教科书"看电子书包的现状与发展趋势[N].中国新闻出版报, 2002-5-23(2).

六、电子文献

[1]Anichini.A, Parigi.L, Chipa.S: Between tradition and innovation: the use of textbooks and didactic digital contents in classrooms.Realtec: RevistaLatinoamericana de Tecnología Educativa, 2017(16).

[2] CELTS-41.1 CD1.0, 教育资源建设技术规范 [S/OL].https：//max.book118. com/html/2019/0220/5113202122002012.shtm.

[3] CELTS-42 CD1.6, 基础教育教学资源元数据规范 [S/OL].https：//max. book118.com/html/2017/0112/82614350.shtm.

[4] GIGA スクール構想の実現へ [DB/OL].https：//www.mext.go.jp/ content/20200625-mxt_syoto01-000003278_1.pdf.

[5] GIGAスクール構想の加速による学びの保障 追補版 [DB/OL].https：// www.mext.go.jp/content/20200625-mxt_syoto01-000003278_2.pdf.

[6] Instructional Materials Evaluation Tool（IMET）[DB/OL].https：// achievethecore.org/page/1946/instructional-materials-evaluation-tool.

[7] Jeong Yong Ahn, Kyung Soo Han.Exploring the Shape of Digital Textbook for the Classroom in the Mobile Age [DB/OL].https：//www.researchgate. net/publication/320337892_Exploring_the_Shape_of_Digital_Textbook_ for_the_Classroom_in_the_Mobile_Age.

[8] Kang, J.H.The Leadership Role of School Librarians in the Adoption of Digital Textbooks：Evalu-ating School Librarians Stages of Concern in Florida and South Korea [EB/OL].[2021-09-15].http：//publishers.org/ press/.

[9] Lutgerink, J.Editorial guidelines and screen presentation [DB/OL].http： //content-e.ou.nl/contente/pub_RDMC/Redactionele_richtlijnen_en_ schermpresentatie_1288621410413/index.html.

[10] Marcia A.Mardis, Nancy Everhart ect.From Paper to Pixel：Digital Textbooks and Florida's Schools [DB/OL].https：//files.eric.ed.gov/fulltext/ ED522907.pdf

[11] National Standards for Quality Online Courses [DB/OL].https：//files.eric. ed.gov/fulltext/ED537339.pdf.

[12] Navigating the Digital Shift 2018 Broadening Student Learning Opportunities [EB/OL].https：//www.setda.org/master/wp-content/ uploads/2018/05/Nav_ShiftIII_Accessible5.29.18-1.pdf.

[13] Navigating the Digital Shift II：Implementing Digital Instructional

Materials for Learning［EB/OL］.［2021-04-22］.http：//www.setda.org/wp-content/uploads/2017/06/Navigating_the_shiftII_final_June242017.pdf.

［14］NAVIGATING THE DIGITAL SHIFT: Mapping the Acquisition of Digital Instructional Materials［EB/OL］.https：//files.eric.ed.gov/fulltext/ED569228.pdf.

［15］Out of Print: Reimagining the K-12 Textbook in a Digital Age［EB/OL］. https：//files.eric.ed.gov/fulltext/ED536747.pdf.

［16］Quality Assurance Guidelines for Open Educational Resources: TIPS Framework Version 2.0［DB/OL］.http：//oasis.col.org/handle/11599/562.

［17］Rubrics for Evaluating Open Education Resource（OER）Objects［DB/OL］. https：//files.eric.ed.gov/fulltext/ED527714.pdf.

［18］Smith.Quality Counts 2014 State report cards: Florida［EB/OL］.2018-10-07.http：//www.ed-week.org/media/ew/qc.pdf.

［19］Sung-Moo Jung, Kwang-Bin Lim.Leading future education: Development of digital textbooks in Korea［DB/OL］.http：//www.doc88.com/p-016658256017.html.

［20］Sung-Wan Kim, Myung-Geun Lee.Utilization of Digital Textbooks in Korea［DB/OL］.https：//core.ac.uk/download/pdf/9543886.pdf#page=105.

［21］Zimmerman B.J.& Martinez-Pons M.Development of a structured interview for assessing student use of self-regulated learning strategies.Journal of American Educational Research, 1986, 23（5）：614–628.

［22］教育部.教育部办公厅关于开展"基础教育精品课"遴选工作的通知［EB/OL］. http：//www.moe.gov.cn/srcsite/A06/s7053/202108/t20210824_553692.html.

［23］久世均.加藤真由美等.沖縄地域文化資料のデジタルアーカイブ管理システムの開発-学習プリントとデジタルアーカイブ管理システムとの連携［EB/OL］.http：//kuzelabo.com/pdf/OKI01.pdf.

［24］全職員で実践する先進的ICT教育［EB/OL］.https：//www.mext.go.jp/b_menu/shingi/chukyo/chukyo3/083/siryo/__icsFiles/afieldfile/2019/07/26/148593-7_1_1.pdf.

［25］文部科学省.ipadを活用したPDF版拡大図書について［EB/OL］.https：//

www.mext.go.jp/content/20210125-mxt_kyokasyo01-100002483_001.pdf.

［26］文部科学省.学習者用デジタル教科書・教材の開発［EB/OL］.https：//
www.mext.go.jp/component/b_menu/shingi/toushin/__icsFiles/afieldfile/20
14/04/11/1346505_06.pdf.

［27］文部科学省.学習者用デジタル教科書のイメージ［EB/OL］.https：//www.
mext.go.jp/component/a_menu/education/detail/__icsFiles/afieldfile/2019/0
2/12/1407728_001_1.pdf.

［28］文部科学省.学習者用デジタル教科書の効果的な活用の在り方等
に関するガイドライン（改訂案）［EB/OL］.https：//www.mext.go.jp/
content/20210126-mxt_kyokasyo01-000012375_02.pdf.

［29］学習者用デジタル教科書の効果的な活用の在り方等に関するガイドライ
ン（改訂案）［EB/OL］.https：//www.mext.go.jp/content/20210126-mxt_
kyokasyo01-000012375_02.pdf.

［30］学習者用デジタル教科書実践事例集［EB/OL］.https：//www.mext.go.jp/a_
menu/shotou/kyoukasho/seido/__icsFiles/afieldfile/2019/03/29/1414989_01.pdf.

七、标准

［1］CY/T 161-2017,中小学数字教材出版基本流程规范［S］.

［2］CY/T 114-2015,电子图书质量检测方法［S］.

［3］CY/T 125-2015,中小学数字教材加工规范［S］.

［4］CY/T 165-2017,中小学数字教材质量要求与检测方法［S］.

［5］CY/T 48.2-2008,音像制品质量技术要求 第2部分：数字音频光盘（CD-
DA）［S］.

［6］CY/T 112-2015,电子图书版权记录［S］.

［7］GB T 36095-2018,信息技术 学习、教育和培训电子书包终端规范［S］.

［8］GB T 37957-2019,信息技术 学习、教育和培训电子书包总体框架［S］.

［9］中国标准化研究院.GB/T28825—2012信息技术学习、教育和培训 学习对
象分类代码［S］.北京：中国标准出版社,2012.